"十四五"职业教育国家规划教材

税务会计
学习指导、习题与项目实训
（第六版）

SHUIWU KUAIJI XUEXI ZHIDAO XITI YU XIANGMU SHIXUN

新准则 新税率

主　编　梁伟样

新形态教材

本书另配：教　案
　　　　　参考答案

中国教育出版传媒集团
高等教育出版社·北京

内容提要

本书是"十四五"职业教育国家规划教材,包括"学习指导与习题""项目实训"两部分内容。学习指导与习题部分按照学习任务编排;项目实训部分按照工作过程,以项目为导向设计内容,用原始凭证表示,提供全真模拟,内容涉及应纳税额的计算、纳税申报和会计处理三个方面。"营改增"全面试点以来增值税等法规的变化和近三年完成立法的资源税法、城市维护建设税法、契税法、印花税法以及全面修订的个人所得税法的内容全面体现在本书中。

本书结构清晰,思路独特,有很强的实用性,可作为高等职业院校大数据与会计、大数据与财务管理、财税大数据应用、财富管理等专业的教材。

图书在版编目(CIP)数据

税务会计学习指导、习题与项目实训/梁伟样主编. —6版. —北京:高等教育出版社,2023.1(2024.8重印)
ISBN 978-7-04-059481-2

Ⅰ.①税… Ⅱ.①梁… Ⅲ.①税务会计-高等职业教育-教学参考资料 Ⅳ.①F810.42

中国版本图书馆 CIP 数据核字(2022)第 213903 号

| 策划编辑 | 毕颖娟 李 晶 | 责任编辑 | 李 晶 蒋 芬 | 封面设计 | 张文豪 | 责任印制 | 高忠富 |

出版发行	高等教育出版社	网 址	http://www.hep.edu.cn
社 址	北京市西城区德外大街4号		http://www.hep.com.cn
邮政编码	100120	网上订购	http://www.hepmall.com.cn
印 刷	上海叶大印务发展有限公司		http://www.hepmall.com
开 本	787 mm×1092 mm 1/16		http://www.hepmall.cn
印 张	18	版 次	2002年6月第1版
字 数	449千字		2023年1月第6版
购书热线	010-58581118	印 次	2024年8月第4次印刷
咨询电话	400-810-0598	定 价	39.80元

本书如有缺页、倒页、脱页等质量问题,请到所购图书销售部门联系调换
版权所有 侵权必究
物 料 号 59481-A0

第六版前言

《税务会计学习指导、习题与项目实训》和主教材《税务会计》是"十四五"职业教育国家规划教材,自出版以来,承蒙读者的厚爱,取得了较好的效果。

党的十九大以来,围绕减税降费,我国实体税法的立法工作加快,最近三年,完成了资源税、城市维护建设税、契税、印花税的立法工作。全面修订了个人所得税法,开启了综合与分类相结合的个人所得税制。税收法规的变化,迫切需要对已有的教材进行全面更新,在主教材修订的同时,本书也进行了修订,以体现最新的法规变化。

本书充分体现"做中学、做中教"的教学理念,突出对税务会计岗位基本技能、职业意识和职业习惯的培养。本次修订,以最新的税收法规(截至2023年6月底)为依据,将"营改增"全面试点以来增值税等法规的变化和近三年完成立法的资源税法、城市维护建设税法、契税法、印花税法和全面修订的个人所得税法的内容全面体现在本书中。

在本书编写过程中,充分考虑了主教材的特点以及学习任务的安排,分"学习指导与习题""项目实训"两部分内容。为方便学生课后练习,"学习指导与习题"部分按学习任务分为学习指导和习题两部分;"项目实训"部分按照工作过程,通过项目导向设计实训内容,附上原始凭证,给学生模拟真实实训的感觉,内容涉及应纳税额的计算、纳税申报和会计处理三个方面。

本书结合党的二十大报告内容,设计"税收与民生"板块,将诚信文化、敬业奉献、团队合作精神,生态环保意识,爱国主义、集体主义、社会主义教育,依法治国、依法执政、依法行政等内容融入教材,融合专业课程有效开展社会主义核心价值观教育、法治教育,塑造学生正确的价值观、人生观,落实教材立德树人、铸魂育人的根本任务。

本书内容具有针对性、实用性、易操作性等特点。在教材体例上打破了其他教材的框架,每个实训项目均安排了实训要求、实训准备和实训材料三个方面,并配有相关的涉税表单,以供学生完成各项操作任务。

本书可与主教材《税务会计》(第六版)(梁伟样主编,高等教育出版社)一起配套使用,也可单独作为实训教材使用,适合高等职业院校大数据与会计、大数据与财务管理、财税大数据应用、财富管理等财经商贸类专业使用,也可作为成人高校、本科院校举办的二级职业学院财经类专业的教材和社会从业人员的业务学习用书。

本次修订工作由梁伟样教授负责,在修订过程中得到了有关部门、企业和任课老师的大力支持,在此,一并表示诚挚的谢意。

由于编者水平有限,书中难免存在疏漏之处,恳请专家学者、使用本书的老师、同学等批评指正。

编 者

第一版前言

《税务会计学习指导与习题》是与《税务会计》教材相配套的辅助性教材,主要内容包括学习目的与要求、学习内容提示、课后练习等,并附有企业纳税申报与会计处理过程中的实际表单。编写本书的目的,是为了帮助学习者理解和掌握教材的内容,理清头绪,启迪思维,增加练习,模拟实训,以满足学校教学的需要。

本书编写人员有梁伟样(第一、六章)、蒋耀琴(第二、四章)、王碧秀(第五、七、九章)、朱丹(第三、八、十二章)、张铮(第十、十一章)。梁伟样负责全书修改总纂定稿。

由于时间仓促,编者水平有限,书中难免存在不妥之处,恳请读者批评指正。

编 者
2002 年 5 月

目 录

第一部分　学习指导与习题

项目一　税务会计工作流程认知 … 003

任务一　税务会计基础认知 … 003
　　　　学习指导 … 003
　　　　习题 … 005

任务二　涉税登记 … 007
　　　　学习指导 … 007
　　　　习题 … 008

任务三　账证管理 … 009
　　　　学习指导 … 009
　　　　习题 … 010

任务四　纳税申报 … 011
　　　　学习指导 … 011
　　　　习题 … 012

任务五　税款缴纳 … 013
　　　　学习指导 … 013
　　　　习题 … 014

项目二　增值税会计业务操作 … 016

任务一　增值税纳税人和征税范围的确定 … 016
　　　　学习指导 … 016
　　　　习题 … 019

任务二　增值税税款计算 … 021
　　　　学习指导 … 021
　　　　习题 … 024

任务三　增值税会计核算 … 028
　　　　学习指导 … 028
　　　　习题 … 029

任务四　增值税纳税申报 … 032
　　　　学习指导 … 032
　　　　习题 … 034

任务五　增值税出口退税 … 035
　　　　学习指导 … 035
　　　　习题 … 037

040	**项目三**		消费税会计业务操作
040	任务一	消费税纳税人和征税范围的确定	
040		学习指导	
042		习题	
045	任务二	消费税税款计算	
045		学习指导	
047		习题	
050	任务三	消费税会计核算	
050		学习指导	
051		习题	
053	任务四	消费税纳税申报	
053		学习指导	
054		习题	
055	任务五	消费税出口退税	
055		学习指导	
056		习题	
058	**项目四**		关税会计业务操作
058	任务一	关税税款计算	
058		学习指导	
062		习题	
065	任务二	关税会计核算	
065		学习指导	
066		习题	
068	任务三	关税征收管理	
068		学习指导	
069		习题	
071	**项目五**		企业所得税会计业务操作
071	任务一	企业所得税纳税人和征税对象的确定	
071		学习指导	
073		习题	
075	任务二	企业所得税税款计算	
075		学习指导	
081		习题	
085	任务三	企业所得税会计核算	
085		学习指导	
087		习题	
091	任务四	企业所得税纳税申报	

091		学习指导
092		习题

项目六　个人所得税会计业务操作

094	任务一	个人所得税纳税人和征税对象的确定
094		学习指导
097		习题
100	任务二	个人所得税税款计算
100		学习指导
103		习题
106	任务三	个人所得税会计核算
106		学习指导
107		习题
108	任务四	个人所得税纳税申报
108		学习指导
110		习题

项目七　其他税种会计业务操作

113	任务一	城市维护建设税会计业务操作
113		学习指导
114		习题
116	任务二	房产税会计业务操作
116		学习指导
118		习题
119	任务三	印花税会计业务操作
119		学习指导
121		习题
123	任务四	车船税会计业务操作
123		学习指导
125		习题
126	任务五	契税会计业务操作
126		学习指导
128		习题
129	任务六	土地增值税会计业务操作
129		学习指导
131		习题
133	任务七	城镇土地使用税会计业务操作
133		学习指导
135		习题
137	任务八	资源税会计业务操作

137		学习指导
139		习题

第二部分　项目实训

145	项目一	涉税票证填制业务操作实训
151	项目二	增值税会计业务操作实训
189	项目三	消费税会计业务操作实训
204	项目四	关税会计业务操作实训
212	项目五	企业所得税会计业务操作实训
232	项目六	个人所得税会计业务操作实训
242	项目七	其他税种会计业务操作实训
242	实训 7.1	城市维护建设税会计业务操作实训
243	实训 7.2	房产税会计业务操作实训
249	实训 7.3	印花税会计业务操作实训
254	实训 7.4	车船税会计业务操作实训
258	实训 7.5	契税会计业务操作实训
262	实训 7.6	土地增值税会计业务操作实训
269	实训 7.7	城镇土地使用税会计业务操作实训
272	实训 7.8	资源税会计业务操作实训
274	主要参考文献	

资源导航

税收与民生

003　税收取之于民、用之于民、造福于民

007　一般纳税人登记管理办法与培养诚信意识

013　税收征管与懂法守法

016　增值税税率改革为企业保驾护航

035　办理出口退税提升综合素质

040　消费税征税范围的调整与生态文明

042　消费税税目税率的变化不断实现人民对美好生活的向往

058　关税与国家主权

071　企业所得税研发费用的加计扣除与创新发展

075　企业所得税捐赠支出扣除与社会责任

094　个人所得税增强公民依法纳税意识

137　资源税与科学发展观

第一部分

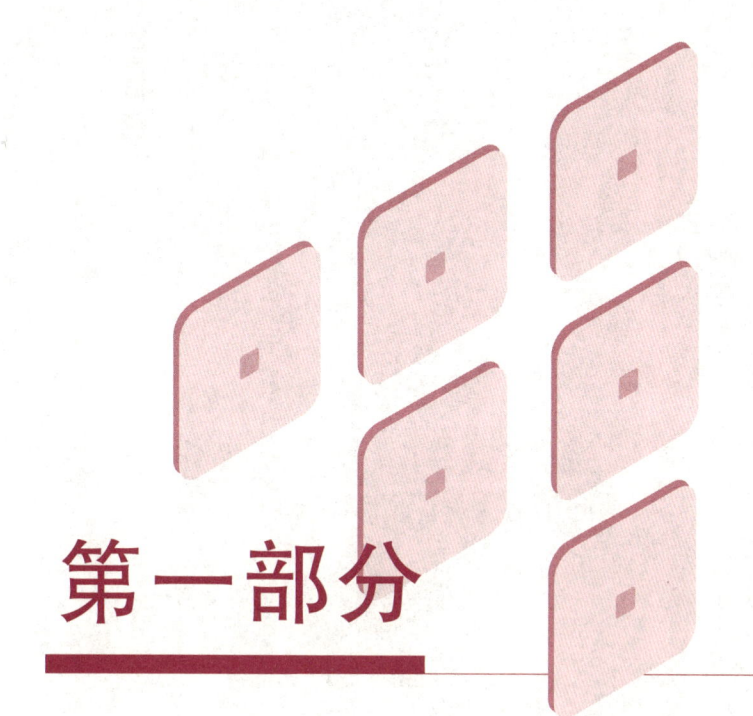

学习指导与习题

项目一　税务会计工作流程认知

任务一　税务会计基础认知

学习指导

一、税收的性质

税收又称"赋税""租税""捐税"等,是政府为了满足社会公共需要,凭借政治权力,按照法律规定,强制地、无偿地参与社会剩余产品分配,以取得财政收入的一种规范形式。与其他财政收入形式相比,税收具有强制性、无偿性和固定性的特征,习惯上称为税收的"三性"。

税收与民生:税收取之于民、用之于民、造福于民

二、税收分类

税收可按不同的标志进行分类,具体如表1-1所示。

表1-1　税收分类

分类标志	内　　容
按征税对象分类	流转税:以商品或劳务的流转额为征税对象的一类税,主要有增值税、消费税、关税
	所得税:以所得额为征税对象的一类税,主要有企业所得税、个人所得税
	财产税:以纳税人拥有或支配的财产为征税对象的一类税,主要有房产税、车船税和契税
	行为税:以特定行为为征税对象的一类税,主要有印花税
	特定目的税:为达到特定目的而征收的一类税,主要有城市维护建设税、车辆购置税、耕地占用税
	资源税:对开发、利用和占有国有自然资源的单位和个人征收的一类税,主要有资源税、土地增值税、城镇土地使用税
	烟叶税:对收购烟叶的单位按收购烟叶金额征收的一种税,主要指烟叶税

续 表

分类标志	内 容
按税收与价格的关系分类	价内税：是指商品价格由"成本＋利润＋税金"构成的一类税，如消费税等
	价外税：是指商品价格仅由成本和利润构成的一类税，如增值税
按税负能否转嫁分类	直接税：纳税人本身承担税负，不能发生税负转嫁关系的一类税，如所得税、财产税等
	间接税：纳税人本身不是负税人，可将税负转嫁给他人的一类税，如增值税、消费税、关税等流转税
按计税依据分类	从价税：是以征税对象的价值、价格与金额为标准，按一定比例征收的一类税，如增值税、企业所得税等
	从量税：是以征税对象的一定数量单位（如重量、件数、容积、面积、长度等）为标准，按固定税额计征的一类税，如车船税等
	复合税：同时以征税对象的自然实物量和价值量为标准征收的一种税，如白酒、卷烟的消费税
按税收管理与使用权限分类	中央税：指管理权限归中央，归中央支配和使用的税种，如消费税、关税
	地方税：指管理权限归地方，归地方支配和使用的税种，如房产税、车船税
	共享税：指主要管理权限归中央，由中央政府和地方政府共同享有，按一定比例分成的税种，如增值税、企业所得税、个人所得税
按会计核算中使用的会计账户分类	销售税金：在"税金及附加"科目核算的税金，如消费税、城市维护建设税、房产税等
	资本性税金：计入资产价值的税金，如契税、耕地占用税等
	所得税：属于费用性税金，但在"所得税费用"账户核算
	增值税：属于价外税，单独核算

三、税制构成要素

税制的构成要素如表1-2所示。

表1-2 税制构成要素

要 素	内 容
纳税人	是指税法规定直接负有纳税义务的单位和个人，也称纳税主体，它是税款的法律承担者。纳税人可以是自然人，也可以是法人
征税对象	又称课税对象，是征税的目的物，即对什么东西征税，它是一种税区别于另一种税的主要标志
税 目	是征税对象的具体化，反映各税种具体的征税项目，体现每个税种的征税广度
税 率	是应纳税额与计税依据之间的法定比例，体现了征税的深度。税率是体现税收政策的中心环节，是构成税制的基本要素。税率可以分为以绝对量形式表示的定额税率和以百分比形式表示的比例税率和累进税率。累进税率还可以分为全额累进税率、超额累进税率和超率累进税率
纳税环节	是指对处于不断运动中的纳税对象选定的应当缴纳税款的环节。有的纳税环节单一，称为"一次课征制"；有的需要在不同环节分别纳税，称为"两次课征制"或"多次课征制"

续 表

要素	内容
纳税期限	是指纳税人在发生纳税义务后,应向税务机关申报纳税并解缴税款的起止时间。不同税种由于其自身的特点,可分为按期纳税和按次纳税两种形式
纳税地点	是指按照税法规定向征税机关申报纳税的具体地点。它说明纳税人应向哪里的征税机关申报纳税以及哪里的征税机关有权进行税收管辖的问题
税收减免	是减税和免税的合称,是对某些纳税人或征税对象的鼓励或照顾措施。减税是对应纳税额少征一部分税款,而免税则是对应纳税额全部免征税款。具体可分为税基式减免、税率式减免和税额式减免三种形式
税收加征	税收加征形式包括地方附加、加成征收、加倍征收等
违章处理	是对纳税人发生违反税法行为采取的惩罚措施,它是税收强制性的体现。违章处理的措施主要有加收滞纳金、处以罚款、税收保全措施、税收强制执行措施等

四、税务会计的性质

税务会计是以现行税法为准绳,以货币计量为基本形式,运用会计的专门方法对纳税单位税基的形成、税款的计算、申报和缴纳所引起的资金运动进行连续、系统地核算和监督的一门专业会计。其具体内容如表1-3所示。

表1-3 税务会计的基本知识

项目	内容
税务会计对象的具体内容	①税基的确定;②税款的计算与核算;③税款的缴纳、退补和减免;④税收滞纳金和罚款
税务会计职能	①核算职能;②监督职能
税务会计基本前提	①纳税主体;②货币时间价值;③纳税年度;④年度会计核算
税务会计原则	①合法性;②调整性;③公平性;④经济性;⑤修正的权责发生制
税务会计与财务会计的比较	两者的联系:税务会计是以财务会计为基础的,是税务中的会计、会计中的税务。在计量单位、使用的文字和通用的基本会计原则等方面,税务会计与财务会计都是相同的 两者的区别:①目标不同;②对象不同;③核算基础、处理依据不同;④计算损益的程序不同

习 题

一、判断题

1. 税收分配凭借政治权力为主,财产权利为辅。（　　）
2. 税收的"三性"是不同社会制度下税收的共性,是税收区别于其他财政收入形式的标志。（　　）
3. 累进税率的基本特点是税率等级与征税对象的数额等级朝同方向变动,所以在级距

临界点附近会出现税负增加超过征税对象数额增加的不合理现象。　　　　(　　)

4. 对同一征税对象,不论数额多少,均按同一比例征税的税率称为定额税率。(　　)

5. 我国的增值税征收实行的是一次课征制。　　　　　　　　　　　　　(　　)

6. 税率是应纳税额占征税对象数额的比例,也是衡量税负轻重的重要标志。(　　)

7. 纳税期限是税收强制性和固定性在时间上的体现,因此,各种税在其税法中都应规定纳税人的纳税期限。　　　　　　　　　　　　　　　　　　　　　　(　　)

8. 起征点是指达到或超过的就按其全部数额征税,达不到的不征税;而免征额是指达到和超过的,可按扣除该数额后的余额计税。　　　　　　　　　　　　　(　　)

9. 税务会计作为一项实质性工作是独立存在的,它要求企业在财务会计凭证、账簿、报表之外再设一套会计账表。　　　　　　　　　　　　　　　　　　　　(　　)

10. 当会计准则规定与税法有差异时,财务会计的核算必须服从于税务会计的核算。
　　　　　　　　　　　　　　　　　　　　　　　　　　　　　　　　(　　)

二、单项选择题

1. 税制构成要素中区分不同税种的标志是(　　)。
   A. 纳税人　　　　B. 征税对象　　　　C. 税目　　　　D. 税率

2. (　　)是衡量税负轻重与否的重要标志,是税收制度的核心。
   A. 征税对象　　　B. 税目　　　　　　C. 计税依据　　D. 税率

3. 行为税是规定对某些特定行为,并以这些行为为征税对象征收的一种税。在下列税法中,属于行为税的是(　　)。
   A. 消费税　　　　B. 增值税　　　　　C. 印花税　　　D. 房产税

4. 税法上规定的纳税人是指直接(　　)的单位和个人。
   A. 负有纳税义务　　　　　　　　　　B. 负担最终税款
   C. 代收代缴税款　　　　　　　　　　D. 承担纳税担保

5. (　　)是对同一征税对象,不论数额的大小,均按相同比例征税的税率。
   A. 比例税率　　　B. 累进税率　　　　C. 定额税率　　D. 累退税率

6. 定额税率的一个重要特点是(　　)。
   A. 按税目确定税额　　　　　　　　　B. 与征税对象数量成正比
   C. 不受价格的影响　　　　　　　　　D. 与课税数量成反比

7. 我国现行税法体系中,采用多次课征的税种是(　　)。
   A. 增值税　　　　B. 消费税　　　　　C. 房产税　　　D. 资源税

8. 按(　　)的不同,税收可以分为从量税、从价税和复合税。
   A. 征税对象　　　　　　　　　　　　B. 税负能否转嫁
   C. 计税依据　　　　　　　　　　　　D. 税收管理与使用权限

9. 以商品或劳务的流转额为征税对象的税种是(　　)。
   A. 流转税　　　　B. 所得税　　　　　C. 财产税　　　D. 资源税

10. 某纳税人某月取得收入250元,税率为10%,假定起征点和免征额均为240元,则按起征点和免征额办法计算,分别应纳税(　　)。
    A. 25元和1元　　　　　　　　　　　B. 25元和24元
    C. 24元和1元　　　　　　　　　　　D. 1元和0元

三、多项选择题

1. 税收职能是税收的一种长期固定的属性,我国社会主义税收的职能是(　　)。
   A. 组织财政收入职能　　　　　　B. 调控经济运行职能
   C. 促进经济发展职能　　　　　　D. 监督管理经济职能

2. 以下属于中央税的有(　　)。
   A. 消费税　　　B. 企业所得税　　　C. 关税　　　D. 增值税

3. 我国现行税制中采用的累进税率有(　　)。
   A. 全额累进税率　　　　　　　　B. 超率累进税率
   C. 超额累进税率　　　　　　　　D. 超倍累进税率

4. 税务会计对象的具体内容包括(　　)。
   A. 税基的确定　　　　　　　　　B. 税款的计算与核算
   C. 税款的缴纳　　　　　　　　　D. 税款的退补和减免

5. 税务会计与财务会计的区别主要表现在(　　)。
   A. 目标不同　　　　　　　　　　B. 对象不同
   C. 核算基础、处理依据不同　　　D. 计算损益的程序不同

四、思考题

1. "税收"和"税法"是有关纳税的两个最基本的概念,你认为二者的关系是什么?
2. 有人说,纳税人是负有纳税义务的单位和个人,负税人是税款的最终负担者,纳税人缴纳了税款就负担了税款,纳税人和负税人是一致的,你同意这种说法吗?
3. 当一个新税种颁布时,你特别需要理解它,那么你需要把握的最关键的几点是什么?
4. 一家中国公司到美国投资,取得了100万美元的所得,这到底应由中国政府还是由美国政府对这项跨国所得征税?
5. 如果有人问这样的问题:政府征税不就是为了收钱吗?用一个税种把所有税款收上来不就行了,搞那么复杂的税制干什么?你该如何应答?

任务二　涉税登记

学习指导

一、注册登记

自2015年10月1日起,我国实行"三证合一"登记制度改革,"三证合一"登记制度是指将企业登记时依次申请,分别由工商行政部门核发工商营业执照、质量技术监督部门核发组织机构代码证和税务部门核发税务登记证,改为一次申请、由工商行政管理部门核发一个营业执照的登记制度。2016年10月1日起,实现"五证合一、一照一码"登记制度改革,在此基础上,将涉及企业登记、备案等有关事项进一步整合营业执照上,实现"多证合一、一照一码"模式改革,要求在2017年10月1日前落到实处、取得实效。

税收与民生:一般纳税人登记管理办法与培养诚信意识

改革后，新设立企业和农民专业合作社领取由市场监管部门核发加载法人和其他组织统一社会信用代码（以下称统一代码）的营业执照后，无须再次进行税务登记，不再领取税务登记证。企业办理涉税事宜时，在完成补充信息采集后，凭加载统一代码的营业执照可代替税务登记证使用。改革前核发的原税务登记证件在2017年底前过渡期内继续有效，2018年1月1日起，一律改为使用加载统一代码的营业执照，原发税务登记证件不再有效。

已实行"多证合一、一照一码"登记模式的新设立企业和农民专业合作社办理注销登记，须先向税务主管机关申报清税，填写《清税申报表》。税务机关受理后进行清税，限时办理。清税完毕后税务机关及时将清税结果向纳税人统一出具《清税证明》，并将信息共享到交换平台。

二、增值税一般纳税人资格登记

增值税一般纳税人资格登记条件及程序如表1-4所示。

表1-4 增值税一般纳税人资格登记条件及程序

项目	内容
增值税一般纳税人资格登记条件	会计核算健全，能够准确提供税务资料
	预计年应税销售额超过小规模企业标准：从2018年5月1日起，不再按企业类型划分，统一调整为500万元
增值税一般纳税人资格登记程序	① 提供资料
	② 领取并填写相关表格
	③ 税务机关审核、确认

习 题

一、判断题

1. 新设立企业和农民专业合作社领取由市场监管部门核发加载统一代码的营业执照后，无须再次进行税务登记，不再领取税务登记证。（   ）

2. 企业办理涉税事宜时，在完成补充信息采集后，凭加载统一代码的营业执照可代替税务登记证使用。（   ）

3. 已实行"多证合一、一照一码"登记模式的新设立企业和农民专业合作社办理注销登记，须向主管税务机关提出清税申报。（   ）

4. 增值税纳税人分为一般纳税人和小规模纳税人两类，一般纳税人实行登记制度。（   ）

5. 小规模纳税人会计核算健全，能够提供准确税务资料的，可以向主管税务机关申请一般纳税人登记。（   ）

二、单项选择题

1. 我国要求在（   ），将"多证合一、一照一码"登记模式改革落到实处、取得实效。

A. 2017 年 5 月底前 　　　　　　B. 2015 年 10 月底前
C. 2015 年 5 月底前 　　　　　　D. 2017 年 10 月 1 日前

2. 从事货物生产或者提供应税劳务的纳税人，以及以从事货物生产或者提供应税劳务为主，并兼营货物批发或者零售的纳税人，登记增值税一般纳税人时，其年应征增值税销售额应达到或超过（　　）万元以上。
A. 50 　　　　B. 80 　　　　C. 500 　　　　D. 100

三、多项选择题

1. "多证合一、一照一码"登记制度中的"证"包括（　　）。
A. 税务登记证 　　　　B. 工商营业执照 　　　　C. 组织机构代码证
D. 社会保险登记证 　　E. 统计登记证 　　　　　F. 残疾人登记证

2. 增值税一般纳税人登记应具备（　　）条件。
A. 会计核算健全，能够准确提供税务资料
B. 预计年应税销售额达到规定标准
C. 具有固定生产经营场所
D. 生产企业或商品流通企业

任务三　账证管理

学习指导

一、涉税账簿的设置

从事生产、经营的纳税人应当自领取营业执照之日起 15 日内设置账簿，一般企业要设置的涉税账簿有总分类账、明细账及有关辅助性账簿。

扣缴义务人应当自税法规定的扣缴义务发生之日起 10 日内，按照所代扣、代收的税种设置代扣代缴、代收代缴税款账簿。

二、发票的管理

发票管理的基本内容如表 1-5 所示。

表 1-5　发票管理的基本内容

项　目	内　容
发票的领购	普通发票的领购：纳税人凭加载统一代码的营业执照、发票领购簿及经办人身份证以及税控 IC 卡、前次发票存根联等材料到税务机关领购发票
	增值税专用发票的领购：纳税人凭加载统一代码的营业执照、发票领购簿及经办人身份证以及税控 IC 卡、上一次发票的使用清单等材料到税务机关领购发票

续 表

项 目	内 容
发票的基本内容	发票的名称、字轨号码、发票联次及用途、客户名称、商品名称及经营项目、计量单位、数量、单价、金额、开票人、开票日期、开票单位(个人)名称(章)等。此外,增值税专用发票还应包括购销双方的经营地址、电话、税务登记证号,开户银行及账号、税率、税额等内容
发票的保管	国家税务总局统一负责全国发票管理工作。税务机关是发票的主管机关,负责发票印制、领购、开具、取得、保管、缴销的管理和监督
	对已开具的发票存根联和发票登记簿要妥善保管,保存期为5年,保存期满需要经税务机关查验后销毁。自2016年1月1日起,会计凭证、账簿保管30年,月度、季度财务会计报告和纳税申报表保管10年,年度财务会计报告永久保管。不得伪造、变造或者擅自销毁

习 题

一、判断题

1. 对于个体工商户确实不能设置账簿的,经税务机关批准,可以不设账簿。（　　）
2. 依据《税收征管法》规定,税务机关是发票主管机关,负责发票的印刷、领购、开具、取得、保管、缴销的管理和监督。（　　）
3. 对已开具的发票存根和发票登记簿要妥善保管,保存期为10年,保存期满需要经税务机关查验后销毁。（　　）
4. 税务机关对纳税人在境外取得的与纳税有关的发票或凭证有疑义的,可要求其提供注册会计师的确认证明。（　　）
5. 从事生产、经营的纳税人、扣缴义务人必须按照国务院财政、税务主管部门规定的保管期限保管账簿、记账凭证、完税凭证及其他有关资料。（　　）

二、单项选择题

1. 从事生产经营的纳税人应自领取加载统一代码的营业执照之日起（　　）内,按照国务院财政、税务主管部门的规定设置账簿,根据合法有效凭证记账,进行核算。
   A. 10 日　　　　　　　　　　　B. 15 日
   C. 30 日　　　　　　　　　　　D. 60 日
2. 根据《税收征管法》的规定,从事生产经营的纳税人应当自领取加载统一代码的营业执照之日起（　　）内,将其财务、会计制度或者财务、会计处理办法和会计核算软件报送税务机关备案。
   A. 5 日　　　B. 10 日　　　C. 15 日　　　D. 30 日
3. 发票的存放和保管应按税务机关的规定办理,不得丢失和擅自损毁。已经开具的发票存根联和发票登记簿,应当保存（　　）。
   A. 1 年　　　B. 3 年　　　C. 5 年　　　D. 10 年
4. 根据《会计档案管理办法》规定,会计账簿、会计凭证应当保存（　　）。
   A. 3 年　　　B. 5 年　　　C. 10 年　　　D. 30 年

5. 根据《发票管理办法》的规定,(　　)统一负责全国发票管理工作。
   A. 国务院
   B. 财政部
   C. 国家税务总局
   D. 省、自治区、直辖市税务局

三、多项选择题

1. 纳税人日常领购增值税专用发票时,须提供的材料有(　　)。
   A.《发票领购簿》　　　　　　B. 税控 IC 卡
   C. 经办人身份证明　　　　　　D. 上一次发票的使用清单
2. 税务机关是发票的主管机关,负责发票的(　　)及取得、保管的管理和监督。
   A. 印制　　　　B. 领购　　　　C. 缴销　　　　D. 开具
3. 单位、个人在(　　)时,应当按照规定开具、使用、取得发票。
   A. 购销商品　　　　　　　　　B. 提供经营服务
   C. 接受经营服务　　　　　　　D. 从事其他经营活动
4. 领购发票的方式主要有(　　)。
   A. 批量供应　　B. 以旧换新　　C. 交旧购新　　D. 验旧购新
5. 普通发票一般包括的三个联次有(　　)。
   A. 发票联　　　B. 抵扣联　　　C. 存根联　　　D. 记账联

任务四　纳 税 申 报

学 习 指 导

一、正常纳税申报

纳税申报是指纳税人、扣缴义务人、代征人为正常履行纳税、扣缴税款义务,就纳税事项向税务机关提出书面申报的一种法定手续。纳税申报的基本内容如表1-6所示。

表1-6　纳税申报的基本内容

项 目	内 容
纳税申报主体	规定负有纳税义务的纳税人或代征人、扣缴义务人(含享受减免税的纳税义务人),本期有无应纳、应缴税款,都必须按规定办理纳税申报
纳税申报方式	直接申报(上门申报);邮寄申报;电子申报;简易申报和其他申报等
纳税申报期限	法律、法规规定的纳税人、扣缴义务人向税务机关申报应纳或应解缴税款的期限。不同税种不一样,同一税种也会因经营情况不同而不同,具体由主管税务机关确定
滞纳金和罚款	滞纳金从滞纳税款之日起,按日加收滞纳税款的 0.5‰

二、延期申报与零申报

延期申报是指纳税人、扣缴义务人不能按照税法规定的期限办理纳税申报或扣缴税款申报,由纳税人申请经税务机关批准可适当推延时间进行纳税申报。

零申报是纳税人在规定的纳税申报期内按照计税依据计算申报的应纳税额为零(企业所得税的纳税人在申报期内应纳税所得额为负数或零)而向税务机关办理的申报行为。

习　　题

一、判断题

1. 纳税人在纳税申报期内若有收入,应按规定的期限办理纳税申报;若申报期内无收入或在减免税期间,可以不办理纳税申报。（　　）

2. 纳税人因有特殊困难,不能按期缴纳税款的,经县级税务局批准,可以延期纳税3个月;延期纳税3个月以上的,须经市(地)级税务局批准。（　　）

3. 纳税人未按规定纳税期限缴纳税款的,税务机关除责令限期缴纳外,从滞纳税款之日起,按日加收滞纳税款万分之五的滞纳金。（　　）

4. 纳税申报采用简易申报方式的,纳税人必须按照税务机关核定的税款和纳税期于3个月内申报纳税。（　　）

5. 享受减税、免税优惠的纳税人,在减免税期间也必须进行纳税申报。（　　）

二、单项选择题

1. 根据《税收征管法》的规定,纳税人未按规定的期限缴纳或者解缴税款的,税务机关除责令限期缴纳外,应当从滞纳税款之日起,按日加收滞纳税款（　　）的滞纳金。

　　A. 1‰　　　　　　　　　　　　B. 2‰
　　C. 0.3‰　　　　　　　　　　　D. 0.5‰

2. 经税务机关批准延期缴纳的税款,在批准的延期内（　　）。

　　A. 不加收滞纳金　　　　　　　　B. 加收滞纳金
　　C. 减半收滞纳金　　　　　　　　D. 加倍征收滞纳金

3. 下列说法正确的是（　　）。

　　A. 纳税人在纳税申报期限内无论有无应纳税税额都应办理纳税申报
　　B. 纳税人在纳税申报期限内无应纳税税额可不办理纳税申报
　　C. 纳税人在享受减税待遇期间可不办理纳税申报
　　D. 纳税人在享受免税待遇期间可不办理纳税申报

4. 关于纳税申报,下列说法正确的是（　　）。

　　A. 纳税人应当自行确定纳税申报的时间
　　B. 纳税人、扣缴义务人可以自行决定采取邮寄、电文方式办理纳税申报或者报送代扣代缴、代收代缴税款报告表
　　C. 电子申报是指采用税务机关确定的电话语音、电子数据交换和网络传输等电子方式进行申报
　　D. 纳税人采取邮寄方式办理纳税申报的,以寄出地的邮戳为申报凭据

5. 纳税期限是依法确定的纳税人（　　）的期限。
   A. 办理纳税登记　　　　　　　　B. 办理税款预交
   C. 据以计算应纳税额　　　　　　D. 解缴税款

三、多项选择题

1. 纳税申报方式主要有（　　）。
   A. 直接申报　　　　　　　　　　B. 邮寄申报
   C. 电子申报　　　　　　　　　　D. 简易申报
2. 纳税人办理纳税申报时，应当如实填写纳税申报表，并应根据不同的情况报送（　　）等有关证件、资料。
   A. 财务、会计报表及其说明材料
   B. 与纳税有关的合同、协议书及凭证
   C. 税控装置的电子报税资料
   D. 外出经营活动税收管理证明和异地完税凭证
3. 下列应当按规定办理纳税申报的有（　　）。
   A. 已办理涉税事务登记负有纳税义务的单位和个人
   B. 未办理涉税事务登记负有纳税义务的单位和个人
   C. 负有代扣代缴税款义务的扣缴义务人
   D. 税款实际负担人
4. 纳税人有下列（　　）情形之一的，可申请延期缴纳税款。
   A. 因不可抗力事件发生，导致纳税人发生较大损失，正常生产经营活动受到较大影响的
   B. 当期财务会计处理出现特殊情况，账务未处理完，不能计算应纳税款
   C. 因企业的法定代表人、财会人员外出，不能按期缴纳税款
   D. 企业内部进行财务审计
5. 简易申报的方式是指（　　）。
   A. 以缴纳税款凭证代替申报
   B. 税务工作人员上门接受申报
   C. 简并征期
   D. 免予申报

任务五　税款缴纳

学习指导

税款缴纳是纳税义务人依税法规定的期限，向国库解缴应纳税款的活动，具体如表1-7所示。

表 1-7 税款缴纳的相关内容

项 目	内 容
税款征收方式	查账征收;查定征收;查验征收;定期定额征收
税款缴纳方式	纳税人直接向国库经收处缴纳;税务机关自收税款并办理入库手续;代扣代缴;代收代缴;委托代征;其他方式
税款缴纳程序	正常缴纳税款
	延期缴纳税款:延期期限最长不能超过 3 个月,且同一笔税款不得滚动审批
税款的减免、退还与追征	税款的减免:纳税人可以书面形式按法定程序向税务机关申请减税、免税
	税款的退还:纳税人缴纳了超过应纳税额的税款,多征税款应于接到纳税人退款申请之日起 30 日内予以退还
	税款的追征:①因税务机关的责任,3 年内追征税款;②因纳税人、扣缴义务人责任 3 年内追征税款、滞纳金,有特殊情况的,追征期可以延长到 5 年;③对逃税、抗税、骗税的,可无限期追征税款、滞纳金
税款征收措施	税收保全措施;税收强制执行措施;税务检查
税收法律责任	①未按规定申报及进行账证管理行为的法律责任;②对逃税行为的认定及其法律责任;③逃避追缴欠税行为的法律责任;④骗取出口退税行为的法律责任;⑤抗税行为的法律责任;⑥扣缴义务人不履行扣缴义务的法律责任;⑦不配合税务机关依法检查的法律责任;⑧有税收违法行为而拒不接受税务机关处理的法律责任

习 题

一、判断题

1. 税务机关对可不设账簿或应设未设账簿的或虽设账簿但难以查账的纳税人,可以采取查定征收方式。( )

2. 只要税务机关有证据认为纳税人有明显的转移、隐匿其应纳税的商品、货物以及其他财产或应纳税收入等行为或迹象的,就可以对纳税人采取税收保全措施。( )

3. 因纳税人、扣缴义务人计算错误等失误,未缴或者少缴税款的,税务机关在 3 年内可以追征;有特殊情况(即数额在 10 万元以上),税务机关可以无限期追征。( )

4. 税务机关可依法到纳税人的生产、生活、经营场所和货物存放地检查纳税人应纳税的商品、货物或者其他财产。( )

5. 纳税人、扣缴义务人逃避、拒绝或以其他方式阻挠税务机关检查的,由税务机关责令改正,可处 1 万元以下的罚款;情节严重的,处 1 万元以上 5 万元以下的罚款。( )

二、单项选择题

1. 对账簿、凭证、会计等核算制度比较健全的纳税人应采取的税款征收方式为( )。

A. 查账征收 B. 查定征收 C. 查验征收 D. 邮寄申报

2. 因税务机关的责任,致使纳税人、扣缴义务人未缴或少缴税款的,税务机关在(　　)内可以要求纳税人、扣缴义务人补缴税款,但是不得加收滞纳金。
　　A. 1年　　　　　B. 2年　　　　　C. 3年　　　　　D. 5年
3. 下列情形中,构成逃税罪的是(　　)。
　　A. 逃税数额占应纳税额的10%以上的
　　B. 逃税数额超过1万元的
　　C. 逃税数额占应纳税额10%以上或逃税数额超过1万元的
　　D. 逃税数额占应纳税额10%以上且逃税数额超过1万元的
4. 出租车司机张某打电话给税务所所长,称如不答应减免应缴未缴的3万元税款,就伺机将其撞死。张某的这种行为属(　　)。
　　A. 骗税行为　　B. 抗税行为　　C. 逃税行为　　D. 偷税行为
5. 对逃税、抗税、骗税的,税务机关的税款追征期是(　　)。
　　A. 3年　　　　　B. 5年　　　　　C. 10年　　　　D. 无限期

三、多项选择题

1. 目前,我国税款征收的方式主要有(　　)。
　　A. 查账征收　　　　　　　　B. 查定征收
　　C. 查验征收　　　　　　　　D. 定期定额征收
2. 税务检查权是税务机关在检查活动中依法享受的权利,税收征管法规定税务机关有权(　　)。
　　A. 检查纳税人的账簿、记账凭证、报表和有关资料
　　B. 责成纳税人提供与纳税有关的文件、评审材料和有关资料
　　C. 到纳税人的生产、经营场所和货物存放地检查纳税人应纳税的商品、货物或者其他财产
　　D. 对纳税人的住宅及其他生活场所进行检查
3. 《税收征管法》规定税务机关可以采取的强制执行措施主要有(　　)。
　　A. 书面通知纳税人开户银行冻结支付纳税人的金额相当于应纳税款的存款
　　B. 书面通知纳税人开户银行从其存款中扣缴税款
　　C. 扣押、查封纳税人的价值相当于应纳税款的商品、货物或者其他财产
　　D. 扣押、查封、拍卖其价值相当于应纳税款的商品、货物或者其他财产,以拍卖所得抵缴税款
4. 纳税人下列(　　)行为,由税务机关责令限期改正,可以处2 000元以下的罚款;情节严重的,处2 000元以上10 000元以下罚款。
　　A. 未按规定将其全部银行账号向税务机关报告的
　　B. 未按规定设置、保管账簿
　　C. 未按规定的期限办理纳税申报
　　D. 未按规定安装、使用税控装置的
5. 对纳税人的(　　)行为,税务机关可以无限期追征其税款、滞纳金。
　　A. 逃税　　　　B. 抗税　　　　C. 骗税　　　　D. 误算

项目二　增值税会计业务操作

任务一　增值税纳税人和征税范围的确定

学习指导

税收与民生：
增值税税率
改革为企业
保驾护航

一、增值税纳税人的确定

增值税是对在我国境内销售货物或者提供加工、修理修配劳务和销售服务、无形资产、不动产，以及进口货物的单位和个人，就其取得的货物、劳务或应税服务销售额，以及进口货物金额计算税款，并实行税款抵扣制的一种流转税。

增值税纳税人按其经营规模大小及会计核算健全与否，划分为小规模纳税人和一般纳税人，具体两类纳税人的划分规定如表2-1所示。

表2-1　两类纳税人的划分规定

纳税人	会计核算	年应征增值税销售额（万元）
小规模纳税人	不要求健全	500万元及以下
一般纳税人	要求健全	500万元以上

另外规定：

（1）年应税销售额超过小规模纳税人标准的个人一律视同小规模纳税人，不经常发生应税行为的非企业性单位、企业和个体工商户可选择按小规模纳税人纳税。

（2）年应税销售额未超过小规模纳税人标准以及新开业的纳税人，如果会计核算健全，能够提供准确税务资料的，可以向主管税务机关办理一般纳税人资格登记，成为一般纳税人。

（3）个体工商户以外的其他个人；选择按照小规模纳税人纳税的非企业性单位；选择按照小规模纳税人纳税的不经常发生应税行为的企业不办理一般纳税人资格登记。

（4）纳税人兼有销售货物、提供加工修理修配劳务和销售服务、无形资产、不动产的，应当分别核算适用不同税率或者征收率的销售额，未分别核算销售额的，从高适用税率或者征收率。

二、增值税的征税范围

我国现行增值税的征税范围包括在我国境内的销售货物、提供应税劳务和销售服务、无形资产、不动产及进口货物。具体征税范围如表2-2所示。

表2-2 增值税具体征税范围

征税范围		内　　容
一般规定		销售货物：货物必须是有形动产，包括电力、热力、气体
		提供加工、修理修配劳务：加工是指受托加工货物并收取加工费的业务；修理、修配是指受托对损坏和丧失功能的货物进行修复，使其恢复原状和功能的业务
		销售应税服务：应税服务是指交通运输服务、邮政服务、电信服务、建筑服务、金融服务、现代服务、生活服务
		销售无形资产：转让无形资产所有权或者使用权的业务活动
		销售不动产：转让不动产所有权的业务活动
		进口货物：报关进口的应税货物（享受免税政策的货物除外）
特殊规定	特殊项目	货物期货（包括商品期货和贵金属期货）在期货的实物交割环节纳税
		银行销售金银的业务
		典当业的死当物品销售业务和寄售业代委托人销售寄售物品的业务
		集邮商品（如邮票、首日封、邮折等）的生产，以及销售的邮品
	特殊行为	视同销售行为：单位或者个体工商户的下列行为，视同销售货物，征收增值税： ① 将货物交付其他单位或者个人代销； ② 销售代销货物； ③ 设有两个以上机构并实行统一核算的纳税人，将货物从一个机构移送至其他机构用于销售，但相关机构设在同一县（市）的除外； ④ 将自产、委托加工的货物用于免税项目、简易计税项目； ⑤ 将自产、委托加工的货物用于集体福利或者个人消费； ⑥ 将自产、委托加工或者购进的货物作为投资，提供给其他单位或者个体工商户； ⑦ 将自产、委托加工或者购进的货物分配给股东或者投资者； ⑧ 将自产、委托加工或者购进的货物无偿赠送其他单位或者个人； ⑨ 向其他单位或者个人无偿提供服务、转让无形资产或者不动产，但用于公益事业或者以社会公众为对象的除外
		混合销售行为：一项销售行为如果既涉及货物又涉及服务，为混合销售。从事货物的生产、批发或者零售的单位和个体工商户的混合销售行为，按照销售货物缴纳增值税；其他单位和个体工商户的混合销售行为，按照销售服务缴纳增值税
		兼营行为：纳税人销售货物、加工修理修配劳务、服务、无形资产或者不动产，适用不同税率或者征收率的，应当分别核算适用不同税率或者征收率的销售额，未分别核算销售额的，从高适用税率或者征收率

三、增值税的税率和征收率

增值税的税率和征收率具体如表 2-3 所示。

表 2-3　增值税税率和征收率表

纳税人	税率和征收率	适用范围
一般纳税人	基本税率 13%	除适用低税率外的大部分货物；提供的应税劳务；提供有形动产租赁服务
	低税率 9%	①从 2019 年 4 月 1 日起，低税率为 9%：粮食等农产品、食用植物油、自来水、鲜奶；暖气、冷气、热水、煤气、石油液化气、天然气、二甲醚、沼气、居民用煤炭制品；图书、报纸、杂志、音像制品、电子出版物；饲料、化肥、农药、农机、农膜；国务院规定的其他货物；②交通运输业服务、邮政业服务、基础电信服务、建筑服务、不动产租赁服务、销售不动产、转让土地使用权
	6%	除了 13% 和 9% 税率之外的其他服务业、无形资产应税行为
	零税率	出口货物或应税服务（另有规定除外）；注意：零税率不等于免税
	征收率 5%	下列特定行为可选择 5% 的简易计税方法：①销售其 2016 年 4 月 30 日前取得或者自建的不动产；②房地产开发企业销售自行开发的房地产老项目；③出租其 2016 年 4 月 30 日前取得的不动产；④向个人出租住房，按照 5% 的征收率减按 1.5% 计算缴纳增值税
	征收率 3%（销售自产货物）	①县级及县级以下小型水力发电单位生产的电力；②建筑用和生产建筑材料所用的砂、土、石料或其他矿物连续生产的砖、瓦、石灰；③用微生物、微生物代谢产物、动物毒素、人或动物的血液或组织制成的生物制品；④自来水公司销售的自来水；⑤商品混凝土
	征收率 3%	①寄售商店代销寄售物品；②典当业销售死当物品；③经国务院或其授权机关批准认定的免税商店零售免税货物；④特定的应税服务行为
	征收率 3%减按 2%	①销售旧货；②销售自己使用过的 2009 年 1 月 1 日或纳入营改增试点之日以前购入的固定资产
小规模纳税人	基本征收率 3%	销售货物、加工修理修配劳务、服务、无形资产
	征收率 2%	销售自己使用过的固定资产
	征收率 3%减按 2%	销售旧货
	征收率 5%	①销售不动产（不含个体工商户销售购买的住房和其他个人销售不动产）；②房地产开发企业中的小规模纳税人，销售自行开发的房地产项目；③出租不动产（不含个人出租住房）；④向个人出租住房，按照 5% 的征收率减按 1.5% 计算缴纳增值税

注意：一般纳税人购进农业生产者销售的免税农产品和向小规模纳税人购买农产品，按买价 9% 的抵扣率计算进项税额（纳税人购进用于生产销售或委托加工 13% 税率货物的农产品，按照 10% 的扣除率计算进项税额）。

四、增值税的优惠政策

增值税的优惠政策具体如表 2-4 所示。

表 2-4　增值税的优惠政策

类别	具体内容
条例规定免税项目	①农业生产者销售的自产农产品；②避孕药品和用具；③古旧图书；④直接用于科学研究、科学试验和教学的进口仪器、设备；⑤外国政府、国际组织无偿援助的进口物资和设备；⑥由残疾人组织直接进口供残疾人专用的物品；⑦个人销售自己使用过的物品

续表

类　别	具　体　内　容
规章规定的免税项目	①对资源综合利用方面的优惠政策；②对再生资源利用实行即征即退方面的优惠政策；③对自行开发生产软件产品的优惠政策；④对农民专业合作社的优惠政策；⑤利用生物柴油实行先征后退的优惠政策；⑥营业税改征增值税试点过渡优惠政策(免征项目、不征收增值税项目、增值税即征即退政策、扣减增值税政策、其他减免规定)
起征点	销售货物的，为月销售额5 000元～20 000元
	销售应税劳务的，为月销售额5 000元～20 000元
	按次纳税的，为每次(日)销售额300元～500元

注意：(1) 纳税人兼营减免税项目的，必须分别核算，否则不得享受减免税优惠；
(2) 起征点的规定仅适用于个人；
(3) 增值税小规模纳税人中月销售额未达到2万元的企业或非企业性单位，免征增值税；2027年12月31日前，对月销售额10万元以下(含本数)的增值税小规模纳税人，免征增值税

习　题

一、判断题

1. 在实际工作中，凡是属于生产资料转移价值的因素，都应该作为扣除项目，从商品总价值中扣除。　　　　　　　　　　　　　　　　　　　　　　　　　　　　(　　)
2. 我国现行的增值税是对在我国境内销售货物、提供加工修理修配劳务以及销售服务、无形资产、不动产的单位和个人，就其取得的应税销售额计算税款，并实行税款抵扣制的一种流转税。　　　　　　　　　　　　　　　　　　　　　　　　　　　(　　)
3. "生产型增值税"与"消费型增值税"的区别在于是否允许企业对购入固定资产所含税额进行抵扣。　　　　　　　　　　　　　　　　　　　　　　　　　　　　(　　)
4. 纳税人出口货物，税率为零，因此，一般纳税人的税率有两档，即基本税率和零税率。
(　　)
5. 免征增值税的农产品按照买价9%的扣除率计算进项税额，准予抵扣。　　(　　)
6. 增值税的免税、减税项目由国务院规定，任何地区、部门均不得规定。　(　　)
7. 增值税专用发票只限于增值税的一般纳税人和小规模纳税人领购使用，非增值税纳税人不得领购使用。　　　　　　　　　　　　　　　　　　　　　　　　　(　　)
8. 小规模纳税人一律按销售额3%的征收率计算应纳税款，不得抵扣进项税额。(　　)
9. 一般纳税人与小规模纳税人的计税依据相同，都是不含税的销售额。　　(　　)
10. 小规模纳税人如符合规定条件，需开具专用发票的，可以自愿使用增值税专用发票管理系统自行开具。　　　　　　　　　　　　　　　　　　　　　　　　　(　　)

二、单项选择题

1. 生产型增值税的特点的是(　　)。
A. 将当期购入的固定资产价款一次性全部扣除
B. 不允许扣除任何外购固定资产的价款
C. 只允许扣除当期应计入产品价值的折旧部分
D. 只允许扣除当期应计入产品价值的流动资产和折旧费

2. 我国现行的增值税采用(　　)。
   A. 价内税　　　B. 价外税　　　C. 定额税　　　D. 累进税
3. 下列货物适用13％增值税税率的是(　　)。
   A. 生产销售啤酒　　　　　　　B. 生产销售煤炭
   C. 生产销售石油液化气　　　　D. 生产销售暖气
4. 下列各项中,不免征增值税的有(　　)。
   A. 接受外国政府无偿捐赠的进口货物
   B. 高校食堂为某公司提供外销快餐
   C. 纳税人生产、销售、批发和零售滴灌带和滴灌管产品
   D. 农业生产者销售自产农产品
5. 下列货物目前允许按9％的税率抵扣进项税额的是(　　)。
   A. 购进免税农产品　　　　　　B. 购进废旧物资
   C. 租入机器设备　　　　　　　D. 购进原材料支付的运费
6. 纳税人销售的下列货物中,属于免征增值税的货物是(　　)。
   A. 销售农业机械　　　　　　　B. 销售煤炭
   C. 销售日用百货　　　　　　　D. 销售自产的农产品
7. 现行增值税暂行条例中所称中华人民共和国境内是指销售货物的(　　)在我国境内。
   A. 起运地　　　B. 最终销售地　　　C. 货物支付地　　　D. 企业所在地
8. 以生产或提供劳务为主并兼营货物批发或零售的纳税人年应税销售额在(　　)的,应办理增值税一般纳税人登记手续。
   A. 500万元以下　　B. 500万元以上　　C. 80万元以下　　D. 80万元以上
9. 下列各项中,不属于增值税视同销售行为的是(　　)。
   A. 将自产的货物用于免税项目　　B. 将外购的货物用于投资
   C. 将购买的货物用于捐赠　　　　D. 将购买的货物用于集体福利
10. 在增值税法规中,"出口货物零税率"具体是指(　　)。
    A. 出口货物免税　　　　　　　B. 该货物的增值税税率为零
    C. 出口货物的整体税负为零　　D. 以上都正确

三、多项选择题

1. 增值税的类型包括(　　)。
   A. 分配型增值税　　　　　　　B. 生产型增值税
   C. 消费型增值税　　　　　　　D. 收入型增值税
2. 下列应交增值税的行业是(　　)。
   A. 商品流通行业　　　　　　　B. 建筑业
   C. 交通运输业　　　　　　　　D. 制造业
3. 划分一般纳税人和小规模纳税人的标准有(　　)。
   A. 销售额达到规定标准　　　　B. 经营效益好
   C. 会计核算健全　　　　　　　D. 有上级主管部门
4. 依据增值税的有关规定,不办理增值税一般纳税人资格登记的有(　　)。
   A. 个体经营者以外的其他个人

B. 选择按照小规模纳税人纳税的非企业性单位
C. 从事货物生产业务的小规模企业
D. 选择按照小规模纳税人纳税的不经常发生应税行为的企业

5. 我国现行增值税的征收范围包括(　　　　)。
   A. 在中国境内销售货物　　　　B. 在中国境内提供应税劳务
   C. 进口货物　　　　　　　　　D. 过境货物

6. 下列各项中,属于增值税征税范围的有(　　　　)。
   A. 销售钢材　　　　　　　　　B. 销售自来水
   C. 销售电力　　　　　　　　　D. 销售房屋

7. 单位和个人提供的下列劳务,应征增值税的有(　　　　)。
   A. 汽车的修配　　　　　　　　B. 房屋的修理
   C. 受托加工的白酒　　　　　　D. 房屋的装潢

8. 下列行为中,属于视同销售货物应征增值税的行为有(　　　　)。
   A. 委托他人代销货物　　　　　B. 销售代销货物
   C. 将自产的货物分给职工做福利　D. 将外购的货物用于免征增值税项目

9. 下列项目,属于免征增值税的有(　　　　)。
   A. 农业生产者销售自产的粮食　B. 药厂销售避孕药品
   C. 个人销售自己使用过的物品　D. 机械厂销售农业机具

10. 在下列(　　　　)情况下,只开具普通发票而不开具专用发票。
    A. 向消费者个人销售货物或者提供应税劳务的
    B. 销售免征增值税货物的
    C. 小规模纳税人向消费者个人销售不动产的
    D. 向一般纳税人销售货物或者提供应税劳务的

四、思考题

1. 为什么税法把增值税的纳税人划分为一般纳税人和小规模纳税人两类?划分标准是什么?
2. 兼营行为和混合销售行为应如何进行税务处理?
3. 货物销售出去以后,对方要求退货,但已经开出的增值税专用发票对方无法退回,这种情况应如何处理?
4. 如何理解增值税的"零"税率规定?

任务二　增值税税款计算

学　习　指　导

一、一般纳税人应纳税额的计算

实际工作中采用进项抵扣法,其计算公式为:

当期应纳税税额＝当期销项税税额－当期进项税税额

（一）销项税税额的计算

销项税税额＝不含税销售额×增值税税率

不含税销售额的计算与销售方式及行为密切相关，计税销售额的确定具体如表 2-5 所示。

表 2-5 计税销售额的确定

分类	具体的销售方式	税法规定的销售额
一般销售方式	① 销售货物；② 提供加工、修理修配劳务；③ 销售服务、无形资产或者不动产	① 向购买方或接受方收取的全部价款和价外费用（注意价外费用的确认）；② 若销售额含税，则计税销售额＝含税销售额÷（1＋税率或征收率）；③ 凡是价外费用、逾期包装物押金，应视为含税收入，在计税时应先换算成不含税收入再并入销售额
特殊销售方式	折扣方式	① 销售额或价款和折扣额在同一张发票上分别注明的，按折扣后的销售额或价款计算增值税；② 将折扣额另开发票的，不论财务上如何处理，均不得从销售额或价款中减除折扣额
	以旧换新	① 按新货物的同期销售价格确定销售额，不得扣减旧货物的收购价格；② 但对金银首饰以旧换新业务，可按销售方实际收取的不含税的全部价款征收增值税
	还本销售	以货物的销售价格作为销售额，不得从销售额中减除还本支出
	以物易物	双方都应作正常的购销处理，以各自发出的货物核算销售额并计算销项税额，以各自收到的货物核算购货额并计算进项税额
	包装物押金	① 除税法另有规定外，包装物押金单独记账核算的，且时间在 1 年以内，又未过期的，不并入销售额征税；② 包装物押金超过 1 年或者已经逾期的，无论是否退还，均并入销售额征税；③ 对销售除啤酒、黄酒外的其他酒类产品而收取的包装物押金，无论是否返还以及会计上如何核算，均应并入当期销售额征税 【提示】包装物租金在销货时，应作为价外费用并入销售额计算销售税额
其他销售情形	视同销售（销售额明显偏低且无正当理由）	按下列顺序确定其销售额：① 按纳税人最近时期同类货物、劳务、服务、无形资产或者不动产的平均价格确定；② 按其他纳税人最近时期同类货物、劳务、服务、无形资产或者不动产的平均价格确定；③ 按组成计税价格确定：组成计税价格＝成本×（1＋成本利润率）

（二）进项税税额的计算

一般纳税人购进货物、提供加工修理修配劳务和销售服务、无形资产、不动产所支付的进项税额，符合税法规定的，准予从销项税税额中抵扣。具体规定如表 2-6 所示。

表2-6 准予从销项税税额中抵扣的进项税税额的具体规定

扣抵方法	具 体 内 容		
以票抵扣	① 从销售方取得的增值税专用发票上注明的增值税税额； ② 从海关取得的海关进口增值税专用缴款书上注明的增值税税额； ③ 从境外单位或者个人购进服务、无形资产或者不动产,自税务机关或者扣缴义务人取得的解缴税款的完税凭证上注明的增值税税额； ④ 旅客运输服务的抵扣。自2019年4月1日起,纳税人购进国内旅客运输服务,其进项税额允许从销项税额中抵扣		
计算抵扣	外购免税农产品	计算公式:进项税额＝买价×9% "买价"为收购发票上的货价,即为纳税人购进农产品在农产品收购发票或者销售发票上注明的价款和按规定缴纳的烟叶税 自2019年4月1日起,纳税人购进国内旅客运输服务,未取得增值税专用发票的,按规定计算确定进项税额	
加计抵减	允许生产性服务业纳税人按照当期可抵扣进项税额加计5%抵减应纳税额。生产性服务业纳税人,是指提供邮政服务、电信服务、现代服务、生活服务取得的销售额占全部销售额的比重超过50%的纳税人。允许生活性服务业纳税人按照当期可抵扣进项税额加计10%抵减应纳税额。生活性服务业纳税人,是指提供生活服务取得的销售额占全部销售额的比重超过50%的纳税人		

纳税人购进货物或者应税劳务,取得的扣税凭证不符合法律、行政法规或者国务院税务主管部门有关规定的,其进项税额不得从销项税额中抵扣。具体内容如表2-7所示。

表2-7 不得从销项税额中抵扣的进项税额

进项税额不得抵扣项目	法律解析	不得抵扣进项税额的税务处理
用于简易计税项目、免税项目、集体福利或者个人消费的购进货物、加工修理修配劳务、服务、无形资产和不动产	非正常损失是指因管理不善造成被盗、丢失、霉烂变质,以及因违反法律法规造成货物或者不动产被依法没收、销毁、拆除的情形。不包括自然灾害损失	事项发生时即知不得抵扣的增值税,计入货物成本；已抵扣进项税额的货物改变用途而形成的不得抵扣事项,应在改变用途当期作进项税额转出处理,方法如下: ① 按原抵扣的进项税额转出； ② 按当期实际成本计算转出； ③ 按公式计算转出： 不得抵扣的进项税额＝当期无法划分的全部进项税额×(当期简易计税方法计税项目销售额＋免征增值税项目销售额)÷当期全部销售额； ④ 已抵扣进项税额的固定资产、无形资产或者不动产,发生不得抵扣进项税额的情形时,按下列公式计算转出： 不得抵扣的进项税额＝固定资产、无形资产或者不动产净值×适用税率
非正常损失的购进货物及相关的加工修理修配劳务和交通运输业服务		
非正常损失的在产品、产成品所耗用的购进货物、加工修理修配劳务或者交通运输业服务		
非正常损失的不动产,以及该不动产所耗用的购进货物、设计服务和建筑服务		
非正常损失的不动产在建工程所耗用的购进货物、设计服务和建筑服务		
购进的贷款服务、餐饮服务、居民日常服务和娱乐服务		
纳税人接受贷款服务向贷款方支付的与该笔贷款直接相关的投融资顾问费、手续费、咨询费等费用		
上述各项规定的货物的运输费用和销售免税货物的运输费用	增值税专用发票应伴随货物进行	

二、小规模纳税人应纳税额的计算

小规模纳税人销售货物、劳务或者应税服务,实行按照销售额和征收率计算应纳税额的

简易办法,并不得抵扣进项税额。其应纳税额计算公式为:

$$应纳税额＝销售额×征收率$$

小规模纳税人因销售货物退回或者折让退还给购买方的销售额,应从发生的销售货物中退回或者从折让当期的销售额中扣减。

三、进口货物应纳税额的计算

纳税人进口货物,按照组成计税价格和规定的税率计算应纳税额,不得扣除任何税额。其组成计税价格和应纳税额的计算公式为:

$$组成计税价格＝关税完税价格＋关税＋消费税$$
$$＝(关税完税价格＋关税)÷(1－消费税税率)$$
$$应纳税额＝组成计税价格×税率$$

进口货物的增值税由海关代征,并由海关向进口人开具进口增值税专用缴款书。纳税人取得的进口增值税专用缴款书,是计算增值税进项税额的唯一依据。

习　　题

一、判断题

1. 增值税的计税依据是不含增值税的价格,它的最终承担者是经营者。（　　）
2. 混合销售是指销售多种产品或提供多种劳务的行为。（　　）
3. 销项税额＝销售额×税率,由销售方自己承担。（　　）
4. 应纳税额等于当期销项税额减去当期进项税额,因此,所有的进项税额都可以抵扣,不足部分可以结转下期继续抵扣。（　　）
5. 进口货物按组成计税价格和规定的税率计算,不得抵扣任何税额。（　　）
6. 纳税人代收代垫的运费,应视为价外收费征收增值税。（　　）
7. 商业企业采取分期付款方式购进货物的,凡是发生销售方先全额开具专用发票,购货方再按规定分期付款情况的,应在每次支付款项以后申报抵扣进项税额。（　　）
8. 纳税人采取折扣方式销售货物,销售额和折扣额不在同一张发票上分别注明的,可按减除折扣后的销售额征收增值税。（　　）
9. 增值税一般纳税人将外购货物作为职工集体福利,应视同销售计征增值税。（　　）
10. 以物易物交易事项应分别开具合法的票据,如收到的货物不能取得增值税专用发票或其他合法凭证,其进项税额不得抵扣。（　　）

二、单项选择题

1. 增值税一般纳税人销售货物或者应税劳务,采用销售额和销项税额合并定价方法的,其计算销售额的公式是（　　）。
   A. 销售额＝含税销售额÷(1＋税率)　　B. 销售额＝不含税销售额÷(1＋税率)
   C. 销售额＝含税销售额÷(1－税率)　　D. 销售额＝不含税销售额÷(1－税率)
2. 某零售企业为一般纳税人,月销售收入为 39 550 元,该企业当月计税销售额为

（　　）元。

　　A. 35 000　　　　B. 39 757　　　　C. 38 632　　　　D. 47 911

3. 某服装厂将自产的服装作为福利发给本厂职工,该批服装制造成本共计10万元,利润率为10%,按当月同类产品的平均售价计算为18万元,其计征增值税的销售额为（　　）万元。

　　A. 10　　　　　　B. 9　　　　　　　C. 11　　　　　　D. 18

4. 某单位采取折扣方式销售货物,折扣额单独开发票,增值税销售额的确定是（　　）。

　　A. 扣除折扣额的销售额　　　　　　B. 不扣除折扣额的销售额
　　C. 折扣额　　　　　　　　　　　　D. 加上折扣额的销售额

5. 某商场实行还本销售家具,家具现售价16 500元(不含增值税),5年后还本,该商场增值税的计税销售额是（　　）元。

　　A. 16 500　　　　B. 3 300　　　　C. 1 650　　　　D. 不征税

6. 某单位外购如下货物,按照增值税的有关规定,可以作为进项税额从销项税额中抵扣的是（　　）。

　　A. 外购的低值易耗品　　　　　　　B. 外购的材料用于专门的免征增值税项目
　　C. 外购的货物用于简易计税项目　　D. 外购的货物作为职工集体福利

7. 纳税人当期的进项税额大于当期的销项税额时,对不足抵扣部分的处理办法是（　　）。

　　A. 税务部门予以退税　　　　　　　B. 不再给予抵扣
　　C. 可抵扣以前欠税　　　　　　　　D. 结转下期继续抵扣

8. 某商场为增值税一般纳税人,因管理不善发生火灾,库存外购冰箱10台损坏,每台零售价1 440元,每台进价1 000元(不含税),不得抵扣的进项税额为（　　）元。

　　A. 1 300　　　　　B. 14 400　　　　C. 12 307.69　　　D. 8 547

9. 下列外购项目中,（　　）不得抵扣进项税额。

　　A. 用于简易计税方法的计税项目　　B. 无偿赠送他人
　　C. 对外投资　　　　　　　　　　　D. 用于换取生产资料

10. 现行增值税基本税率为13%,其对应的计税价格为不含税价,若换算成价内税,13%的价外税税率相当于（　　）的价内税税率。

　　A. 12.793%　　　B. 11.504%　　　C. 20.48%　　　D. 14%

三、多项选择题

1. 某单位外购如下货物,按增值税有关规定不能作为进项税额抵扣的有（　　）。

　　A. 外购的生产性固定资产　　　　　B. 外购货物用于免税项目
　　C. 外购货物用于集体福利　　　　　D. 外购货物用于无偿赠送他人

2. 增值税一般纳税人销售货物或提供应税劳务向购买方收取的价款和价外费用都应并入销售额纳税,但税法规定的价外费用不包括（　　）。

　　A. 包装物租金收入
　　B. 向购买方收取的销项税额
　　C. 受托加工应征消费税的消费品所代收代缴的消费税
　　D. 承运部门将运费发票开给购买方并由销售方将该发票转交给购买方的代垫运费

3. 按现行增值税制度规定,下列行为应按"提供加工和修理修配劳务"征收增值税的是（　　）。

A. 商店服务部为顾客修理手表　　　　B. 企业受托为另一企业加工服装
C. 企业为另一企业修理锅炉　　　　　D. 汽车修配厂为本厂修理汽车

4. 下列关于混合销售与兼营的表述中正确的有(　　　)。
A. 同一纳税人既销售货物、加工修理修配劳务又销售服务、无形资产或者不动产的行为,称为兼营
B. 一项销售行为如果既涉及货物又涉及服务,称为混合销售
C. 从事货物的生产、批发或者零售的单位和个体工商户的混合销售行为,按销售货物缴纳增值税
D. 纳税人兼有不同税率的销售货物、加工修理修配劳务、服务、无形资产或者不动产,未分别核算销售额的,从高适用税率

5. 增值税法规定,对销售除(　　　)以外的其他酒类产品而收取的包装物押金,无论是否返还、会计上如何核算,均应并入当期销售额计征增值税。
A. 啤酒　　　　B. 黄酒　　　　C. 白酒　　　　D. 药酒

6. 增值税的计税依据销售额中,价外费用不包含的项目有(　　　)。
A. 包装物租金　　　　　　　　　　B. 委托加工应税消费品代收代缴的消费税
C. 增值税税款　　　　　　　　　　D. 包装费、装卸费

7. 纳税人视同销售的销售额按下列方法顺序确定(　　　)。
A. 当月同类货物的最高销售价格
B. 纳税人最近时期同类货物的平均销售价格
C. 其他纳税人最近时期同类货物的平均销售价格
D. 组成计税价格

8. 下列各项中,允许从增值税计税销售额中扣除的有(　　　)。
A. 销售额开在同一张发票上的折扣额　　B. 现金折扣额
C. 销售折让额　　　　　　　　　　　　D. 销售退货额

9. 甲厂用自产锅炉换取乙厂的钢材作为生产材料,双方互开了增值税发票,则下列说法正确的有(　　　)。
A. 甲厂应计算销项税　　　　　　　B. 甲厂应抵扣进项税
C. 乙厂应计算销项税　　　　　　　D. 乙厂应抵扣进项税

10. A公司和B公司均为增值税一般纳税人,A公司本月外购一批货物5 000元,取得增值税专用发票,委托B公司加工,支付加工费1 000元,并取得B公司开具的增值税专用发票。货物加工完成收回后,A公司将这批货物直接对外销售,开出的增值税专用发票上注明的价款为8 000元。根据以上所述,以下各种说法正确的有(　　　)。
A. A公司对外销售时应纳增值税260元　　B. B公司受托加工业务应纳增值税130元
C. 应当缴纳增值税510元　　　　　　　　D. 无须缴纳增值税

四、思考题

1. 哪些进项税额不允许从销项税额中抵扣?什么情况下进项税额需要转出?
2. 销售货物要缴纳增值税,进口货物为什么也要缴纳增值税?进口货物缴纳增值税的计税依据是什么?

五、业务题

1. 某商贸企业(增值税一般纳税人)进口机器一台,关税完税价格为 200 万元,假设进口关税为 40 万元;本月将机器售出,取得不含税销售额 350 万元。

要求:计算该商贸企业本月应纳增值税税额。

2. 某化妆品生产厂为增值税一般纳税人,本月销售高档化妆品取得不含税销售额 600 000 元,另将自产的高档化妆品一批赠送给某协作企业,生产成本总计为 100 000 元,无市场售价可供参考,该高档化妆品适用消费税税率为 15%,成本利润率为 5%。

要求:计算本月的计税销售额。

3. 甲企业(增值税一般纳税人)销售给乙公司 5 000 套服装,每套不含税价格为 80 元,由于乙公司购买数量多,甲企业按原价的 8 折优惠销售(与销售业务开具在同一张发票上),并提供 1/10,n/20 的销售折扣。乙公司于 10 日内付款。

要求:计算甲企业此项业务的计税销售额。

4. 某家电生产企业为增值税一般纳税人,本月向市职工活动中心赠送自产液晶电视机 10 台,每台电视机的成本价 3 000 元,市场销售价格 5 000 元(不含);赠送新研制的新型节能空调 5 台,每台成本价 8 000 元,市场上尚无同类产品销售。家电产品的成本利润率为 10%。

要求:计算该家电生产企业本月的计税销售额。

5. 某电子企业为增值税一般纳税人,2022 年 7 月发生下列经济业务:

(1) 销售 A 产品 50 台,不含税单价 8 000 元。货款收到后,向购买方开具了增值税专用发票,并将提货单交给了购买方。截至月底,购买方尚未提货。

(2) 将 20 台新试制的 B 产品分配给投资者,单位成本为 6 000 元。该产品尚未投放市场。

(3) 单位内部职工集体福利领用甲材料 1 000 千克,每千克单位成本为 50 元。

(4) 企业某项免征增值税项目领用甲材料 200 千克,每千克单位成本为 50 元,同时领用 A 产品 5 台。

(5) 当月丢失库存乙材料 800 千克,每千克单位成本为 20 元,作待处理财产损溢处理。

(6) 当月发生购进货物的全部进项税额为 70 000 元。

其他相关资料:上月进项税额已全部抵扣完毕,本月取得的进项税额抵扣凭证均已申报抵扣。购销货物增值税税率均为 13%,税务局核定的 B 产品成本利润率为 10%。

要求:

(1) 计算当月销项税额。

(2) 计算当月可抵扣进项税额。

(3) 计算当月应纳增值税税额。

6. 某工业企业(增值税一般纳税人),2022 年 7 月购销业务情况如下:

(1) 购进生产原料一批,取得的增值税专用发票上注明的价、税款分别是 23 万元、2.99 万元,专用发票当月通过认证并申报抵扣。另支付运费取得增值税专用发票,注明运输费 3 万元,增值税 0.27 万元。

(2) 购进钢材 20 吨,已验收入库;取得的增值税专用发票上注明的价、税款分别是 8 万元、1.04 万元,专用发票当月通过认证并申报抵扣。

(3) 直接向农民收购用于生产加工的农产品一批,经税务机关批准的收购凭证上注明的价款为 42 万元。

(4) 以托收承付方式销售产品一批,货物已发出并办妥银行托收手续,但货款未到,向买方开具的增值税专用发票注明不含税销售额 42 万元。

(5) 期初留抵进项税额 0.5 万元。

要求：计算该企业当期应纳增值税税额。

7. 某商业企业是增值税一般纳税人，2022 年 6 月末留抵税额 2 000 元，7 月发生下列业务：

(1) 购入商品一批，取得增值税专用发票，价款 10 000 元，税款 1 300 元。

(2) 3 个月前从农民手中收购的一批粮食毁损，账面成本 5 220 元。

(3) 从农民手中收购大豆 1 吨，税务机关批准的收购凭证上注明收购款 1 500 元。

(4) 从小规模纳税人处购买商品一批，取得税务机关代开的发票，价款 30 000 元，税款 900 元，款已付，货物未入库，发票已认证。

(5) 购买建材一批用于修缮仓库，取得增值税专用发票，注明价款 20 000 元，税款 2 600 元。

(6) 零售日用商品，取得含税收入 150 000 元。

(7) 将 2 个月前购入的一批布料捐赠受灾地区，账面成本 20 000 元，同类商品不含税销售价格 30 000 元。

(8) 外购计算机 20 台，取得增值税专用发票，每台不含税单价 6 000 元，购入后 5 台办公使用，5 台捐赠希望小学，另 10 台全部零售，零售价每台 8 000 元。

假定相关可抵扣进项税额的发票均通过认证并申报抵扣。

要求：

(1) 计算当期全部可从销项税额中抵扣的增值税进项税额合计数(考虑转出的进项税额)。

(2) 计算当期增值税销项税额。

(3) 计算当期应纳增值税税额。

任务三　增值税会计核算

学　习　指　导

一、会计科目的设置

增值税会计核算时应设置的会计科目如表 2-8 所示。

表 2-8　增值税会计科目的设置

类　　别	一般纳税人科目设置	小规模纳税人科目设置
一级科目	应交税费	应交税费
二级科目	应交增值税、未交增值税、预交增值税、待抵扣进项税额、待认证进项税额、简易计税等	应交增值税等
三级科目（专栏）	借方：进项税额、已交税金、出口抵减内销产品应纳税额、转出未交增值税、销项税额抵减等 贷方：销项税额、出口退税、进项税额转出、转出多交增值税等	无
账页格式	以多栏式为主，也可采用三栏式	三栏式

二、几种视同销售行为的会计核算

视同销售行为的会计核算方法各有不同,具体如表2-9所示。

表2-9　视同销售行为的会计核算方法

视同销售行为类别	账务处理
将自产、委托加工货物用于职工集体福利	借:应付职工薪酬 　贷:库存商品 　　应交税费——应交增值税(销项税额)
将自产、委托加工或购买的货物无偿赠送他人	借:营业外支出 　贷:库存商品 　　应交税费——应交增值税(销项税额)
将自产、委托加工货物用于职工个人消费	借:应付职工薪酬 　贷:主营业务收入 　　应交税费——应交增值税(销项税额)
将自产、委托加工或购买的货物对外投资	借:长期股权投资 　贷:主营业务收入 　　应交税费——应交增值税(销项税额)
将自产、委托加工或购买的货物分配给股东或投资者	借:应付股利 　贷:主营业务收入 　　应交税费——应交增值税(销项税额)

习　　题

一、判断题

1．"应交税费——应交增值税(减免税款)"科目是核算企业按规定直接减免的增值税税额。　　　　　　　　　　　　　　　　　　　　　　　　　　　　　　　　(　　)

2．企业销售货物后,若发生销货退回或销售折让,应记入"应交税费——应交增值税(销项税额)"科目的借方。　　　　　　　　　　　　　　　　　　　　　　　(　　)

3．包装物随同产品销售单独计价时销售额应记入"主营业务收入",并计算缴纳增值税。　　　　　　　　　　　　　　　　　　　　　　　　　　　　　　　　(　　)

4．现金折扣在购货方实际付现时才能确认,现金折扣不能冲减销售额,也不能抵减销项税额,只能作为一种理财行为记入"财务费用"。　　　　　　　　　　　　(　　)

5．企业接受货物捐赠,按增值税专用发票上注明的增值税税额,借记"应交税费——应交增值税(进项税额)"科目,按确认的捐赠货物的价值,借记"原材料"等科目,将接受捐赠的非货币资产的含税价值转入"营业外收入——捐赠利得"科目。　　　　　(　　)

二、单项选择题

1．企业将自产的货物无偿赠送他人,应视同销售货物计算应交增值税,借记"营业外支出"科目,贷记"库存商品"和(　　)科目。

A．"应交税费——应交增值税(销项税额)"

B."应交税费——应交增值税(进项税额转出)"

C."应交税费——应交增值税(进项税额)"

D."应交税费——应交增值税(转出未交增值税)"

2. 某企业本月份将自产的一批市场售价为 22 万元(耗用上月外购材料 15 万元)的食品发给职工,下列说法正确的是( )。

  A. 应反映销项税额 2.86 万元　　　　B. 应反映销项税额 3.4 万元

  C. 应反映应纳税额 3.4 万元　　　　　D. 应转出进项税额 1.95 万元

3. 天宏工厂委托渔阳木器厂加工产品包装用木箱,发出材料价值 15 000 元,支付加工费 3 500 元和增值税 455 元。天宏工厂支付加工费和增值税税额时,正确的会计分录为( )。

  A. 借:委托加工物资　　　　　　　　　　　　　　　　　3 500

    应交税费——应交增值税(进项税额)　　　　　　　455

     贷:银行存款　　　　　　　　　　　　　　　　　　　　　3 955

  B. 借:在途物资　　　　　　　　　　　　　　　　　　　3 500

    应交税费——应交增值税(进项税额)　　　　　　　455

     贷:银行存款　　　　　　　　　　　　　　　　　　　　　3 955

  C. 借:周转材料　　　　　　　　　　　　　　　　　　　3 500

    应交税费——应交增值税(进项税额)　　　　　　　455

     贷:银行存款　　　　　　　　　　　　　　　　　　　　　3 955

  D. 借:委托加工物资　　　　　　　　　　　　　　　　　3 955

     贷:应交税费——应交增值税(进项税额转出)　　　　　455

      银行存款　　　　　　　　　　　　　　　　　　　　　3 500

4. 小规模纳税人不实行税款抵扣制,因此,在购进货物时不论是收到普通发票还是增值税专用发票,其会计处理均为( )。

  A. 借:原材料等

    应交税费——应交增值税(进项税额)

     贷:银行存款等

  B. 借:原材料等

     贷:银行存款等

  C. 借:原材料等

    应交税费——应交增值税

     贷:银行存款等

  D. 借:原材料等

     贷:银行存款等

      应交税费——应交增值税(进项税额转出)

5. 企业接受修理修配劳务,应根据增值税专用发票上注明的修理修配费用借记"制造费用""管理费用"等科目,按专用发票上注明的进项税额,借记( )科目,贷记"银行存款"等科目。

  A."应交税费——应交增值税(进项税额)"

  B."应交税费——应交增值税(进项税额转出)"

  C."应交税费——应交增值税(销项税额)"

  D."应交税费——应交增值税"

三、多项选择题

1. 企业应在"应交税费——应交增值税"明细账中设置（　　　　）等专栏。
   A. 进项税额　　　　B. 已交税金　　　　C. 销项税额　　　　D. 未交增值税

2. 增值税一般纳税人企业购进的生产、经营用货物日后被用于（　　　　），即改变其用途时，应将其相应的增值税税额记入"应交税费——应交增值税（进项税额转出）"科目的贷方。
   A. 免征增值税项目　　B. 集体福利　　　C. 分配给股东　　　D. 无偿赠送他人

3. 有关视同销售的会计处理，以下会计分录正确的是（　　　　）。
   A. 企业将自产或委托加工的货物用于职工集体福利时，其会计处理为：
      借：应付职工薪酬
         贷：库存商品等
            应交税费——应交增值税（销项税额）
   B. 企业将自产、委托加工或购买的货物作为投资时，其会计处理为：
      借：长期股权投资等
         贷：库存商品等
            应交税费——应交增值税（销项税额）
   C. 企业将自产、委托加工或购买的货物分配给股东时，其会计处理为：
      借：应付股利等
         贷：主营业务收入
            应交税费——应交增值税（销项税额）
   D. 企业将自产、委托加工的货物分配给个人消费时，其会计处理为：
      借：应付职工薪酬
         贷：主营业务收入
            应交税费——应交增值税（销项税额）

4. 生产企业一般纳税人的下列业务，应作进项税额转出处理的有（　　　　）。
   A. 已抵扣税款的购进货物用于免税项目建设
   B. 水灾后损失的产品所耗用的购进货物
   C. 生产过程废品所耗用的购进货物
   D. 已抵扣税款的购进货物用于职工集体福利

5. 下列已取得增值税专用发票的项目中，可作为进项税额抵扣的有（　　　　）。
   A. 外购的修理备用件　　　　　　　B. 外购的企业营销用小车
   C. 外购的生产用车辆　　　　　　　D. 外购的生产设备

四、业务题

红光制造厂为增值税一般纳税人，2022年7月发生下列经济业务：

（1）购进原材料一批，取得增值税专用发票上注明的价款为700 000元，增值税税额为91 000元。专用发票当月通过认证并申报抵扣。企业因资金不足，上述各款项全部尚未支付，材料已验收入库。

（2）接受某公司无偿捐赠的原材料一批，增值税专用发票上注明的货款为30 000元，增值税税额为3 900元，专用发票当月通过认证并申报抵扣。材料已验收入库，并以银行存款支付相关手续费300元。

(3)基本生产车间委托某机修厂修理设备,以银行存款支出修理费 3 000 元,增值税税额为 390 元。工厂已收到机修厂开具的增值税专用发票,当月通过认证并申报抵扣。

(4)购入不需安装的新设备一台,取得的增值税专用发票上注明的价款为 20 000 元,税额为 2 600 元,当月通过认证并申报抵扣,款项已用银行存款支付。

(5)销售产品取得销售额 500 000 元,按规定收取增值税税额为 65 000 元,开具增值税专用发票 5 张,款项已收到存入银行。

(6)随同产品出售一批单独计价的包装物,开具普通发票一张,金额 1 017 元,款项已收到。

(7)将一批外购的原材料对外投资,原材料账面实际成本为 65 000 元,适用增值税税率为 13%,开具增值税专用发票一张。

(8)工厂以自产的一批产品作为福利发放给本厂职工个人,该批产品实际成本为 60 000 元,无同类产品售价,适用增值税税率为 13%,未开具发票。(成本利润率为 10%)

(9)将自产的一批产品送给某灾区,作为抗洪救灾用。该批产品按售价计算(不含税金额)为 80 000 元,其实际成本为 60 000 元,适用增值税税率为 13%,未开具发票。

要求:

根据上述资料进行相应的会计处理,并计算当期应交增值税税额。

任务四 增值税纳税申报

学 习 指 导

一、纳税义务发生时间

销售货物、劳务或者应税服务,纳税义务发生时间为收讫销售款项或者取得索取销售款项凭据的当天;先开具发票的,为开具发票的当天,具体如表 2-10 所示。

表 2-10 纳税义务发生时间

具体情形	纳税义务时间	备 注
采取直接收款方式销售货物	为收到销售款或者索取销售款凭据的当天	不论货物是否发出
采取托收承付和委托银行收款方式销售货物	为发出货物并办妥托收手续的当天	—
采取赊销和分期收款方式销售货物	为书面合同约定的收款日期的当天	无书面合同的或者书面合同没有约定收款日期的,为货物发出的当天
采取预收货款方式销售货物	为货物发出的当天	但生产销售生产工期超过 12 个月的大型机械设备、船舶、飞机等货物,为收到预收款或者书面合同约定的收款日期的当天
委托其他纳税人代销货物	为收到代销单位的代销清单或者收到全部或者部分货款的当天	未收到代销清单及货款的,为发出代销货物满 180 天的当天

续表

具体情形	纳税义务时间	备 注
销售应税劳务、提供应税服务	为提供劳务、应税服务并收讫销售款或者取得索取销售款凭据的当天	先开具发票的,为开具发票的当天
转让金融商品	金融商品所有权转移的当天	
纳税人发生视同销售行为	货物移送、服务及无形资产转让完成的当天或者不动产权属变更的当天	委托他人代销、销售代销货物的除外
进口货物	报关进口的当天	—
采取预收款方式提供建筑服务、租赁服务	租赁服务为收到预收款的当天;建筑服务以取得的预收款扣除支付的分包款后的余额按规定预征率预缴增值税	—

二、纳税期限

增值税的纳税期限分别为1日、3日、5日、10日、15日、1个月或者1个季度。以1个季度为纳税期限的规定仅适用于小规模纳税人、银行、财务公司、信托投资公司、信用社以及财政部和国家税务总局规定的其他纳税人。

纳税人以1个月或者1个季度为1个纳税期的,自期满之日起15日内申报纳税;以1日、3日、5日、10日或者15日为1个纳税期的,自期满之日起5日内预缴税款,于次月1日起15日内申报纳税并结清上月应纳税款。

扣缴义务人解缴税款的期限,依照前两款规定执行。

纳税人进口货物,应当自海关填发进口增值税专用缴纳书之日起15日内缴纳税款。

三、纳税地点

一般情况下,增值税实行"就地纳税"原则。其具体规定如下:

(1) 固定业户:机构所在地。
(2) 非固定业户:应税行为发生地。
(3) 其他个人提供建筑服务,销售或者租赁不动产,转让自然资源使用权:建筑服务发生地、不动产所在地、自然资源所在地。
(4) 进口货物:报关地海关。
(5) 扣缴义务人:机构所在地或者居住地。

四、纳税申报

(一)提供纳税申报资料

一般纳税人纳税申报时,应提供《增值税及附加税费申报表》(增值税一般纳税人适用)

及其五个附列资料和增值税减免税申报明细表及其他税务机关要求报送的资料。

小规模纳税人纳税申报时,应提供《增值税及附加税费申报表》(小规模纳税人适用)及其两个附表、普通发票领用存月报表、企业财务会计报表及其他税务机关要求报送的资料。

(二)纳税申报程序

一般纳税人办理纳税申报,需要经过专用发票认证、抄税、报税、办理申报、税款缴纳等工作。

习 题

一、判断题

1. 进口货物纳税义务发生的时间为报关进口后15天。 ( )
2. 总机构和分支机构不在同一县(市)的,应当分别向各自所在地主管税务机关申报纳税。 ( )
3. 委托其他纳税人代销货物的,为收到代销单位的代销清单或者收到全部或者部分货款的当天。未收到代销清单及货款的,为发出代销货物满180天的当天。 ( )
4. 非固定业户销售货物或应税劳务,应向销售地或劳务发生地主管税务机关申报纳税。 ( )
5. 纳税人销售货物或者应税劳务,先开具发票的,其增值税纳税义务发生时间为实际收到款项的当天。 ( )

二、单项选择题

1. 以1个月为1个纳税期的增值税纳税人,于期满后( )日内申报纳税。
   A. 1　　　　　　B. 5　　　　　　C. 10　　　　　　D. 15
2. 总机构和分支机构不在同一县(市)的纳税人经( )的税务机关批准,其分支机构应纳税款也可以由总机构汇总向总机构所在地主管税务机关申报纳税。
   A. 国家税务总局或其授权　　　　B. 省级以上
   C. 总机构所在地　　　　　　　　D. 分支机构所在地
3. 进口货物的增值税由( )征收。
   A. 进口地税务机关　　　　　　　B. 海关
   C. 交货地税务机关　　　　　　　D. 进口方所在地税务机关
4. 下列结算方式中,以货物发出当天为增值税纳税义务发生时间的是( )。
   A. 预收货款　　　　　　　　　　B. 赊销
   C. 分期收款　　　　　　　　　　D. 将货物交付他人代销
5. 增值税的纳税期限为( )。
   A. 5日、10日、15日、1个月
   B. 1日、5日、10日、15日、1个月
   C. 1日、3日、5日、10日、15日、1个月
   D. 1日、3日、5日、10日、15日、1个月或1个季度

三、多项选择题

1. 下列纳税义务发生时间正确的是（　　　　）。
   A. 采取赊销方式销售货物的，为货物发生的当天
   B. 采取预收货款方式销售货物的，为货物发生的当天
   C. 采取托收承付方式销售货物的，为发出货物并办妥托收手续的当天
   D. 采取直接收款方式销售货物的，为收到销售款或者取得索取销售款凭据的当天

2. 下列关于纳税义务发生时间的表述中正确的有（　　　　）。
   A. 委托其他纳税人代销货物，其纳税义务发生时间为收到代销款的当天
   B. 销售应税劳务的，其纳税义务发生时间为提供劳务同时收讫销售额或取得索取销售额的凭据的当天
   C. 企业采取分期收款方式销售货物的，其纳税义务的发生时间为书面合同规定的收款日期
   D. 先开具发票的，其纳税义务的发生时间为开具发票的当天

3. 下列关于增值税纳税地点的陈述中，正确的有（　　　　）。
   A. 进口货物应当由进口人或者代理人向报送地海关申报纳税
   B. 固定业户应当向其机构所在地主管税务机关申报纳税
   C. 固定业户跨县(市)提供建筑服务或者销售取得的不动产，应按规定在建筑服务发生或不动产所在地预缴税款后，向机构所在地主管税务机关进行纳税申报
   D. 非固定业户销售货物或者应税劳务，应当向销售地或应税劳务地主管税务机关申请纳税

任务五　增值税出口退税

学习指导

一、出口货物退(免)税的基本内容

按照现行规定，增值税出口货物退(免)税的方式主要有出口免税并退税、出口免税不退税和出口不免税也不退税三种方式。

出口货物的退税率，是出口货物的实际退税额与退税计税依据的比例。现行出口货物的增值税退税率在5%～13%区间。出口应税服务和无形资产的退税率为13%、9%、6%三档。

二、出口货物退(免)税的计算及会计核算

出口货物只有在适用既免税又退税的政策时，才会涉及如何计算退税的问题。具体有两种方法：一是"免、抵、退"方法，主要适用于自营和委托出口自产货物的生产企业和提供适用零税率的应税服务和无形资产企业；二是"先征后退"方法，目前主要用于收购货物出口的外(工)贸企业。具体如表2-11、表2-12所示。

表 2-11　出口货物"免、抵、退"方法及会计核算

步　骤	计算公式及说明	会计核算
第一步：免	出口货物不计销项税额	借：银行存款等 　贷：主营业务收入
第二步：剔	当期免抵退税不得免征和抵扣税额＝当期出口货物离岸价×外汇人民币牌价×（当期出口货物征税率－出口货物退税率）－当期免抵退税不得免征和抵扣税额抵减额 其中：当期免抵退税不得免征和抵扣税额抵减额＝当期免税购进原材料价格×（出口货物征税率－出口货物退税率）	根据"当期'免、抵、退'税不得免征和抵扣税额"： 借：主营业务成本 　贷：应交税费——应交增值税 　　　（进项税额转出）
第三步：抵	当期应纳税额＝当期内销货物的销项税额－（当期进项税额－当期免抵退不得免征和抵扣税额）－上期期末留抵税额 说明：若计算结果为正数，说明企业应缴纳增值税，不涉及退税（但涉及免、抵）；若计算结果是负数，则进入下一步对比大小计算应退税额	
第四步：退	① 计算当期免抵退税额： 　当期免抵退税额＝当期出口货物离岸价×外汇人民币牌价×出口货物退税率－免抵退税额抵减额 　其中：免抵退税额抵减额＝免税购进原材料价格×出口货物退税率 ② 计算当期应退税额和免抵税额 a：如当期期末留抵税额≤当期免抵退税额，则： 　当期应退税额＝当期期末留抵税额 　当期免抵税额＝当期免抵退税额－当期应退税额 b：如当期期末留抵税额＞当期免抵退税额，则： 　当期应退税额＝当期免抵退税额 　当期免抵税额＝0 　当期期末留抵税额根据当期《增值税及附加税费申报表》中"期末留抵税额"确定	根据当期免抵税额： 借：应交税费——应交增值税（出口抵减内销产品应纳税额） 　贷：应交税费——应交增值税 　　　（出口退税） 根据当期应退税额： 借：其他应收款 　贷：应交税费——应交增值税 　　　（出口退税）

应税服务、无形资产出口"免、抵、退"税的计算方法

（1）计算零税率应税服务（含无形资产）当期免抵退税额。

当期零税率应税服务免抵退税额＝当期零税率应税服务免抵退税计税价格×外汇人民币牌价×零税率应税服务退税率

零税率应税服务免抵退税计税价格为提供零税率应税服务取得的全部价款，扣除支付给非试点纳税人价款后的余额。

（2）计算当期应退税额和当期免抵税额。

① 当期期末留抵税额≤当期免抵退税额时，

当期应退税额＝当期期末留抵税额

当期免抵税额＝当期免抵退税额－当期应退税额

② 当期期末留抵税额＞当期免抵退税额时，

当期应退税额＝当期免抵退税额

当期免抵税额＝0

"当期期末留抵税额"为当期《增值税及附加税费申报表》的"期末留抵税额"。

零税率应税服务提供者如同时有货物出口的,可结合现行出口货物免抵退税公式一并计算免抵退税。

表 2-12　出口货物"先征后退"方法及会计核算

出口货物来源	计算公式及说明	会计核算
从一般纳税人购进货物直接出口	应退税额＝外贸收购不含增值税购进金额×退税率 或＝出口货物数量×加权平均单价×退税率	根据计算的"应退税额": 借:其他应收款 　　贷:应交税费——应交增值税(出口退税) 根据计算的"不得抵扣或退税额": 借:主营业务成本 　　贷:应交税费——应交增值税(进项税额转出)
从小规模纳税人购进货物出口	从小规模纳税人购进由税务机关代开增值税专用发票的出口货物: 应退税额＝增值税专用发票上注明的销售额×退税率	

习　题

一、判断题

1. 出口企业应将不同退税率的货物分开核算和申报,凡划分不清适用税率的,一律从低适用税率计算退税。　　　　　　　　　　　　　　　　　　　　(　　)
2. 未按照"免、抵、退"方法办理出口退税的生产企业,对出口货物一律先按增值税条例的规定征税。　　　　　　　　　　　　　　　　　　　　　　　　(　　)
3. 对出口不免税也不退税的出口货物视同内销处理。　　　　　　　(　　)
4. 外贸企业与工业企业出口退税的计算方法相同。　　　　　　　　(　　)
5. 外贸企业从小规模纳税人购进并持有普通发票的货物出口,一律免税但不予退税。
　　　　　　　　　　　　　　　　　　　　　　　　　　　　　　(　　)

二、单项选择题

1. 在"免、抵、退"方法中,当期应退税额应根据(　　)原则确定。
   A. "期末留抵税额"与"当期免抵退税额"孰小
   B. "期末留抵税额"与"当期免抵退税额"孰大
   C. "当期应纳税额"与"当期免抵退税额"孰小
   D. "当期应纳税额"与"当期免抵退税额"孰大
2. 出口企业代理其他企业出口后,应在货物报关出口之日起(　　)内凭出口货物报关单、代理出口协议,向主管国家税务机关申请开具《代理出口货物证明》,并及时转给委托出口企业。
   A. 30 日　　　　　B. 60 日　　　　　C. 90 日　　　　　D. 180 日
3. 按照现行增值税规定,生产企业委托外贸企业代理出口货物,其增值税的退(免)税环节和方法是(　　)。
   A. 对生产企业实行退税,采取"先征后退"方法
   B. 对外贸企业实行退税,采取"即征即退"方法

C. 对生产企业和外贸企业分别实行退税,采取"先征后退"方法

D. 对生产企业实行退税,采取"免、抵、退"方法

4. 某电器生产企业自营出口自产货物,2022 年 6 月末计算出的期末留抵税款为 8 万元,当期免抵退税额为 12 万元,则当期免抵税额为( )万元。

A. 8　　　　　B. 12　　　　　C. 4　　　　　D. 15

5. 下列货物不免税也不退税的是( )。

A. 来料加工复出口的货物　　　　B. 进料加工复出口的货物

C. 援外出口货物　　　　　　　　D. 外贸企业直接购进免税货物出口

三、多项选择题

1. 我国的出口退(免)税有下列( )方法。

A. 出口不免税也不退税　　　　　B. 出口免税不退税

C. 出口不免税退税　　　　　　　D. 出口免税并退税

2. 下列货物的出口,享受增值税出口免税不退税政策的有( )。

A. 汽车生产企业委托外贸企业出口汽车

B. 小规模生产企业委托外贸企业代理出口的自产货物

C. 外贸企业出口避孕药品

D. 从农业生产者直接购进的免税农产品出口

3. 可以退(免)增值税的出口货物应具备的条件有( )。

A. 属于增值税的征税范围　　　　B. 报关离境

C. 财务上做销售处理　　　　　　D. 用于宣传而对外赠送的产品

4. 根据增值税现行规定,下列企业中可享受出口货物退(免)税政策的有( )。

A. 经国家商务主管部门及其授权单位批准的有进出口经营权的外贸企业

B. 经国家商务主管部门及其授权单位批准的有进出口经营权的自营生产企业

C. 委托外贸企业代理出口的生产企业

D. 借出口经营权、挂靠出口货物的企业

5. 有自营出口权的生产企业,出口货物按规定的退税率计算的出口货物的进项税额抵减内销产品应纳税额时,应( )科目。

A. 借记"主营业务成本"

B. 借记"应交税费——应交增值税"(出口抵减内销产品应纳税额)

C. 借记"应交税费——应交增值税"(进项税额转出)

D. 贷记"应交税费——应交增值税"(出口退税)

四、思考题

1. 根据出口企业的不同形式和出口产品的不同种类,我国的出口退(免)税有哪三种方法?它们的含义分别是什么?

2. 按照"免、抵、退"方法办理出口退税的具体做法是什么?

3. 按照"先征后退"方法办理出口退税的具体做法是什么?

五、业务题

1. 某自营出口生产企业本季度出口日用工业品 48 000 美元，报关出口当天美元与人民币汇率为 1∶6.55。该季度内销产品 800 000 元，增值税税率为 13%，出口退税率为 11%。当期购进原材料进项税额为 152 000 元。

要求：根据上述业务，计算应纳（退）税额并作相应会计处理（该企业实行"免、抵、退"方法）。

2. 某生产企业为增值税一般纳税人，2022 年 6 月外购原材料取得防伪税控系统开具的增值税专用发票，注明进项税额 137.7 万元并通过主管税务机关认证。当月内销售货物取得不含税销售额 150 万元，外销货物取得收入 115 万美元（美元与人民币的比价为 1∶6.55），该企业适用增值税税率为 13%，出口退税率为 9%。

要求：计算该企业 6 月"免、抵、退"税额并进行相应的会计处理。

项目三 消费税会计业务操作

任务一 消费税纳税人和征税范围的确定

学习指导

一、消费税纳税人的确定

消费税是对我国境内从事生产、委托加工和进口应税消费品的单位和个人,就其销售额或销售数量,在特定环节征收的一种税。消费税具有以下特点:①征税项目具有选择性;②征税环节具有单一性;③征税方法具有多样性;④税收调节具有特殊性;⑤税收负担具有转嫁性。

消费税的纳税人为在中华人民共和国境内生产、批发、委托加工和进口应税消费品的单位和个人。自 2009 年 1 月 1 日起,增加了国务院确定的销售应税消费品的其他单位和个人,消费税纳税人的具体规定如表 3-1 所示。

表 3-1 消费税纳税人的具体规定

基本概念	具 体 规 定
在我国境内生产、委托加工和进口应税消费品的单位和个人为消费税的纳税人。其中:"单位"是指企业、行政单位、事业单位、军事单位、社会团体和其他单位;"个人"是指个体工商户及其他个人	从事应税消费品生产并销售业务的单位或个人
	从事应税消费品生产并自用的生产单位或个人
	进口应税消费品的进口报关单位或个人
	委托加工应税消费品的委托单位或个人
	零售金银首饰和钻石、钻石饰品的单位或个人(仅指金基、银基合金首饰以及金、银和金基、银基合金的镶嵌首饰)
	从事卷烟批发业务的单位或个人(自 2009 年 5 月 1 日起)

注意:一般情况下,消费税的纳税人同时也是增值税的纳税人,适用增值税税率为 13%。

二、消费税的征税范围

消费税的征税范围包括烟、酒、高档化妆品、贵重首饰及珠宝玉石、鞭炮焰火、成品油、摩托车、小汽车、高尔夫球及球具、高档手表、游艇、木制一次性筷子、实木地板、电池、涂料等 15 个税目,有的税目还可进一步划分为若干子目,具体情况如表 3-2 所示。

表 3-2 消费税征税范围

税目		说明
一、烟	1. 卷烟	甲类卷烟:每标准条(200 支)调拨价 ≥ 70 元(不含增值税,下同) 乙类卷烟:每标准条调拨价 < 70 元 1 标准箱 = 250 条 = 50 000 支
	2. 雪茄烟	包括各种规格、型号的雪茄烟
	3. 烟丝	包括以烟叶为原料加工生产的不经卷制的散装烟
	4. 电子烟	包括烟弹、烟具以及烟弹与烟具组合销售的电子烟产品
二、酒	1. 粮食白酒	以高粱、玉米、大米、糯米、大麦、小麦、青稞等各种粮食为原料
	2. 薯类白酒	以白薯、木薯、马铃薯、芋头、山药等各种干鲜薯类为原料;用甜菜酿制的白酒,比照薯类白酒征税
	3. 啤酒(含果啤)	甲类啤酒:每吨出厂价(含包装物及押金) ≥ 3 000 元(不含增值税);乙类啤酒:每吨出厂价 < 3 000 元 饮食业、商业、娱乐业举办的啤酒屋利用啤酒生产设备生产的啤酒一律按甲类啤酒征税
	4. 黄酒	包括各种原料酿制的黄酒和酒精度超过 12 度(含 12 度)的土甜酒
	5. 其他酒	包括糠麸白酒、其他原料白酒、土甜酒、复制酒、果木酒、汽酒、药酒等
三、高档化妆品		包括高档美容、修饰类化妆品、高档护肤类化妆品和成套化妆品;不含舞台、戏剧、影视演员化妆用的上妆油、卸妆油、油彩、发胶和头发漂白剂等
四、贵重首饰及珠宝玉石		包括各种金、银、珠宝首饰及珠宝玉石
五、鞭炮焰火		不含体育上用的发令纸、鞭炮引线
六、成品油	1. 汽油	以汽油、汽油组分调和生产的甲醇汽油、乙醇汽油属于汽油税目征收范围 以柴油、柴油组分调和生产的生物柴油也属于柴油税目征收范围
	2. 柴油	
	3. 石脑油	
	4. 溶剂油	
	5. 润滑油	
	6. 燃料油	
	7. 航空煤油	
七、摩托车		按气缸容量分两档征税

续 表

税 目		说 明
八、小汽车	1. 乘用车	按气缸容量(排气量)分七档征税
	2. 中轻型商用客车	车身长度大于7米(含),并且座位在10至23座(含)的,不属于中轻型商用客车,不征消费税
	3. 超豪华小汽车	电动汽车、沙滩车、雪地车、卡丁车、高尔夫车,不征税
九、高尔夫球及球具		包括高尔夫球、高尔夫球杆及高尔夫球包(袋)等
十、高档手表		指每只销售价格(不含增值税)在10 000元(含)以上的手表
十一、游艇		只涉及机动艇
十二、木制一次性筷子		以木材为原料经过锯段、浸泡、旋切、刨切、烘干、筛选、打磨、倒角、包装等环节加工而成的各类一次性使用的筷子
十三、实木地板		各类规格的实木地板、实木指接地板、实木复合地板及用于装饰墙壁、天棚的侧端面为榫、槽的实木装饰板以及未经涂饰的素板
十四、电池		包括原电池、蓄电池、燃料电池、太阳能电池和其他电池
十五、涂料		指涂于物体表面能形成具有保护、装饰或特殊性能的固态涂膜的一类液体或固体材料

三、消费税税率

消费税实行定额税率、比例税率和从量定额与从价定率相结合的复合计税三种形式,共设置了20余档不同的税率(税额),具体如表3-3所示。

表3-3 消费税税率

项 目		适 用 范 围
税率一般规定	定额税率	啤酒;黄酒;成品油
	从量定额与从价定率相结合的复合计税	白酒;生产、批发、进口、委托加工的卷烟
	比例税率	除啤酒、黄酒、成品油、卷烟、白酒以外的其他各项应税消费品:1%~36%
特殊情况下的税率规定	按最高税率征税的特殊情况	纳税人兼营不同税率的应税消费品未分别核算的将不同税率的应税消费品组成套装销售的
	关于贵重首饰及珠宝玉石税率	金、银和金基、银基合金首饰以及金、银和金基、银基合金的镶嵌首饰和钻石、钻石饰品在零售环节征税,税率为5%;其他首饰在生产、进口、委托加工环节征税,税率为10%

习 题

一、判断题

1. 消费税属于流转税、中央税、价内税。（ ）
2. 石化厂销售汽油应征收消费税,不征收增值税。（ ）
3. 纳税人兼营不同税率的应税消费品(即生产销售两种税率以上的应税消费品时)应当

分别核算不同税率应税消费品的销售额或销售数量,未分别核算的,按最高税率征税。（ ）

4. 委托加工应税消费品的纳税义务人是受托方。（ ）

5. 纳税人将自产、委托加工收回和进口的应税消费品发放给本企业职工,均应视同销售,征收消费税和增值税。（ ）

6. 税法规定对于自产自用的应税消费品,用于连续生产应税消费品的不征税,体现了税不重征和计税简便的原则。（ ）

7. 凡征收消费税的应税消费品一般须征收增值税。（ ）

8. 消费税的税率为单一税率。（ ）

9. 影视演员化妆用的上妆油不属于应税消费品。（ ）

10. 农用拖拉机的专用轮胎属于应税消费品。（ ）

二、单项选择题

1. 我国除另有规定外,只是对所有货物普遍征收增值税的基础上选择一部分消费品征收（ ）。

   A. 消费税　　　　B. 车船税　　　　C. 关税　　　　D. 资源税

2. 消费税属于（ ）。

   A. 价内税　　　B. 价外税转价内税　　C. 价外税　　　D. 价内税转价外税

3. 下列情形中不征收消费税的有（ ）。

   A. 用于广告宣传的样品白酒

   B. 用于本企业招待的卷烟

   C. 委托加工收回后以不高于受托方计税价格销售的粮食白酒

   D. 抵偿债务的小汽车

4. 下列货物应当缴纳消费税的有（ ）。

   A. 汽车厂生产的小汽车移送至改装分厂改装加长型豪华小轿车

   B. 汽车厂生产的小轿车用于本厂研究所作碰撞实验

   C. 汽车制造商赞助汽车拉力赛的越野车

   D. 汽车轮胎厂生产的子午线轮胎

5. 下列情况中应征消费税的有（ ）。

   A. 外购零部件组装电视机销售

   B. 商业零售企业外购已税珠宝玉石加工成金银首饰后销售

   C. 委托加工的粮食白酒收回后用于职工福利

   D. 委托加工的粮食白酒收回后以不高于受托方计税价格出售

6. 依据消费税的有关规定,下列行为中应缴纳消费税的是（ ）。

   A. 进口卷烟　　　B. 进口服装　　　C. 零售化妆品　　　D. 零售白酒

7. 依据消费税的有关规定,下列消费品中属于消费税征税范围的是（ ）。

   A. 高尔夫球包　　B. 竹制筷子　　C. 护肤护发品　　D. 电动汽车

8. 纳税人将应税消费品与非应税消费品以及适用税率不同的应税消费品组成成套消费品销售的,应按（ ）。

   A. 应税消费品的平均税率计征

B. 应税消费品的最高税率计征

C. 应税消费品的不同税率,分别计征

D. 应税消费品的最低税率计征

9. 下列各项中,应同时征收增值税和消费税的是(　　)。

　　A. 批发的白酒　　　　　　　　　　B. 零售的金银首饰

　　C. 生产环节销售的普通护肤护发品　　D. 零售的卷烟

10. 依据消费税的有关规定,下列消费品中属于消费税征税范围的是(　　)。

　　A. 木制一次性筷子　　　　　　　　B. 电动汽车

　　C. 演员化妆用的上妆油　　　　　　D. 体育上用的鞭炮引线

三、多项选择题

1. 下列各项中,符合消费税有关征收规定的有(　　)。

　　A. 以外购的不同品种白酒勾兑的白酒,一律按照粮食白酒的税率征收

　　B. 对用薯类和粮食以外的其他原料混合生产的白酒,一律按照薯类白酒的税率征收

　　C. 对用粮食和薯类、糠麸等多种原料混合生产的白酒,一律按照薯类白酒的税率征收

　　D. 外购酒精生产的白酒,凡酒精所用原料无法确定的,一律按照粮食白酒的税率征收

2. 下列各项中,应当交消费税的有(　　)。

　　A. 用于本企业连续生产的应税消费品

　　B. 用于奖励代理商销售业绩的应税消费品

　　C. 用于本企业生产基建工程的应税消费品

　　D. 用于捐助国家指定的慈善机构的应税消费品

3. 视同销售计征消费税的消费品有(　　)。

　　A. 纳税人用于连续生产的应税消费品　　B. 用于职工福利的应税消费品

　　C. 用于奖励的应税消费品　　　　　　　D. 委托加工的应税消费品

4. 我国现行的消费税税率主要有(　　)。

　　A. 比例税率　　B. 平均税率　　C. 定额税率　　D. 累进税率

5. 下列应征收消费税的产品有(　　)。

　　A. 将自产的应税消费品用来奖励职工　　B. 将出厂前的化妆品进行化学检验

　　C. 自行车轮胎　　　　　　　　　　　　D. 作为展销品的化妆品

6. 下列属于零售环节征收消费税的货物是(　　)。

　　A. 珠宝玉石　　B. 金银首饰　　C. 钻石饰品　　D. 钻石

7. 下列关于目前消费税的税率中,陈述正确的是(　　)。

　　A. 卷烟生产环节:每标准箱150元定额税,按每标准条的售价分别适用56%和36%的税率

　　B. 粮食白酒:每斤0.5元定额税,从价税税率20%

　　C. 薯类白酒:每斤0.5元定额税,从价税税率20%

　　D. 高档化妆品的税率是15%

8. 依据消费税的有关规定,下列消费品中属于高档化妆品税目的有(　　)。

　　A. 香水、香精　　　　　　　　　　B. 高档护肤类化妆品

　　C. 指甲油、蓝眼油　　　　　　　　D. 演员化妆用的上妆油、卸妆油

9. 下列消费品中属于消费税征税范围的有（　　　）。
 A. 未经涂饰的素板　　　　　　　　B. 汽油
 C. 卸妆油　　　　　　　　　　　　D. 沙丁车

10. 以下属于消费税纳税义务人的有（　　　）。
 A. 生产应税消费品的单位和个人　　B. 进口应税消费品的单位和个人
 C. 委托加工应税消费品的单位和个人　D. 金银首饰的零售单位和个人

四、思考题

1. 消费税的征税范围是如何规定的？为什么？
2. 消费税和增值税在纳税环节的规定上有何不同？

任务二　消费税税款计算

学习指导

消费税应纳税额的计算有三种方法，即从价定率计征法、从量定额计征法以及从价定率和从量定额复合计征法，具体如表 3-4 所示。

表 3-4　消费税应纳税额的计算

计税方法	计税依据	适用范围	公　式
从价定率	销售额	除列举项目外的应税消费品	应纳税额＝销售额×比例税率
从量定额	销售数量	啤酒、黄酒、成品油	应纳税额＝销售数量×单位税额
复合计征	销售额、销售数量	粮食白酒、薯类白酒、卷烟	应纳税额＝销售数量×单位税额＋销售额×比例税率

一、计税依据确定的一般原则

消费税计税销售额、销售数量确定的一般原则如表 3-5 所示。

表 3-5　消费税计税销售额、销售数量确定的一般原则

计税依据	规　定	备　注
销售额	包括向购买方收取的全部价款和价外费用 价外费用是指价外收取的手续费、补贴、基金、集资费、返还利润、奖励费、违约金、滞纳金、延期付款利息、赔偿金、代收款项、代垫款项、包装费、包装物租金、储备费、优质费、运输装卸费以及其他各种性质的价外收费。但不包括符合规定的运费和符合规定的代收政府性基金，行政事业性收费 不包括向购货方收取的增值税税额	连同包装物销售的，均并入销售额中征收消费税 不作价随同产品销售，而是收取押金的，则不应并入销售额征税。但对押金超过 1 年或者已经逾期的，无论是否退还均并入销售额征税 对销售除啤酒、黄酒外的其他酒类产品而收取的包装物押金，无论是否返还以及会计上如何核算，均应并入当期销售额征税

续 表

计税依据	规 定	备 注
销售数量	销售应税消费品的,为应税消费品的销售数量 自产自用应税消费品的,为应税消费品的移送使用数量 委托加工应税消费品的,为纳税人收回的应税消费品数量 进口的应税消费品,为海关核定的应税消费品进口征税数量	

二、计税依据确定的特殊规定

（一）不同情形的特殊规定（表3-6）

表3-6 消费税不同情形的特殊规定

不同情形	具体规定	组成计税公式
自产自用应税消费品	按照纳税人生产的同类消费品的销售价格计税	组成计税价格＝(成本＋利润)÷(1－比例税率) 组成计税价格＝(成本＋利润＋自产自用数量×定额税率)÷(1－比例税率)
	没有同类消费品销售价格的,按组成计税价格计税	
委托加工应税消费品	按照受托方同类消费品的销售价格计税	组成计税价格＝(材料成本＋加工费)÷(1－比例税率) 组成计税价格＝(材料成本＋加工费＋委托加工数量×定额税率)÷(1－比例税率)
	没有同类消费品销售价格的,按组成计税价格计税	
进口应税消费品	按照组成计税价格计税	组成计税价格＝(关税完税价格＋关税)÷(1－比例税率) 组成计税价格＝(关税完税价格＋关税＋进口数量×定额税率)÷(1－比例税率)

（二）其他特殊规定

(1) 纳税人通过自设非独立核算门市部销售的自产应税消费品,应当按照门市部对外销售额或者销售数量计算征收消费税。

(2) 纳税人自产的应税消费品用于换取生产资料和消费资料、投资入股和抵偿债务等方面,应当按纳税人同类应税消费品的"最高销售价格"作为计税依据,而计算增值税的依据则为"平均价格"。

(3) 白酒生产企业销售给销售单位的白酒,生产企业消费税计税价格低于销售单位对外销售价格(不含增值税,下同)70%以下的,税务机关应核定消费税最低计税价格;已核定最低计税价格的白酒,销售单位对外销售价格持续上涨或下降时间达到3个月以上、累计上涨或下降幅度在20%(含)以上的白酒,税务机关应重新核定最低计税价格。

三、已纳消费税的抵扣规定

因消费税实行单一环节征收,用外购或委托加工收回的特定已税消费品连续生产应税消费品销售时,可按当期生产领用数量计算准予扣除外购、委托加工收回已纳消费税。具体如表3-7所示。

表3-7　已纳消费税的扣除

内　容	规　定
扣除范围	以外购或委托加工已税烟丝为原料生产的卷烟 以外购或委托加工已税高档化妆品为原料生产的高档化妆品 以外购或委托加工已税珠宝玉石为原料生产的贵重首饰及珠宝玉石 以外购或委托加工已税鞭炮、焰火为原料生产的鞭炮、焰火 以外购或委托加工已税摩托车为原料生产的摩托车 以外购或委托加工已税杆头、杆身和握把为原料生产的高尔夫球杆 以外购或委托加工已税木制一次性筷子为原料生产的木制一次性筷子 以外购或委托加工已税实木地板为原料生产的实木地板 以外购或委托加工已税石脑油为原料生产的应税消费品 以外购或委托加工已税润滑油为原料生产的润滑油;已税汽油、柴油为原料生产的汽油、柴油
计算公式	外购或委托加工应税消费品: 当期准予扣除的已纳税额＝期初库存的应税消费品已纳税额＋当期外购或收回的委托加工应税消费品已纳税额－期末库存的应税消费品已纳税额 进口应税消费品: 当期准予扣除的进口应税消费品已纳税额＝期初库存进口应税消费品已纳税额＋当期进口应税消费品已纳税额－期末库存进口应税消费品已纳税额

习　题

一、判断题

1. 受托方以委托方名义购买原材料生产应税消费品的,可作为委托加工的应税消费品,由受托方向委托方交货时代收代缴消费税。（　　）

2. 生产企业销售酒类产品而收取的包装物押金,无论押金是否返还及会计上如何核算,均不需并入酒类产品销售额计征消费税。（　　）

3. 应税消费品的销售额包括向购买方收取的全部价款和价外费用,但承运部门的运费发票直接开具给购货方的除外。（　　）

4. 纳税人用外购的已税珠宝玉石生产的改在零售环节征收消费税的金银首饰(含镶嵌首饰),在计税时一律不得扣除外购珠宝玉石的已纳税款。（　　）

5. 企业在没有同类产品售价的情况下,可以按企业的实际成本利润率推算计税价格来计算该类产品的应纳消费税。（　　）

6. 用外购已税酒精生产的白酒,其消费税的计税依据为销售额扣除外购已税酒精进价后的余额。（　　）

7. 纳税人用于换取生产资料和消费资料、投资入股、抵偿债务的应税消费品,应以纳税人同类消费品的平均销售价格为依据计算消费税。（　　）

8. 委托加工的应税消费品,应按受托方的同类消费品的销售价格征收消费税。（　　）

9. 包装物连同应税消费品销售单独计价的,包装物不征收消费税。（　　）

10. 纳税人将自己生产的应税消费品无偿赠送给他人时,按近期同类产品的平均售价征收消费税。（　　）

二、单项选择题

1. 一位客户向某汽车制造厂（增值税一般纳税人）订购自用汽车一辆,支付货款（含税）241 200元,另付设计、改装费30 000元。该辆汽车计征消费税的销售额为（　　）元。
   A. 214 359　　　B. 240 000　　　C. 250 800　　　D. 280 800

2. 下列各项中,应按当期生产领用数量计算准予扣除外购的应税消费品已纳消费税税款规定的是（　　）。
   A. 外购已税白酒生产的药酒
   B. 外购已税化妆品生产的化妆品
   C. 外购已税白酒生产的巧克力
   D. 外购已税珠宝玉石生产的金银镶嵌首饰

3. 某烟厂4月外购烟丝,取得增值税专用发票上注明税款为6.5万元,本月生产领用80%,期初尚有库存的外购烟丝2万元,期末库存烟丝12万元,该企业本月应纳消费税中可扣除的消费税是（　　）万元。
   A. 6.8　　　B. 9.6　　　C. 12　　　D. 40

4. 甲企业委托乙企业加工应税消费品,是指（　　）。
   A. 甲发料,乙加工
   B. 甲委托乙购买原材料,由乙加工
   C. 甲发订单,乙按甲的要求加工
   D. 甲先将资金划给乙,乙以甲的名义购料并加工

5. 某企业委托酒厂加工药酒10箱,该药酒无同类产品销售价格,已知委托方提供的原料成本2万元,受托方垫付辅料成本0.15万元,另收取的加工费0.4万元,则该酒厂代收的消费税为（　　）元。
   A. 2 550　　　B. 2 833　　　C. 4 817　　　D. 8 500

6. 进口应税消费品应按组成计税价格计算纳税,组成计税价格公式为（　　）。
   A. （成本＋利润）/（1－消费税税率）
   B. （材料成本＋加工费）/（1－消费税税率）
   C. （关税完税价格＋关税）/（1－消费税税率）
   D. 销售额/（1＋征收率）

7. 应税消费品的全国平均成本利润率由（　　）确定。
   A. 国家税务总局　　　　　　　　B. 国务院
   C. 财政部　　　　　　　　　　　D. 省、自治区、直辖市税务局

8. 星果酒厂本月销售果啤10吨,售价2 500元/吨（不含增值税）,同时包装物收押金6 000元,则下列陈述正确的是（　　）。
   A. 该厂应纳消费税税额2 200元　　B. 该厂的应纳消费税税额2 500元
   C. 确定税率时押金不作考虑　　　　D. 果啤押金并入计税价格一同计税

9. 某酒厂研发生产一种新型粮食白酒,第一批1 000千克,成本为17万元,作为礼品赠送品尝,没有同类售价。已知粮食白酒的成本利润率为10%,则该批白酒应纳消费税税额为（　　）

万元。

    A. 4.8   B. 6.55   C. 7.91   D. 8.20

10. 某化妆品生产企业2022年6月份销售高档化妆品的含税收入额为40 000元,该公司6月份化妆品销售收入应纳消费税税额为(　　)元。

    A. 6 000   B. 10 619   C. 5 310   D. 5 172

三、多项选择题

1. 纳税人销售应税消费品向购买方收取的价外费用不包括(　　)。

    A. 手续费
    B. 承运部门的运费发票开具给购货方的
    C. 违约金
    D. 委托方代收代缴的消费税

2. 下列情形的应税消费品,以同期应税消费品最高销售价格作为计税依据的有(　　)。

    A. 用于抵偿债务的应税消费品   B. 用于馈赠的应税消费品
    C. 换取生产资料的应税消费品   D. 换取消费资料的应税消费品

3. 如果出现下列(　　)情形,无论纳税人在财务上如何处理,都不得作为委托加工应税消费品,而应按销售自制应税消费品缴纳消费税。

    A. 受托方提供原材料生产的应税消费品
    B. 受托方先将原材料卖给委托方,然后再接受加工的应税消费品
    C. 受托方以委托方名义购进原材料生产的应税消费品
    D. 受托方将代垫辅料另行收费卖给委托方生产的应税消费品

4. 下列应税消费品销售时可以扣除外购已税消费品已纳税额的有(　　)。

    A. 外购已税烟丝生产的卷烟   B. 外购已税小汽车生产的小汽车
    C. 外购已税白酒生产的酒   D. 外购已税化妆品生产的化妆品

5. 纳税人销售的应税消费品,以外汇结算销售额的,其销售额的人民币折合率可以选择(　　)的国家外汇牌价(原则上为中间价)。

    A. 结算的当天   B. 结算的次日
    C. 结算的当月1日   D. 结算的当月的月末

四、思考题

1. 消费税和增值税的计税依据有何异同?
2. 什么是委托加工?如何核定消费税委托加工应税消费品的计税价格?
3. 什么情况下允许抵扣上一环节已纳的消费税税款?这一规定的原因是什么?

五、业务题

1. 某化妆品公司为庆祝三八"妇女节",特别生产精美套装高档化妆品,全公司600名职工每人发一套,此套化妆品没有供应市场,每套生产成本100元,若国家税务总局确定的化妆品全国平均成本利润率为5%,成套高档化妆品消费税税率为15%。

要求：计算该公司应纳消费税税额。

2. 某卷烟厂向农业生产者收购烟叶30吨，收购凭证上注明支付收购货款42万元（暂不考虑烟叶税），另支付运输费用取得增值税专用发票，注明运费3万元，税款0.27万元；烟叶验收入库后，又将其运往烟丝厂加工成烟丝，取得烟丝厂开具的增值税专用发票，注明支付加工费8万元、增值税1.04万元，卷烟厂收回烟丝时烟丝厂没有代收代缴消费税。

要求：计算卷烟厂应补缴的消费税税额。

3. 甲企业为增值税一般纳税人，4月接受某烟厂委托加工烟丝，甲企业自行提供烟叶的成本为35 000元，代垫辅助材料2 000元，发生加工支出4 000元。

要求：计算甲企业应代收代缴的消费税税额。

4. 甲酒厂为增值税一般纳税人，7月发生以下业务：

（1）从农业生产者手中收购粮食30吨，每吨收购价2 000元，共计支付收购价款60 000元。

（2）甲酒厂将收购的粮食从收购地直接运往异地的乙酒厂生产加工白酒，白酒加工完毕，企业收回白酒8吨，取得乙酒厂开具的防伪税控增值税专用发票，注明加工费25 000元，代垫辅料价值15 000元，加工的白酒当地无同类产品市场价格。

（3）本月内甲酒厂将收回的白酒批发售出7吨，每吨不含税销售额16 000元。

（4）另外支付给运输单位的销货运输费用取得增值税专用发票，注明运输费10 000元，税款900元。

（白酒的消费税固定税额为每斤0.5元，比例税率为20%）。

要求：

（1）计算乙酒厂应代收代缴的消费税和应纳增值税。

（2）计算甲酒厂应纳的消费税和增值税。

5. 某烟草进出口公司从国外进口卷烟8万条（每条200支），支付买价200万元，支付到达我国海关前的运输费用12万元，保险费用8万元。关税完税价格220万元。假定进口卷烟关税税率为20%。

要求：计算进口卷烟应缴纳的消费税税额和增值税税额。

任务三　消费税会计核算

学 习 指 导

由于消费税属于价内税，即销售额中含有应负担的消费税税额，企业出售应税消费品而收取的消费税，已通过"主营业务收入"等科目体现企业收入，企业缴纳的消费税应作为费用、成本的内容加以核算，记入"税金及附加"科目，这是消费税与增值税会计处理上最主要的区别。

计提消费税时，除了贷记"应交税费——应交消费税"科目外，同时还涉及"税金及附加""其他业务成本""长期股权投资""在建工程""营业外支出""应付职工薪酬"等科目。

习 题

一、判断题

1. 消费税是一种价内税，纳税人销售应税消费品的售价中包含了消费税，因此，纳税人缴纳的消费税应记入"税金及附加"科目，从销售收入中得到补偿。（ ）

2. 随同商品出售但单独计价的包装物，其收入记入"其他业务收入"科目；按规定缴纳的消费税，记入"其他业务成本"科目。（ ）

3. 纳税人将自产的应税消费品用于捐赠或赞助的，按规定应缴纳的消费税借记"税金及附加"科目。（ ）

4. 进口应税消费品时，由海关代征的进口消费税，应计入应税消费品的成本中，借记"固定资产""在途物资"等科目。（ ）

5. 委托加工的应税消费品收回后，用于连续生产应税消费品，按规定准予抵扣的消费税，不计入委托加工的成本，委托方支付时，应借记"应交税费——应交消费税"科目。（ ）

二、单项选择题

1. 企业收回的委托加工应税消费品，用于对外销售的，其支付的消费税，应当记入（　　）科目的借方。
   A. "委托加工物资"　　　　　　　　B. "应交税费——应交消费税"
   C. "待摊费用——待转消费税"　　　D. "原材料"

2. 某生产企业生产销售镀金包金首饰，其包装物单独计价核算，取得的包装物收入应缴纳的消费税，正确的会计处理是记入（　　）科目借方。
   A. "生产成本"　　　　　　　　　　B. "税金及附加"
   C. "其他业务支出"　　　　　　　　D. "销售费用"

三、多项选择题

1. 某摩托车生产企业为增值税一般纳税人，2022年6月将自产的摩托车5辆移交本厂福利部门使用，该摩托车不含税售价为7 000元/辆，生产成本为5 000元/辆，消费税税率为3%，该项业务处理正确的有（　　）。

   A. 上述自产自用行为应视同销售同时计征增值税和消费税
   B. 增值税销项税额为4 550元
   C. 消费税税额1 050元
   D. 借：固定资产　　　　　　　　　　　　　　　　　　　30 600
   　　　贷：库存商品　　　　　　　　　　　　　　　　　　25 000
   　　　　　应交税费——应交增值税（销项税额）　　　　　4 550
   　　　　　　　　　　——应交消费税　　　　　　　　　1 050

2. 某酒厂系增值税一般纳税人，欠甲公司货款50 000元，经双方协商现以自产粮食白酒10吨抵偿债务，该粮食白酒成本为3 000元/吨，每吨售价在4 800~5 200元浮动，平均售价为5 000元/吨。上述业务以下处理正确的有（　　）。

   A. 增值税的计税依据为货物的平均售价，即为50 000元

B. 消费税的计税依据为货物的最高售价,即为 52 000 元
C. 借:应付账款——甲公司　　　　　　　　　　50 000
　　营业外支出　　　　　　　　　　　　　　　6 500
　　　贷:主营业务收入　　　　　　　　　　　　　　50 000
　　　　应交税费——应交增值税(销项税额)　　　　6 500
D. 借:税金及附加　　　　　　　　　　　　　　20 400
　　　贷:应交税费——应交消费税　　　　　　　　20 400

3. 木材加工厂将自产的一批实木地板用于厂部办公楼建造,其会计分录为(　　　)。
A. 借:在建工程
　　　贷:应交税费——应交增值税(销项税额)
B. 借:在建工程
　　　贷:应交税费——应交消费税
C. 借:税金及附加
　　　贷:应交税费——应交消费税
D. 借:在建工程
　　　贷:库存商品

四、思考题

用自产及委托加工的应税消费品连续生产应税消费品,应如何进行会计处理?

五、业务题

1. 某酒厂向当地举办的酒文化节无偿赠送 500 瓶薯类白酒,计 250 千克,每瓶酒的市场价格为 67.8 元(含增值税),成本价为 40 元。

要求:计算该厂应纳消费税税额,并作账务处理。

2. 某黄酒厂 6 月份销售情况如下:

(1) 销售瓶装黄酒 100 吨,每吨 5 000 元(含增值税),随黄酒发出不单独计价包装箱 1 000 个,一个月内退回,每个收取押金 100 元,共收取押金 100 000 元。

(2) 销售散装黄酒 40 吨,取得含增值税的价款 180 000 元。

(3) 作为福利发给职工个人黄酒 10 吨,参加展示会赞助 4 吨,每吨黄酒成本为 4 000 元,销售价格为 5 000 元(不含增值税)。

要求:计算该黄酒厂本月应纳消费税税额,并作账务处理。

3. A 卷烟厂 2022 年 6 月份发生如下经济业务:

(1) 6 月 5 日购买一批烟叶,取得增值税专用发票注明的价款为 10 万元,增值税 1.3 万元。

(2) 6 月 15 日,将 6 月 5 日购进的烟叶发往 B 烟厂,委托 B 烟厂加工烟丝,收到的专用发票注明的支付加工费 4 万元,税款 5 200 元。

(3) A 卷烟厂收回烟丝后领用一半用于卷烟生产,另一半用于直接对外销售,取得价款 18 万元,增值税 23 400 元。

(4) 6 月 25 日,A 卷烟厂销售卷烟 100 箱,每箱不含税售价 5 000 元,款项存入银行。

(5) B 烟厂无同类烟丝销售价格。

要求:计算该厂当期应纳的消费税,并分别为 A、B 烟厂作账务处理。

任务四　消费税纳税申报

学习指导

一、纳税义务发生时间

消费税纳税义务发生时间与增值税原理一致，内容基本相同，但委托加工应税消费品纳税义务发生时间为委托方提货当天，这是消费税的特有规定，具体如表3-8所示。

表3-8　消费税纳税义务发生时间

具体情形	纳税义务时间
托收承付和委托银行收款方式	发出应税消费品并办妥托收手续的当天
赊销和分期收款方式	销售合同约定的收款日期的当天
预收货款方式	发出应税消费品的当天
其他结算方式	收讫销售款或者索取销售款凭据的当天
自产自用应税消费品	移送使用的当天
委托加工应税消费品	纳税人提货的当天
进口应税消费品	报关进口的当天

二、纳税期限

消费税的纳税期限分别为1日、3日、5日、10日、15日、1个月或者1个季度，以1个月为一期的，自期满之日起15日内申报纳税；按其他期限纳税的，自期满之日起5日内预缴税款，于次月1日起15日内申报纳税并结清上月税款。

纳税人进口应税消费品，应当自海关填发税款缴款书之日起15日内缴纳税款。

三、纳税地点

消费税纳税地点与增值税基本相同，具体如表3-9所示。

表3-9　消费税纳税地点

应税行为	纳税地点
自产自销和自产自用行为	纳税人机构所在地或居住地
委托加工行为	由受托方向所在地主管税务机关代收代缴消费税
	委托个人加工，由委托方向其机构所在地或居住地主管税务机关缴纳
进口行为	由进口人或者其代理人向报关地海关申报
到外地(外县、市)销售或委托外地代销	纳税人机构所在地或居住地
总机构和分支机构不在同一县(市)的	各自机构所在地或总机构所在地

习　题

一、判断题

1. 委托加工应税消费品,消费税应由委托方向受托方所在地主管税务机关申报纳税。（　　）

2. 纳税人销售的应税消费品,如因质量等原因由购买者退回时,经所在地税务机关审核批准后,可自行抵减应纳税款,也可以退还已征收的消费税税款。（　　）

3. 纳税人直接出口的应税消费品办理免税后发生退关或国外退货,进口时已予以免税的,报关出口者必须及时向所在地主管税务机关申报补缴已退的消费税税款。（　　）

4. 金银首饰消费税的纳税义务发生时间为收讫销货款或取得索取销货款的凭据的当天。（　　）

5. 纳税人进口应税消费品,应当自海关填发税款缴款书次日起15日内缴纳税款。（　　）

二、单项选择题

1. 下列各项中,符合消费税纳税义务发生时间规定的是(　　)。
   A. 进口的应税消费品,为取得进口货物的当天
   B. 自产自用的应税消费品,为移送使用的当天
   C. 委托加工的应税消费品,为支付加工费的当天
   D. 采取预收货款结算方式的,为收到预收款的当天

2. 下列各项中,符合消费税有关规定的是(　　)。
   A. 纳税人的总、分支机构不在同一县(市)的,一律在总机构所在地缴纳消费税
   B. 纳税人销售的应税消费品,除另有规定外,应向纳税人机构所在地税务机关申报纳税
   C. 纳税人委托加工应税消费品,其纳税义务发生时间,为纳税人支付加工费的当天
   D. 因质量原因由购买者退回的消费品,可退已征的消费税,也可直接抵减应纳税额

3. 纳税人进口的应税消费品,其纳税义务的发生时间为(　　)的当天。
   A. 纳税人办完入关手续　　　　B. 消费品报关进口
   C. 纳税人提货　　　　　　　　D. 纳税人接到通知

4. 某消费税纳税人销售应税消费品,其纳税义务发生时间为(　　)。
   A. 采取预收货款结算方式的,应为收到货款的当天
   B. 采取托收承付结算方式的,为货物发出的当天
   C. 采取赊销方式的,以双方约定的任一时间
   D. 采取分期收款结算方式的,为销售合同规定的收款日期的当天

5. 进口消费品的消费税由(　　)代征。
   A. 海关　　　B. 税务机关　　　C. 工商局　　　D. 邮政部门

三、多项选择题

1. 关于消费税纳税义务发生时间的说法,正确的有(　　)。
   A. 某酒厂销售葡萄酒20箱并收取价款4 800元,其纳税义务发生时间为收款的当天

B. 某汽车厂自产自用3台小汽车,其纳税义务发生时间为移送使用的当天

C. 某烟花企业采用托收承付结算方式销售焰火,其纳税义务发生时间为发出焰火并办妥托收手续的当天

D. 某化妆品厂采用赊销方式销售化妆品,合同约定收款日期为6月30日,实际收到货款为7月30日,纳税义务发生时间为6月30日

2. 下列关于消费税的纳税地点的表述中,正确的有(　　　　)。

A. 纳税人销售的应税消费品和自产自用的应税消费品,除国家另有规定外,应向纳税人机构所在地的税务机关申报缴纳消费税

B. 纳税人到外县(市)销售或者委托外县(市)代销自产应税消费品,应事先向其所在地主管税务机关提出申请,在应税消费品销售以后回纳税人机构所在地缴纳消费税

C. 纳税人的总机构与分支机构不在同一县(市)的,应当在生产应税消费品的分支机构所在地缴纳消费税

D. 委托加工的应税消费品,一般由受托方和委托方本着方便缴纳的原则就近向税务机关解缴消费税税款

3. 关于自产自用消费品的业务,以下说法正确的有(　　　　)。

A. 某企业将自产的杆头用于本企业高尔夫球杆的生产,应该在杆头移送时,将杆头应纳的消费税计入高尔夫球杆的成本

B. 某企业将自产的化妆品用于企业经销点的试用产品,应该在化妆品移送时,将化妆品的消费税计入销售费用

C. 某企业将自产的白酒用于巧克力的生产,应该在白酒移送时,将白酒的消费税计入巧克力的成本

D. 某企业将自产的烟丝用于卷烟的生产,应该在烟丝移送时,将烟丝的消费税计入卷烟的成本

任务五　消费税出口退税

学习指导

一、出口应税消费品退(免)税政策

出口应税消费品退(免)消费税在政策上包括出口免税并退税、出口免税但不退税、出口不免税也不退税三种。

二、出口应税消费品的退税率

出口应税消费品应退消费税的税率或单位税额,依据《中华人民共和国消费税暂行条例》所附《消费税税目税率(税额)表》执行。这是退(免)消费税与退(免)增值税的一个重要区别:当出口的货物是应税消费品时,其退还增值税要按规定的退税率计算,其退还消费税则按该应税消费品所适用的消费税税率计算。

企业应将不同消费税税率的出口应税消费品分开核算和申报,凡划分不清适用税率的,

一律从低适用税率计算应退消费税税额。

三、出口应税消费品退税额的计算

1. 从价定率计征消费税的应税消费品

$$应退消费税税额 = 出口货物的工厂销售额 \times 消费税税率$$

2. 从量定率计征消费税的应税消费品

$$应退消费税税额 = 出口数量 \times 单位税额$$

3. 复合计征消费税的应税消费品

$$应退消费税税额 = 出口货物的工厂销售额 \times 消费税税率 + 出口数量 \times 单位税额$$

四、出口应税消费品的会计处理

生产企业直接出口自产应税消费品时,按规定予以直接免税,不计算应缴消费税;免税后发生退货或退关的,也可以暂不办理补税,待其转为国内销售时,再申报缴纳消费税。

生产企业将应税消费品销售给外贸企业,由外贸企业自营出口的,按先征后退方法进行核算,即外贸企业从生产企业购入应税消费品时,先缴纳消费税,在产品报关出口后,再申请出口退税;退税后若发生退货或退关,应及时补交消费税。

习 题

一、判断题

1. 企业应将不同消费税税率的出口应税消费品分开核算和申报,凡划分不清适用税率的,不得退税。（　　）
2. 除规定不退税的应税消费品以外,对生产企业委托外贸企业代理出口的应税消费品,一律免征消费税。（　　）
3. 某酒厂(有自营出口权)出口外销一批白酒,离岸价格折合人民币为60万元,因由该酒厂直接出口,可申请出口退还消费税。（　　）
4. 有出口经营权的外贸企业将购进的应税消费品直接出口的,出口免税但并不退税。（　　）
5. 有出口经营权的生产性企业自营出口的,出口免税但不退税。（　　）

二、单项选择题

1. 出口应税消费品的免税办法由（　　）规定。
   A. 国家税务总局　　　　　　　B. 国务院
   C. 全国人大及其常委会　　　　D. 税务机关

2. 某外贸公司2022年6月从生产企业购入高档化妆品一批,取得增值税专用发票注明价款25万元,增值税3.25万元,支付购买高档化妆品的运费取得增值税专用发票,注明运输费30 000元,税款2 700元。当月将该批高档化妆品全部出口,取得销售收入35万元。该外贸公司出口高档化妆品应退的消费税为（　　）万元。
   A. 3.75　　　　B. 4.2　　　　C. 4.85　　　　D. 5.25

3. 下列说法不符合消费税法规规定的是(　　)。
   A. 外贸企业受其他外贸企业的委托代理出口应税消费品,可享受"出口免税并退税"的政策
   B. 有出口经营权的外贸企业购进应税消费品直接出口,不征税但可退税
   C. 有出口经营权的生产性企业自营出口应税消费品的,可以依据其实际出口量免征消费税
   D. 有出口经营权的生产性企业委托外贸企业代理出口自产应税消费品,不征税但可退税

三、多项选择题

1. 下列各项中,属于我国消费税现行政策的是(　　)。
   A. 免税但不退税   B. 不免税但退税
   C. 免税并退税   D. 不免税也不退税
2. 下列企业出口应税消费品时,既退(免)增值税又退(免)消费税的有(　　)。
   A. 酒厂出口白酒   B. 烟厂出口卷烟、雪茄烟
   C. 外贸企业收购烟、酒后出口   D. 外贸企业委托外贸代理出口烟、酒
3. 生产自产产品自营出口或委托外贸企业代理出口自产的应税消费品,其出口退税政策是(　　)。
   A. 增值税采用免抵退税政策   B. 消费税采用免税并退税政策
   C. 增值税采用先征后退政策   D. 消费税采用免税但不退税政策

四、业务题

1. 美净化妆品公司(一般纳税人)经营出口兼内销,产品为高档化妆品。2022年6月发生以下业务:
   (1) 委托欧雅日用品化工厂(以下简称欧雅厂)加工某种高档化妆品,收回后以其为原料,继续生产高档化妆品销售。欧雅厂本月收到美净化妆品公司价值30万元的委托加工材料,并按合同约定代垫辅助材料1万元,应收加工费3万元(不含增值税);欧雅厂本月外购高档化妆品半成品一批,取得的增值税专用发票上注明销售额20万元,开具的增值税专用发票上注明价款24万元,销售给美净化妆品公司,货款已收妥。
   (2) 本月美净化妆品公司将委托加工收回的高档化妆品全部用于生产;本月销售高档化妆品565万元(含增值税)给博美外贸企业,期初库存的委托加工的高档化妆品12万元;月末库存的委托加工的高档化妆品12万元;本月外购高档化妆品半成品50%用于生产。该外贸企业将购入的该批高档化妆品全部出口。
   要求:计算6月份欧雅日用品化工厂、美净化妆品公司销售高档化妆品应缴纳的消费税,以及博美外贸企业出口高档化妆品应退还的消费税。
2. 外贸公司2022年6月从生产企业购进一批高档化妆品,取得增值税专用发票注明销售额300 000元、增值税39 000元;支付收购高档化妆品运输费取得增值税专用发票,注明运输费30 000元,税款2 700元。当月该批高档化妆品全部出口实现销售额400 000元,增值税出口退税率为12%。
   要求:计算该公司出口高档化妆品应退的增值税税额、消费税税额,并作账务处理。

项目四 关税会计业务操作

任务一 关税税款计算

学习指导

税收与民生：关税与国家主权

一、关税的征税对象和纳税人

关税是海关对进出境货物、物品征收的一种税。其征税对象和纳税人具体如表 4-1 所示。

表 4-1 关税征税对象和纳税人

征 税 对 象	纳税人
准许进出境的货物，即贸易性商品	进出口货物收发货人
准许进出境的物品，即非贸易性商品，包括入境旅客随身携带的行李物品、个人邮递物品、各种运输工具上的服务人员携带进口的自用物品、馈赠物品以及以其他方式进境的个人物品	进出境物品的所有人

二、关税的分类

关税可以按不同标志进行分类，具体如表 4-2 所示。

表 4-2 关税的分类

分类标志	具 体 内 容
按进出境的货物或物品流向分类	进口税：指海关对进口货物或物品征收的关税
	出口税：指海关对出口货物或物品征收的关税
按货物国别来源而区别对待的原则分类	加重关税：也称歧视性关税，是为了达到某种特别目的而征收的关税
	优惠关税：指对某些国家进口的货物使用低于普通税率的优惠税率所征收的关税

续表

分类标志	具 体 内 容
按计征关税的标准分类	从价税：指以进出口货物的完税价格为计税标准而计算征收的关税
	从量税：指以进出口货物的数量、重量、体积、容积等计量单位为计税标准而计算征收的关税
	复合税：是对同一种进出口货物同时采用从价和从量标准计算征收的关税
	滑准税：是根据货物的不同价格适用不同税率的一类特殊的从价关税
按征收关税目的分类	财政关税：又称收入关税，是以增加财政收入为主要目的而课征的关税
	保护关税：是以保护本国经济发展为主要目的而课征的关税

三、关税完税价格的确定

关税完税价格是海关计征关税所依据的价格，由海关以该货物的成交价格为基础审查确定，成交价格不能确定时，由海关依法估定，具体如表 4-3—表 4-5 所示。

表 4-3　一般进口货物关税完税价格的确定

确定方式	具 体 内 容
以成交价格为基础	原则：完税价格＝货价＋货物抵达我国境内输入地点起卸前的运费、保险费等相关费用，即正常的 CIF
	下列费用或价值未包含在进口货物的成交价格中，应一并计入完税价格： ① 特许权使用费； ② 除购货佣金以外的佣金和经纪费； ③ 货物运抵我国关境内输入地点起卸前由买方支付的包装费、运费、保险费和其他劳务费用； ④ 由买方负担的与进口货物视为一体的容器费用； ⑤ 由买方负担的包装材料和包装劳务的费用； ⑥ 卖方直接或间接从买方对该货物进口后转售（含处置和使用）所得中获得的收益
	下列费用，如在货物的成交价格中单独列明的，应从完税价格中扣除： ① 工业设施、机械设备类货物进口后发生的基建、安装、调试、技术指导等费用； ② 货物运抵境内输入地点起卸后的运输费用、保险费用和其他相关费用； ③ 进口关税及其他国内税收； ④ 为在境内复制进口货物而支付的费用； ⑤ 境内外技术培训及境外考察费用
	进口货物完税价格中的运费和保险费按下列规定确定： ① 进口货物的运费，应当按照实际支付的费用计算； ② 进口货物的保险费，应当按照实际支付的费用计算； ③ 邮运进口的货物，应当以邮费作为运费及其相关费用、保险费； ④ 以境外边境口岸价格条件成交的铁路或者公路运输进口货物，海关应当按照境外边境口岸价格的 1‰计算运费及其相关费用、保险费
海关估价	适用条件：进口成交价格不符合成交价格条件或者成交价格不能确定的
	估价方法：相同或类似货物成交价格估价法、倒扣价格或计算价格估价法及其他合理方法

表 4-4 特殊进口货物关税完税价格的确定

进口货物类型	具 体 内 容
运往境外加工的货物	运往境外加工的货物,出境时已向海关报明,并在海关规定期限内复运进境的,应当以境外加工费和料件费以及该货物复运进境的运输及其相关费用、保险费为基础审查确定完税价格
运往境外修理的货物	运往境外修理的机械器具、运输工具或其他货物,出境时已向海关报明,并在海关规定期限内复运进境的,应当以境外修理费和料件费为基础审查确定完税价格
租赁方式进口的货物	① 以租金方式对外支付的租赁货物,在租赁期间以海关审查确定的租金作为完税价格,利息应当予以计入; ② 留购的租赁货物以海关审查确定的留购价格作为完税价格; ③ 纳税义务人申请一次性缴纳税款的,可以选择申请按照进口货物海关估价的方法确定完税价格,或者按照海关审查确定的租金总额作为完税价格
暂时进境货物	经海关批准的暂时进境的货物,应按照一般进口货物估价办法的规定,估定完税价格
留购的进口货样等货物	国内单位留购的进口货样、展览品及广告陈列品,以海关审定的留购价格为完税价格

表 4-5 出口货物关税完税价格的确定

确定方式	具 体 内 容
成交价格为基础	由海关以该货物的成交价格为基础审查确定,并应当包括货物运至我国境内输出地点装载前的运输及其相关费用、保险费,不包括出口关税税额
海关估价	对出口货物的成交价格不能确定时,由海关依次按下列方法予以估定: ① 同时或大约同时向同一国家或地区销售出口相同货物的成交价格; ② 同时或大约同时向同一国家或地区销售出口类似货物的成交价格; ③ 根据境内生产相同或类似货物的成本、利润和一般费用、境内发生的运费及其相关费用、保险费计算所得的价格; ④ 按照其他合理方法估定的价格

四、关税的税率

关税的税率是整个关税制度的核心要素,具体如表 4-6 所示。

表 4-6 关税税率

税率类别		适 用 性 规 定
进口税率	最惠国税率	适用原产于与我国共同适用最惠国待遇条款的世界贸易组织成员国或地区的进口货物;或原产于与我国签订有相互给予最惠国待遇条款的双边贸易协定的国家或地区的进口货物
	协定税率	适用原产于我国参加的含有关税收优惠条款的区域性贸易协定的有关缔约方的进口货物
	特惠税率	适用原产于与我国签订有特殊优惠关税协定的国家或地区的进口货物
	普通税率	适用原产于上述国家或地区以外的国家或地区的进口货物
	配额税率	对部分实行关税配额的货物,按低于配额外税率的进口税率征收关税时使用的税率
	暂定税率	是对某些税号中的部分货物在适用最惠国税率的前提下,通过法律程序暂时实施的进口税率,具有非全税目的特点,低于最惠国税率
出口税率		出口货物税率没有普通税率和优惠税率之分

五、关税的减免政策

关税减免是对某些纳税人和征税对象给予鼓励和照顾的一种特殊调节手段。关税减免分为法定减免、特定减免和临时减免三种类型,具体如表4-7所示。

表4-7 关税减免

减免类型	具 体 内 容
法定减免	① 关税税额在人民币50元以下的一票货物; ② 无商业价值的广告品和货样; ③ 外国政府、国际组织无偿赠送的物资; ④ 进出境运输工具装载的途中必需的燃料、物料和饮食用品; ⑤ 其他符合法律规定免税条件的进出口货物
特定减免	亦称政策性减免税,由国务院或国务院授权的机关颁布法规、规章特别规定的减免。如教科用品、残疾人专用品、扶贫慈善性捐赠物资等
临时减免	在法定和特定减免税以外的其他减免税,一案一批,专文下达的减免税,一般不能比照执行

六、关税应纳税额的计算

关税应纳税额的计算如表4-8所示。

表4-8 关税应纳税额的计算

计税方式	计 税 依 据		计算公式
从价税	进口关税完税价格	以我国口岸到岸价格(CIF)成交的: 完税价格＝CIF	应纳关税税额＝关税完税价格×关税比例税率
		以国外口岸离岸价格(FOB)成交的: 完税价格＝FOB＋运杂费＋保险费＝(FOB＋运杂费)×(1＋保险费率)	
		以国外口岸离岸价格加运费(CFR)成交的:完税价格＝CFR＋保险费＝CFR×(1＋保险费率)	
	出口关税完税价格	以我国口岸离岸价格(FOB)成交的: 完税价格＝FOB÷(1＋关税税率)	
		以国外口岸到岸价格(CIF)成交的: 完税价格＝(CIF－保险费－运费)÷(1＋关税税率)	
		以国外口岸到岸价格加运费(CFR)成交的:完税价格＝(CFR－运费)÷(1＋关税税率)	
从量税	应税进出口货物数量		关税税额＝应税进出口货物数量×定额税额
复合税	应税进出口货物数量和关税完税价格		关税税额＝应税进出口货物数量×定额税额＋关税完税价格×比例税率

习 题

一、判断题

1. 关税是海关依法对进出关境的货物和物品征收的一种流转税。（   ）
2. 关税税额在 20 元以下的一票货物可以免征关税。（   ）
3. 当国境内设有自由贸易区时,关境就大于国境。（   ）
4. 我国的关税按照统一的关税税则征收一次关税后,就可以在整个关境内流通,不再征收关税。（   ）
5. 进口货物以海关审定的成交价格为基础的到岸价格作为完税价格,到岸价格就是货价。（   ）
6. 运往境外加工的货物,出境时已向海关报明,并在海关规定期限内复运进境的,应当以加工后的货物进境时的到岸价格作为完税价格。（   ）
7. 出口货物的完税价格,由海关以该货物向境外销售的成交价格为基础审查确定,包括货物运至我国境内输出地点装卸前的运输费、保险费,但不包括出口关税。（   ）
8. 我国对少数进口商品计征关税时所采用的滑准税实质上是一种特殊的从价税。（   ）
9. 外国政府、国际组织无偿赠送的物资,依照关税基本法的规定,可实行特定减免。（   ）
10. 进口货物的价款中列明的进口货物运抵境内输入地点起卸后的运输费、保险费及相关费用,不计入该货物的完税价格。（   ）
11. 进口货物完税价格中所含的陆、空、邮运货物的保险费无法确定时,可按货价的 3‰ 计算保险费。（   ）
12. 以货易货贸易、寄售、捐赠、赠送等其他方式进口的货物,应当按一般进口货物估价办法的规定,估定完税价格。（   ）
13. 鉴于各国关税税率的复式性特点,我国关税税率采用最惠国税率、协定税率、特惠税率和普通税率。（   ）
14. 关税减免分为法定减免、特定减免和临时减免。除法定减免外,特定减免和临时减免均由国务院决定。（   ）
15. 确定进口货物关税完税价格时,进口人向卖方支付的佣金应从完税价格中扣除。（   ）

二、单项选择题

1. 我国关税由（   ）征收。
   A. 税务机关   B. 海关
   C. 工商行政管理部门   D. 人民政府
2. 根据进出口商品价格的变动而税率相应增减的进出口关税属于（   ）。
   A. 从价税   B. 从量税
   C. 滑准税   D. 复合税

3. 在进口货物正常成交价格中若含以下费用,(　　)可以从中扣除。
　A. 包装费　　　　　　　　　　　　B. 运输费
　C. 卖方付的回扣　　　　　　　　　D. 保险费
4. 出口货物的完税价格不应该包括(　　)。
　A. 向境外销售的成交价格
　B. 货物运至我国境内输出地点装载前的运费及其相关费用
　C. 货物运至我国境内输出地点装载前的保险费用
　D. 离境口岸至境外口岸之间的运费、保管费
5.《进出口关税条例》规定,关税税额在人民币(　　)元以下的一票货物,经海关审查无误,可以免税。
　A. 50　　　　　B. 100　　　　　C. 1 000　　　　　D. 10 000
6. 关税的纳税义务人不可能是(　　)。
　A. 进口货物的收货人　　　　　　B. 进口货物的发货人
　C. 入境物品的所有人　　　　　　D. 出口货物的发货人
7. 出口货物以海关审定的成交价格为基础售予境外的离岸价格,扣除出口关税后作为完税价格。其计算公式为(　　)。
　A. 完税价格＝离岸价格÷(1＋出口税率)
　B. 完税价格＝离岸价格÷(1－出口税率)
　C. 完税价格＝离岸价格×(1＋出口税率)
　D. 完税价格＝离岸价格×(1－出口税率)
8. 下列各项中,符合关税法定免税规定的是(　　)。
　A. 保税区进出口的基建物资
　B. 边境贸易进出口的基建物资
　C. 关税税额在人民币 10 元以下的一票货物
　D. 经海关核准进口的无商业价值的广告品和货样
9. 到岸价格包括的内容是(　　)。
　A. 买方佣金
　B. 卖方佣金
　C. 卖方付给买方的正常价格回扣
　D. 因延期付款而支付的利息罚款
10. 进口货物到岸价格的组成公式是(　　)。
　A. 到岸价格＝货价
　B. 到岸价格＝货价＋其他劳务费
　C. 到岸价格＝货价＋包装、运输、保险费＋其他劳务费
　D. 到岸价格＝货价＋进口关税＋其他劳务费

三、多项选择题

1. 我国海关法规定,减免进出口关税的权限属中央政府,关税的减免形式有(　　)。
　A. 法定减免　　　　　　　　　　B. 特定减免
　C. 临时减免　　　　　　　　　　D. 困难减免

2. 非贸易性物品的关税纳税人是（　　　）。
   A. 入境旅客随身携带的行李、物品的持有人
   B. 进口个人邮件的收件人
   C. 外贸进出口公司
   D. 有进出口经营权的企业

3. 下列各项中，属于关税法定纳税义务人的有（　　　）。
   A. 进口货物的收货人　　　　　　B. 进口货物的代理人
   C. 出口货物的发货人　　　　　　D. 出口货物的代理人

4. 下列未包含在进口货物价格的项目中，应计入进口货物完税价格的有（　　　）。
   A. 买方负担除购货佣金以外的佣金及经纪费
   B. 卖方负担的佣金
   C. 由买方负担的与该货物视为一体的容器费用
   D. 由买方负担的包装劳务费

5. 关于关税的减免税，下列表述正确的有（　　　）。
   A. 无商业价值的广告品视同货物进口征收关税
   B. 外国企业赠送的物资免征关税
   C. 保税区内加工运输出境的产品免征进口关税和进口环节税
   D. 关税税额在人民币 50 元以下的货物免征关税

6. 下列各项中，属于关税征税对象的有（　　　）。
   A. 贸易性商品
   B. 个人邮寄物品
   C. 馈赠物品或以其他方式进入国境的个人物品
   D. 入境旅客随身携带的行李和物品

7. 进口货物的成交价格不符合规定或者成交价格不能确定的，海关经了解有关情况，并与纳税人进行价格磋商后，可以按顺序采用一定方法审查确定该货物的完税价格。下列属于海关可以采用的方法有（　　　）。
   A. 相同货物成交价格估价方法　　　B. 类似货物成交价格估价方法
   C. 倒扣价格估价方法　　　　　　　D. 最大销售总量估价方法

8. 关于完税价格，下列说法中正确的有（　　　）。
   A. 加工贸易进口料件及制成品反内销需补税的，要按一般进口货物的完税价格规定来审定完税价格
   B. 以租赁方式进口的留购货物，应以该同类货物进口时到岸价格作为完税价格
   C. 接受捐赠进口的货物如有类似货物成交价格的，应按该类似货物成交价格作为完税价格
   D. 出口的货物一般以境外买方向卖方实付或应付的货价作为完税价格

9. 下列进口货物中，海关可以酌情减免关税的有（　　　）。
   A. 在境外运输途中或者起卸时，遭受损坏或者损失的货物
   B. 起卸后海关放行前，因不可抗力遭受损坏或者损失的货物
   C. 海关查验时已经破漏、损坏或者腐烂，经查为保管不慎的货物
   D. 因不可抗力，纳税确有困难的纳税人进口的货物

10. 下列各项中,属于法定减免关税的有(　　　　)。
A. 进入保税区使用的机器设备　　B. 进料加工剩余的料件内销的收入
C. 外国政府无偿赠送的物资　　　D. 无商业价值的货样

四、思考题

1. "关境"和"国境"有什么联系和区别?
2. 为什么要确定进出境货物的原产地?
3. 一般进口货物的关税完税价格怎样计算?完税价格中通常包含哪些内容?
4. 出口货物关税完税价格的计算方法与进口货物关税完税价格的计算方法有什么不同?

五、业务题

1. 某公司进口一批应交消费税的消费品,货价为 500 万元;该公司另外向境外支付的特许权使用费为 25 万元;此外,该批货物运抵我国关境需支付运费和保险费 25 万元。假设该货物适用关税税率为 8%、增值税税率为 13%、消费税税率为 20%。

要求:分别计算该公司应纳的关税、消费税和增值税税额。

2. 某企业从日本进口一批电子零件,成交价格为 550 万元,而日本出口方出售该批货物的国际市场价格为 700 万元。另外,该企业承担了该批零件的包装材料费 50 万元,同时,该企业支付给出口方零件进口后的技术服务费用 150 万元。已知电子零件的进口关税税率为 10%。

要求:计算该企业进口电子零件应缴纳的关税税额。

3. 某公司进口货物一批,CIF 成交价格为人民币 600 万元,含单独计价并经海关审核属实的进口后装配调试费用 30 万元,该货物进口关税税率为 10%,海关填发税款缴纳书日期为 2022 年 1 月 10 日,该公司于 1 月 25 日缴纳税款。

要求:计算其应纳关税税额及滞纳金。

4. 某进出口公司进口一批机器设备,经海关审定的成交价为 200 万美元。货物运抵我国境内输入地点起卸前的运输费为 10 万美元,保险费为 20 万美元,由买方负担的购货佣金为 5 万美元,包装劳务费为 3 万美元。

已知市场汇率为 1 美元=6.60 元人民币,该机器设备适用关税税率为 12%。

要求:

(1) 进出口公司在进口该批机器设备过程中发生的哪些费用应计入货物的完税价格?
(2) 计算进口该批货物应缴纳的关税税额。

任务二　关税会计核算

学习指导

在实际工作中,由于企业经营进出口业务的形式和内容不同,关税的具体会计核算方法有所区别,具体如表 4-9 所示。

表 4-9　关税的会计核算

业务性质		账务处理
自营业务	进口	进口关税是价内税,应计入货物的采购成本 注意:进口消费税计入成本,进口增值税视具体情况计入成本或计算进项税额 借:在途物资(或固定资产) 　　贷:应交税费——应交关税
	出口	出口货物关税是对销售环节征收的一种税金,记入"税金及附加" 借:税金及附加 　　贷:应交税费——应交关税
代理业务（代理方）	进口	代理进口业务发生的进口关税,由进口代理方向委托方收取,代理方账务处理如下: ① 计算应纳的关税税额时: 借:应收账款——×× 　　贷:应交税费——应交关税 ② 实际缴纳税款时: 借:应交税费——应交关税 　　贷:银行存款 ③ 收到委托方交来的税款时: 借:银行存款 　　贷:应收账款——××
	出口	代理方缴纳的出口关税属于代收代缴性质,应如数向委托方收取,代理方账务处理如下: ① 计算应缴纳的出口关税税额时: 借:应收账款——×× 　　贷:应交税费——应交关税 ② 实际缴纳税款时: 借:应交税费——应交关税 　　贷:银行存款 ③ 收到委托方支付的税款时: 借:银行存款 　　贷:应收账款——××

习　题

一、判断题

1. 工业企业通过外贸企业代理或直接从国外进口原材料,直接支付进口关税时,可不通过"应交税费"科目核算,将其直接计入进口原材料的采购成本,借记"在途物资"科目,贷记"银行存款"等科目。　　　　　　　　　　　　　　　　　　　　　　　　　(　　)

2. 企业自营出口产品应缴纳的出口关税,支付时可直接借记"主营业务成本"科目,贷记"应交税费——应交出口关税"科目。　　　　　　　　　　　　　　　　　　　　(　　)

二、单项选择题

1. 某进出口公司向美国出口一批铬铁,国内港口 FOB 价格折合人民币为 560 000 元,铬铁出口关税税率为 40%,以下涉及关税的会计处理正确的是(　　)。

A. 借:主营业务成本　　　　　　　　　　　　　　　　　　　　　160 000

  贷：应交税费——应交出口关税   160 000
 B. 借：税金及附加   160 000
   贷：应交税费——应交出口关税   160 000
 C. 借：主营业务成本   224 000
   贷：应交税费——应交出口关税   224 000
 D. 借：税金及附加   224 000
   贷：应交税费——应交出口关税   224 000

  2. 某进出口公司从国外自营进口商品一批，该批商品到岸价格折合人民币 600 000 元，进口商品的关税税率为 10%，则下列处理正确的是（ ）。
  A. 商品进口关税完税价格为 660 000 元
  B. 商品采购成本为 600 000 元
  C. 计提关税的会计分录为：
   借：在途物资   60 000
    贷：应交税费——应交出口关税   60 000
  D. 计提关税的会计分录为：
   借：管理费用   60 000
    贷：应交税费——应交出口关税   60 000

三、多项选择题

  1. 下列各项中，说法正确的是（ ）。
  A. 关税与消费税都是价内税
  B. 关税与消费税的会计处理相同
  C. 关税与增值税的会计处理相同
  D. 出口关税的会计处理方法与消费税相同

  2. 在关税会计处理中，借记的科目可能有（ ）。
  A. 税金及附加   B. 在建工程
  C. 银行存款   D. 在途物资

四、思考题

  1. 自营进出口关税和代理进出口关税，两者的会计处理有什么不同？

五、业务题

  1. 某工业企业于 2022 年 5 月报关进口货物一批，离岸价为 US＄370 000，支付国外运费 US＄22 500，保险费 US＄7 500，国家规定进口关税税率为 30%。进口报关当日中国人民银行公布美元兑人民币的市场汇率为 1∶6.60；同月还进口设备一套，到岸价格为 US＄200 000，报关当日中国人民银行公布美元兑人民币的市场汇率为 1∶6.58，进口关税税率为 10%。
  要求：计算该企业当月应纳的关税税额并进行会计处理。

  2. 某进出口企业 2022 年 6 月自营出口商品一批，我国口岸 FOB 价格折合人民币 720 000 元，出口关税税率为 20%。根据海关开出的税款缴款凭证，以银行转账支票付讫税款。

要求：计算该企业应纳关税税额并作会计分录。

3. 华展进出口贸易公司系增值税一般纳税人，2022年6月，从美国自营进口排气量2.5升的小轿车一批，CIF价格折合人民币4 000万元，进口关税税率为25%。当月取得海关完税凭证，以银行存款付讫税款，但货款暂欠。

要求：计算各种税金，并编制相关的会计分录。

4. 某进出口公司为增值税一般纳税人，地处市区，于2022年6月进口应税消费品一批，以离岸价格成交，成交价折合人民币2 760万元。另外支付该货物运抵我国关境内输入地点起卸前发生的运费20万元、保险费10万元、包装材料费10万元，委托境内某运输企业将进口货物运抵本单位，取得增值税专用发票，注明运输费10万元，税款0.9万元。取得海关开具的完税凭证。入库后本月将进口应税消费品全部出售，取得不含税销售额7 000万元（该货物适用关税税率为50%、增值税税率为13%、消费税税率为10%）。

要求：根据税法规定，计算该公司进口环节及内销环节应纳的关税、增值税、消费税税额，并进行相应的会计处理。

任务三 关税征收管理

学习指导

关税的征收管理有其特殊性，由海关负责征收，具体要求如表4-10所示。

表4-10 关税征收管理

事　项	具　体　内　容
关税申报	① 进口货物自运输工具申报进境之日起14日内； ② 出口货物在运抵海关监管区装货的24小时以前
纳税地点	关税可以在关境地缴纳，也可在主管地缴纳
纳税期限	自海关填发税款缴款书之日起15日内，向指定银行缴纳税款；不能按期缴纳税款的，经海关总署批准，可以延期缴纳税款，但最长不得超过6个月
强制执行	① 征收滞纳金：自关税缴纳期限届满滞纳之日起，至纳税人缴纳关税之日止，按滞纳税款万分之五的比例按日征收，周末或法定节假日不予扣除； ② 强制征收：自海关填发缴款书之日起3个月仍未缴纳税款的，经海关关长批准，海关可以采取强制措施扣缴，强制措施主要有强制扣缴和变价抵缴两种
关税退还	(1) 有下列情形之一的，纳税人可以自缴纳税款之日起1年内，书面声明理由，连同原纳税收据向海关申请退还税款并加算银行同期活期存款利息，逾期不予受理： ① 因海关误征，多纳税款的； ② 海关核准免验进口的货物，在完税后发现有短缺情况，经海关审查认可的； ③ 已征出口关税的货物，因故未装运出口，申报退关，经海关查明属实的 (2) 对已征出口关税的出口货物和已征进口关税的进口货物，因货物品种或规格原因（非其他原因）原状复运进境或出境的，经海关查验属实，应退还已征关税，海关应当在受理退税申请之日起30日内作出书面答复并通知退税申请人

续表

事 项	具 体 内 容
关税的补征与追征	(1) 关税的补征是非因纳税人违反海关规定造成少征关税,应当自缴纳税款或者货物、物品放行之日起1年内,向纳税人补征; (2) 关税的追征是由于纳税人违反海关规定造成少征关税,在缴纳税款之日起3年内可以追征,并从缴纳税款之日起按日加收少征或者漏征税款万分之五的滞纳金

习 题

一、判断题

1. 按照关税有关规定,进出口货物完税后,如因纳税人违反规定造成少征或漏征的税款,海关可以自缴纳税款或者货物放行之日起1年内向纳税人补征。（ ）

2. 纳税义务人应当自海关填发税款缴款书之日起7日内向指定银行缴纳税款。如关税缴纳期限的最后一日是周末或法定节假日,则关税缴纳期限顺延至周末或法定节假日的第一个工作日。（ ）

3. 已征出口关税的货物,因故未装运出口,申报退关,经海关查明属实的,纳税人可以自缴纳税款之日起一年内申请退还税款。（ ）

4. 出口货物的发货人应当在运抵海关监管区装货的24小时以前,向海关填报出口货物报关单。（ ）

5. 关税纳税人因不可抗力或者在国家税收政策调整的情形下,不能按期缴纳税款的,经海关总署批准,可以延期缴纳税款,但最长不得超过6个月。（ ）

二、单项选择题

1. 关税纳税义务人向指定银行缴纳税款的期限是（   ）。
 A. 自报关进口之日起7日内　　　　B. 自报关进口之日起15日内
 C. 自海关填发税款缴款书之日起7日内　D. 自海关填发税款缴款书之日起15日内

2. 已征出口关税的货物,因故未装运出口,申报退关,经海关查验属实的,纳税人可自缴纳税款之日起（   ）年内申请退还税款。
 A. 半　　　　　　B. 1　　　　　　C. 2　　　　　　D. 3

3. 关税滞纳金自（   ）起,至纳税义务人缴纳关税之止,按滞纳税款万分之五的比例按日征收,周末或法定节假日不予扣除。
 A. 商品报关之日　　　　　　　B. 商品进出关境之日
 C. 关税缴纳期限届满之日　　　　D. 自海关填发税款缴款书之日

4. 海关对逾期未交的关税,按日加收（   ）的滞纳金。
 A. 2‰　　　　　B. 0.5‰　　　　C. 2%　　　　　D. 1%

5. 某公司进口一批货物,海关于2022年3月1日填发税收缴款书,但公司迟至3月27日才缴纳500万元的关税。海关应征收的关税滞纳金为（   ）万元。
 A. 2.75　　　　　B. 3　　　　　　C. 6.5　　　　　D. 6

三、多项选择题

1. 关税的征收管理规定中,关于补征和追征的期限为( )。
   A. 补征期为1年内 B. 追征期为1年内
   C. 补征期为3年内 D. 追征期为3年内

2. 根据《进出口关税条例》的规定,下列情形中,纳税人或其代理人可以向海关申请退税的有( )。
   A. 进口货物起卸后海关放行前,因不可抗力遭受损坏或损失的
   B. 因海关误征,多纳税款的
   C. 已征出口关税的货物,因故未装运出口,申报退税,经海关查验属实的
   D. 海关核准免验进口的货物,在完税后,发现有短缺情况,经海关审查认可的

3. 下列各项中,符合关税减免规定的有( )。
   A. 因故退还的国内出口货物,经海关审查属实,可予免征进口关税,已征收的出口关税准予退还
   B. 因故退还的国内出口货物,经海关审查属实,可予免征进口关税,但已征收的出口关税不予退还
   C. 因故退还的境外进口货物,经海关审查属实,可予免征出口关税,已征收的进口关税准予退还
   D. 因故退还的境外进口货物,经海关审查属实,可予免征出口关税,但已征收的进口关税不予退还

四、思考题

1. 办理通关手续,通常要做好哪些准备工作?

项目五 企业所得税会计业务操作

任务一 企业所得税纳税人和征税对象的确定

学习指导

一、纳税人和征税对象

企业所得税的纳税人为在中华人民共和国境内的企业和其他取得收入的组织(以下统称企业)。除个人独资企业、合伙企业不征收企业所得税外,其他企业均为企业所得税的纳税人,分为居民企业和非居民企业,纳税人和征税对象具体如表 5-1 所示。

表 5-1 纳税人和征税对象

纳税人	判定标准	举 例	征收对象
居民企业	依照中国法律、法规在中国境内成立的企业	普通企业、外商投资企业等	来源于中国境内、境外的所得
	依照外国(地区)法律成立但实际管理机构在中国境内的企业	在英国、百慕大群岛等国家和地区注册的公司,但实际管理机构在我国境内	
非居民企业	依照外国(地区)法律、法规成立且实际管理机构不在我国境内,但在中国境内设立机构、场所的企业	在我国设立有代表处及其他分支机构的外国企业	来源于中国境内的所得以及发生在中国境外但与其机构场所有实际联系的所得
	在中国境内未设立机构、场所,但有来源于中国境内所得的企业	—	来源于中国境内的所得

税收与民生:企业所得税研发费用的加计扣除与创新发展

二、税率

我国企业所得税实行的是比例税率,具体所得税税率如表 5-2 所示。

表 5-2　企业所得税税率

种　　类	税　　率
基本税率	25%
低税率(非居民企业)	20%(实际征收时适用 10%的税率)
两档优惠税率	① 符合条件的小型微利企业:自 2023 年 1 月 1 日至 2024 年 12 月 31 日,对小型微利企业年应纳税所得额不超过 300 万元的部分,减按 25%计入应纳税所得额,按 20%的税率缴纳企业所得税; ② 国家重点扶持的高新技术企业:减按 15%
10%的优惠税率	① 在中国境内未设立机构、场所,或者虽设立机构、场所但取得的所得与其所设机构、场所没有实际联系的非居民企业的中国境内所得,减按 10%的税率征收企业所得税; ② 中国居民企业向境外 H 股非居民企业股东派发年度股息时,统一按 10%的税率代扣代缴企业所得税; ③ 合格境外机构投资者取得来源于中国境内的股息、红利和利息收入,按 10%的税率缴纳企业所得税

三、税收优惠政策

企业所得税的优惠政策很多,可分为基本税收优惠政策、专项税收优惠政策和过渡性税收优惠政策,具体如表 5-3 所示。

表 5-3　企业所得税的优惠政策

优惠措施	具　体　项　目
免征与减征	① 从事农、林、牧、渔业项目的所得:除花卉、茶以及其他饮料作物、香料作物的种植,海水养殖、内陆养殖所得实行减半征收外,其他所得免税; ② 从事国家重点扶持的公共基础设施项目投资经营的所得,自项目取得第一笔生产经营收入所属纳税年度起,"三免三减半"; ③ 从事符合条件的环境保护、节能节水项目的所得,自项目取得第一笔生产经营收入所属纳税年度起,"三免三减半"; ④ 符合条件的技术转让所得,居民企业转让技术所有权不超过 500 万元的部分,免征企业所得税;超过 500 万元的部分,减半征收企业所得税
加计扣除	① 研发新技术、新产品、新工艺发生的研究开发费用加计扣除比例为 75%(制造业、科技型中小企业按 100%);形成无形资产的,按照无形资产成本的 175%(制造业、科技型中小企业按 200%)摊销; ② 安置残疾人员及国家鼓励安置的其他就业人员所支付的工资:100%加计扣除
抵扣应纳税所得额	创业投资企业从事国家需重点扶持和鼓励的创业投资,可以按照其投资额的 70%在股权持有满 2 年的当年抵扣该创业投资企业的应纳税所得额;当年不足抵扣的,可以在以后纳税年度结转抵扣;在京津冀、上海、广东、安徽、四川、武汉、西安、沈阳 8 个全面创新改革试验地区和苏州工业园区开展试点,从 2017 年 1 月 1 日起,对创业企业投资种子期、初创期科技型企业满 2 年的,可享受按投资额 70%抵扣应纳税所得额的优惠政策;自 2018 年 1 月 1 日起有关优惠政策推广到全国

续表

优惠措施	具 体 项 目
加速折旧	缩短折旧年限法或采取加速折旧法： ① 由于技术进步，产品更新换代较快的固定资产； ② 常年处于强震动、高腐蚀状态的固定资产 注意：采取缩短折旧年限方法的，最低折旧年限不得低于法定折旧年限的60%；采取加速折旧方法的，可以采取双倍余额递减法或者年数总和法
减计收入	企业综合利用资源，生产符合国家产业政策规定的产品所取得的收入减按90%计入收入总额
税额抵免	企业购置用于环境保护、节能节水、安全生产等专用设备的投资额的10%从企业当年的应纳税额中抵免；当年不足抵免的，可以在以后5个纳税年度结转抵免
非居民企业优惠	(1) 减按10%的税率征收企业所得税； (2) 下列所得免征企业所得税： ① 外国政府向中国政府提供贷款取得的利息所得； ② 国际金融组织向中国政府和居民企业提供优惠贷款取得的利息所得； ③ 经国务院批准的其他所得
其他政策	(1) 西部大开发税收优惠； (2) 民族自治地方的税收优惠

习 题

一、判断题

1. 企业所得税的纳税人仅指企业，不包括社会团体。（   ）
2. 企业所得税法也适用于个人独资企业、合伙企业。（   ）
3. 在中国境内设立的外商企业，应就来源于我国境内、境外的所得缴纳所得税。（   ）
4. 外国企业在中国境内未设有机构、场所，但有来源于中国境内的所得时，应按我国税法规定缴纳所得税。（   ）
5. 企业所得税法中的居民纳税义务人负有全面纳税义务，应就其来源于境内、境外全部所得申报缴纳企业所得税。（   ）
6. 企业取得的所有技术服务收入均可暂免征企业所得税。（   ）
7. 综合利用资源，生产国家非限制和禁止并符合国家和行业相关标准的产品取得的收入，减按90%计入收入总额。（   ）
8. 利息收入和股息收入一样都表现为全额增加企业所得税的应纳税所得额。（   ）
9. 符合条件的小型微利企业，减按20%的税率征收企业所得税，国家需要重点扶持的高新技术企业，减按15%的税率征收企业所得税。（   ）
10. 居民企业在中国境内设立的不具有法人资格的营业机构，应由其营业机构计算并缴纳该营业机构的企业所得税。（   ）

二、单项选择题

1. 下列利息收入中，不计入企业所得税应纳税所得额的是（   ）。
   A. 企业债券利息　　　　　　　B. 外单位欠款取得的利息收入
   C. 购买国库券的利息收入　　　D. 银行存款利息收入

2. 在一个纳税年度内,居民企业技术转让所得不超过( )万元的部分,免征企业所得税,超过部分,减半征收企业所得税。
    A. 5   B. 10   C. 20   D. 500

3. 企业所得税法中所称的小型微利工业企业,必须符合下列规定:年度应纳税所得额不超过( )万元,从业人数不超过( )人,资产总额不超过( )万元。
    A. 30,80,3 000   B. 100,80,1 000
    C. 20,100,3 000   D. 300,300,5 000

4. 按《企业所得税法》规定,下面所得项目中不可以减免所得税额的有( )。
    A. 从事农、林、牧、渔项目的所得
    B. 从事国家重点扶持的公共基础设施项目投资的所得
    C. 从事高新技术、新产品、新工艺的项目的所得
    D. 从事符合条件的环境保护、节能节水项目的所得

5. 按照企业所得税法及其实施条例的规定,下列各项中属于非居民企业的有( )。
    A. 在浙江省工商登记注册的企业
    B. 在美国注册但实际管理机构在杭州的外商独资企业
    C. 在美国注册的企业设在苏州的办理处
    D. 在浙江省注册但在中东开展工程承包的企业

三、多项选择题

1. 企业所得税的征税对象包括( )。
    A. 个人承包所得   B. 其他所得   C. 生产经营所得   D. 清算所得

2. 企业从事( )项目的所得,减半征收企业所得税。
    A. 中药材的种植
    B. 花卉、茶以及其他饮料作物和香料作物的种植
    C. 海水养殖、内陆养殖
    D. 牲畜、家禽的饲养

3. 按照企业所得税法及实施条例规定,工业企业要享受企业所得税法规定的小型微利企业的优惠税率,必须同时符合的条件有( )。
    A. 年度应纳税所得额不超过300万元   B. 从事加工业
    C. 从业人数不超过300人   D. 资产总额不超过5 000万元

4. 下列叙述正确的是( )。
    A. 企业从事国家重点扶持的公共基础设施项目的投资经营的所得,自项目取得第一笔生产经营收入所属纳税年度起,第一年至第三年免征企业所得税,第四年至第六年减半征收企业所得税(简称"三免三减半")
    B. 企业从事符合条件的环境保护、节能节水项目的所得,自项目取得第一笔生产经营收入所属纳税年度起,实行"三免三减半"
    C. 企业从事以《资源综合利用企业所得税优惠目录》规定的资源作为主要原材料,生产国家非限制和禁止并符合国家和行业相关标准的产品取得的收入,减按90%计入收入总额
    D. 企业从事开发新技术、新产品、新工艺发生的研究开发费用,未形成无形资产的计入

当期损益,在按照规定据实扣除的基础上,按照研究开发费用的75%(制造业、科技型中小企业按100%)加计扣除;形成无形资产的,按照无形资产成本的175%(制造业、科技型中小企业按200%)摊销

5. 根据《企业所得税法》规定的税收优惠政策,下面说法正确的有(　　　　)。

A. 采取缩短折旧年限方法加速折旧的,最低折旧年限不得低于实施条例规定折旧年限的60%

B. 安置残疾人员的企业,支付给残疾职工的工资在计算应纳税所得额时按100%加计扣除

C. 创业投资企业从事国家鼓励的创业投资,可按投资额的70%在股权持有满2年的当年抵免应纳税额

D. 符合条件的非营利组织从事营利性活动取得的收入,可作为免税收入,不并入应纳税所得额征税

四、思考题

1. 什么是企业所得税纳税人?如何确定居民企业和非居民企业?两者的纳税义务有何不同?

2. 企业所得税优惠政策有哪些?如何利用这些政策?

任务二　企业所得税税款计算

学习指导

税收与民生:企业所得税捐赠支出扣除与社会责任

一、应纳税所得额的确定

会计利润总额＝营业收入－营业成本－税金及附加－期间费用－资产减值损失＋公允价值变动收益＋投资收益＋营业外收入－营业外支出

应纳税所得额＝利润总额－境外所得＋纳税调整增加额－纳税调整减少额－免税、减计收入及加计扣除＋境外应税所得抵减境内亏损－所得减免－抵扣应纳税所得额－弥补以前年度亏损

(一) 会计利润总额的计算

(1) 营业收入,是指纳税人当期发生的,以货币形式和非货币形式从各种来源取得的收入,包括会计核算中的主营业务收入和其他业务收入。

(2) 营业成本,是指纳税人经营主要业务和其他业务发生的实际成本总额,包括会计核算中的主营业务成本和其他业务成本。

(3) 税金及附加,是指企业发生的除企业所得税和允许抵扣的增值税以外的各项税金及其附加。

(4) 期间费用,是指企业在生产经营活动中发生的销售费用、管理费用和财务费用,已经计入成本的有关费用除外。

(5) 资产减值损失,是指纳税人计提的各项资产减值准备所形成的损失。
(6) 公允价值变动收益,是指纳税人以各种方式对外投资所取得的收益或发生的损失。
(7) 投资收益,是指纳税人以各种方式对外投资所取得的收益或投资损失。
(8) 营业外收入,是指纳税人发生的与其经营活动无直接关系的各项收入。
(9) 营业外支出,是指纳税人发生的与其经营活动无直接关系的各项支出。

(二)应纳税所得额的计算

1. 计算纳税调整额

收入类调整项目包括以下几类:

(1) 收入类纳税调整增加的项目。视同销售收入、接受捐赠收入、不符合税收规定的销售折扣和折让、不允许扣除的境外投资损失。

(2) 收入类纳税调整减少的项目。按权益法核算长期股权投资对初始投资成本调整确认的收益、境外应税所得、不征税收入、免税收入、减计收入、减免税项目所得和抵扣应纳税所得。

(3) 收入类纳税调整视情况增减的项目。未按权责发生制原则确认的收入、按权益法核算的长期股权投资持有期间的投资损益、特殊重组和一般重组、公允价值变动净收益、确认为递延收益的政府补助。

注意:不征税收入是指从性质和根源上不属于企业营利性活动带来的经济利益、不负有纳税义务并不作为应纳税所得额组成部分的收入;免税收入是指属于企业的应税所得但按照税法规定免予征收企业所得税的收入,具体如表5-4所示。

表5-4 不征税收入与免税收入

收入类别	具 体 项 目
不征税收入	财政拨款
	依法收取并纳入财政管理的行政事业性收费、政府性基金
	国务院规定的其他不征税收入
免税收入	国债利息收入
	符合条件的居民企业之间的股息、红利等权益性投资收益
	在中国境内设立机构、场所的非居民企业从居民企业取得与该机构、场所有实际联系的股息、红利等权益性投资收益
	符合条件的非营利组织的收入

扣除类调整项目包括以下几类:

(1) 扣除类纳税调整增加的项目。工资薪金支出、工会经费支出、职工福利费支出、职工教育经费支出、业务招待费、广告宣传费、捐赠支出、利息支出、住房公积金、罚金、罚款和被没收财物的损失、各类保险基金、统筹基金和经济补偿、与未实现融资收益相关在当期确认的财务费用、与收入无关的支出、不征税收入用于支出所形成的费用及其他调增项目。

(2) 扣除类纳税调整减少的项目。视同销售成本、本年扣除的以前年度结转额、未列入当期费用的各类保险基金、统筹基金、加计扣除及其他调减项目。

税前不得扣除项目如表5-5所示。

表5-5 税前不得扣除项目

不得扣除项目	注　释
向投资者支付的股息、红利等权益性投资收益款项	—
企业所得税税款	—
税收滞纳金	
罚金、罚款和被没收财物的损失	不包括纳税人按照经济合同规定支付的违约金,银行罚息、罚款和诉讼费
年度会计利润12%以外的公益性捐赠支出	—
赞助支出	指企业发生的与生产经营活动无关的各种非广告性质的支出
未经核实的准备金支出	指不符合国务院财政、税务主管部门规定的各项资产减值准备、风险准备等准备金支出
与取得收入无关的其他支出	企业之间支付的管理费、企业内营业机构之间支付的租金和特许权使用费以及非银行企业内营业机构之间支付的利息,不得扣除

资产类调整项目包括以下几类：

(1) 资产损失的税务处理如表5-6所示。

表5-6 资产损失的税务处理

项　目	税　务　处　理
企业自行计算扣除的资产损失	① 企业在正常经营管理活动中因销售、转让、变卖固定资产、生产性生物资产、存货发生的资产损失； ② 企业各项存货发生的正常损耗； ③ 企业固定资产达到或超过使用年限而正常报废清理的损失； ④ 企业生产性生物资产达到或超过使用年限而正常死亡发生的资产损失； ⑤ 企业按照有关规定通过证券交易场所、银行间市场买卖债券、股票、基金以及金融衍生产品等发生的损失； ⑥ 其他经国家税务总局确认不需经税务机关审批的其他资产损失

注意：①此外的资产损失,属于需经税务机关审批后才能扣除的资产损失；②企业发生的资产损失,凡无法准确辨别是否属于自行计算扣除的资产损失,可向税务机关提出审批申请

(2) 固定资产的税务处理如表5-7所示。

表5-7 固定资产的税务处理

项　目	税　务　处　理
计税基础	外购的固定资产,以购买价款和支付的相关税费以及直接归属于使该资产达到预定用途发生的其他支出为计税基础
	自行建造的固定资产,以竣工结算前发生的支出为计税基础

续　表

项　目	税　务　处　理
计税基础	融资租入的固定资产,以租赁合同约定的付款总额和承租人在签订租赁合同过程中发生的相关费用为计税基础,租赁合同未约定付款总额的,以该资产的公允价值和承租人在签订租赁合同过程中发生的相关费用为计税基础
	盘盈的固定资产,以同类固定资产的重置完全价值为计税基础
	通过捐赠、投资、非货币性资产交换、债务重组等方式取得的固定资产,以该资产的公允价值和支付的相关税费为计税基础
	改建的固定资产,除已足额提取折旧的固定资产和租入的固定资产以外的其他固定资产,以改建过程中发生的改建支出增加计税基础
折　旧	固定资产按照直线法计算的折旧,准予扣除。企业应当自固定资产投入使用月份的次月起计算折旧;停止使用的固定资产,应当自停止使用月份的次月起停止计算折旧;注意:企业应当根据固定资产的性质和使用情况,合理确定固定资产的预计残值,一经确定,不得变更
不得计提折旧范围	① 房屋、建筑物以外未投入使用的固定资产; ② 以经营租赁方式租入的固定资产; ③ 以融资租赁方式租出的固定资产; ④ 已足额提取折旧仍继续使用的固定资产; ⑤ 与经营活动无关的固定资产; ⑥ 单独估价作为固定资产入账的土地
最低折旧年限	① 房屋、建筑物:20年; ② 飞机、火车、轮船、机器、机械和其他生产设备:10年; ③ 与生产经营活动有关的器具、工具、家具等:5年; ④ 飞机、火车、轮船以外的运输工具:4年; ⑤ 电子设备:3年

(3) 生产性生物资产的税务处理如表 5-8 所示。

表 5-8　生产性生物资产的税务处理

项　目	税　务　处　理
计税基础	外购的生产性生物资产,以购买价款和支付的相关税费为计税基础
	通过捐赠、投资、非货币性资产交换、债务重组等方式取得的生产性生物资产,以该资产的公允价值和支付的相关税费为计税基础
折旧方法	按照直线法计算的折旧,准予扣除。企业应当自生产性生物资产投入使用月份的次月起计算折旧;停止使用的生产性生物资产,应当自停止使用月份的次月起停止计算折旧;注意:企业应当根据生产性生物资产的性质和使用情况,合理确定生产性生物资产的预计净残值,预计净残值一经确定,不得变更
最低折旧年限	林木类生产性生物资产:10年 畜类生产性生物资产:3年

(4) 长期待摊费用的税务处理如表 5-9 所示。

表 5-9　长期待摊费用的税务处理

项　目	税　务　处　理
已足额提取折旧的固定资产的改建支出	按照固定资产预计尚可使用年限分期摊销
租入固定资产的改建支出	按照合同约定的剩余租赁期限分期摊销
固定资产的大修理支出	按照固定资产预计尚可使用年限分期摊销
其他应当作为长期待摊费用的支出	支出发生月份的次月起,分期摊销,摊销年限不得低于 3 年

(5) 无形资产的税务处理如表 5-10 所示。

表 5-10　无形资产的税务处理

项　目	税　务　处　理
计税基础	① 外购的无形资产,以购买价款和支付的相关税费以及直接归属于使该资产达到预定用途发生的其他支出为计税基础; ② 自行开发的无形资产,以开发过程中该资产符合资本化条件后至达到预定用途前发生的支出为计税基础; ③ 通过捐赠、投资、非货币性资产交换、债务重组等方式取得的无形资产,以该资产的公允价值和支付的相关税费为计税基础
不得计提摊销费用扣除范围	① 自行开发的支出已在计算应纳税所得额时扣除的无形资产; ② 自创商誉; ③ 与经营活动无关的无形资产; ④ 其他不得计算摊销费用扣除的无形资产
摊销方法	按照直线法计算的摊销费用,准予扣除; 注意:外购商誉的支出,在企业整体转让或者清偿时,准予扣除
最低摊销年限	不得低于 10 年

(6) 投资转让、处置损益的税务处理。

企业对外投资期间,投入资产的成本在计算应纳税所得额时不得扣除,企业在转让或者处置投资资产时,投资资产的成本,准予扣除。

(7) 其他项目的调整。

此外,还包括准备金调整项目、房地产企业预售收入计算的预计利润的调整项目、特别纳税调整所得项目。

2. 计算弥补企业亏损金额

(1) 计算境外应税所得弥补境内亏损金额。

(2) 计算弥补以前年度亏损金额。

二、应纳所得税税额的计算

企业所得税实行按年计征、按分月(季)预缴、年终汇算清缴、多退少补的办法。

(一)平时预缴所得税税额的计算

平时预缴有两种方法,即据实预缴或按照上一纳税年度应纳税所得额的平均额预缴。

1. 据实预缴

本月(季)应缴所得税税额＝实际利润累计额×税率－减免所得税税额－已累计预缴的所得税税额

平时预缴时,实际利润累计额按会计制度核算的利润总额计算,暂不作纳税调整,待会计年度终了再作纳税调整。

税率统一按照《企业所得税法》规定的25%计算应纳所得税税额。

减免所得税税额是指纳税人当期实际享受的减免所得税税额,包括享受减免税优惠过渡期的税收优惠、小型微利企业的税率优惠、高新技术企业的税率优惠及经税务机关审批或备案的其他减免税优惠。

2. 按照上一纳税年度应纳税所得额的平均额预缴

$$本月(季)应缴所得税税额 = \frac{上一纳税年度应纳税所得额}{12(或4)} \times 税率$$

按上一纳税年度应纳税所得额实际数除以12(或4)得出每月(或季)纳税所得额,上一纳税年度应纳税所得额中不包括纳税人的境外所得。税率统一按照25%计算。

除了以上两种方法计算预缴所得税外,还可以由税务机关确定其他方法进行。

(二) 汇算清缴年度应纳所得税税额

在分月(季)预缴的基础上,实行年终汇算清缴、多退少补的办法。其计算公式为:

实际应纳所得税税额＝应纳税所得额×税率－减免所得税税额－抵免所得税税额＋境外所得应纳所得税税额－境外所得抵免所得税税额

本年应补(退)的所得税税额＝实际应纳所得税税额－本年累计实际已预缴的所得税税额

应纳税所得额是指在企业会计利润总额的基础上,通过加减纳税调整额后计算得出的金额,税率按25%计算。

1. 计算减免所得税税额

减免所得税税额主要有:

(1) 小型微利企业的减征税额。

(2) 高新技术企业的减征税额。

(3) 民族自治地方企业的减征额。

(4) 过渡期税收优惠的减征额。

2. 计算抵免所得税税额

抵免所得税税额是指纳税人购置并实际使用环境保护、节能节水、安全生产等专用设备的,该专用设备的投资额的10%可以从企业当年的应纳税额中抵免;当年不足抵免的,可以在以后5个纳税年度结转抵免。

3. 计算境外所得应补税额

居民纳税人应就其来源于境内外所得纳税,对来源于境外的所得已在境外缴纳的所得税税额,可以从其当期应纳税额中抵免,具体规定如表5-11表示。其计算步骤如下:

境外所得应补税额＝境外所得应纳所得税税额－境外所得抵免所得税税额

境外所得应纳所得税税额＝(境外所得换算成含税收入的所得－弥补以前年度境外亏损－境外免税所得－境外所得弥补境内亏损)×税率

境外所得抵免所得税税额＝本年可抵免的境外所得税款＋本年可抵免以前年度所得税税额

表 5-11 境外所得抵免限额的相关规定

要　点	内　　容
可抵免税额	居民企业从其直接或者间接控制的外国企业分得的来源于中国境外的股息、红利等权益性投资收益,外国企业在境外实际缴纳的所得税税额中属于该项所得负担的部分,可以作为该居民企业的可抵免境外所得税税额,在规定的抵免限额内抵免
抵免方法——限额抵免	纳税人来源于境外的所得,并入当年应税所得计算所得税时,允许从汇总纳税的应纳税额中扣除已经在境外缴纳的所得税税款,但是扣除额不得超过其境外所得依我国税法规定计算的所得税税额
抵免限额——分国不分项方法	抵免限额＝中国境内境外所得依照我国企业所得税法规定计算的应纳税总额×来源于某国(地区)的应纳税所得额÷中国境内境外应纳税所得总额 注意:企业按照规定计算的当期境内、境外应纳税所得总额小于零的,应以零计算当期境内、境外应纳税所得总额,其当期境外所得税的抵免限额也为零
抵免应用	超过抵免限额的部分,可以在以后 5 个年度内,用每年度抵免限额抵免当年应抵税额后的余额进行抵补

习　题

一、判断题

1. 企业销售啤酒、黄酒以外的酒类产品收取的包装物押金,无论是否退回均应计征增值税和消费税,同时也要计征企业所得税。　　　　　　　　　　　　　　　　　(　　)

2. 纳税人缴纳的增值税不得在企业所得税前扣除,但按当期缴纳的增值税计算的城建税和教育费附加,准予在所得税前扣除。　　　　　　　　　　　　　　　　　(　　)

3. 纳税人在生产、经营期间的借款利息支出作为费用,在计算应纳税所得额时,可以按实际发生数扣除。　　　　　　　　　　　　　　　　　　　　　　　　　　(　　)

4. 企业发生的年度亏损,可用以后 5 个盈利年度的利润弥补。　　　　　　(　　)

5. 确定应纳税所得额时,对企业生产、经营期间,向经中国人民银行批准从事金融业务的非银行金融机构的借款利息支出,可按照实际发生额从税前扣除。　　　　　(　　)

6. 纳税人来源于境外的所得在境外实际缴纳的所得税税款,准予在汇总纳税时从其应纳税额中扣除;其在境外发生的亏损也可用境内的利润弥补。　　　　　　　　(　　)

7. 纳税人有应提未折旧、应计未计费用,导致年度应纳税额减少的,应于下年发现时补扣,相应调减应纳税所得额。　　　　　　　　　　　　　　　　　　　　　(　　)

8. 在计征企业所得税时,非广告性质的赞助费不允许税前扣除,广告宣传费可以在税前正常列支。　　　　　　　　　　　　　　　　　　　　　　　　　　　　(　　)

9. 提取坏账准备金的企业,在计算企业所得税应纳税所得额时,实际发生的坏账损失大于已提取的坏账准备金的部分,不能在发生当期直接扣除。　　　　　　　　(　　)

10. 因债权人缘故确实无法支付的应付款项,应纳入收入总额,计缴企业所得税。
　　　　　　　　　　　　　　　　　　　　　　　　　　　　　　　　　(　　)

二、单项选择题

1. 企业缴纳的下列税种,在计算企业所得税应纳税所得额时,不得从收入总额中扣除的是( )。
   A. 增值税　　　　B. 消费税　　　　C. 城市维护建设税　　D. 土地增值税

2. 下列项目中,准予在计算企业所得税应纳税所得额时从收入总额中扣除的项目是( )。
   A. 资本性支出　　　　　　　　　B. 无形资产开发未形成资产的部分
   C. 违法经营的罚款支出　　　　　D. 各项税收滞纳金、罚金、罚款支出

3. 2022年,某工业生产企业,从业人员85人,资产总额2 800万元,全年销售额1 520万元,成本600万元,销售税金及附加460万元,按规定列支各种费用400万元。已知上述成本费用中包括新产品开发费80万元。该企业当年应纳企业所得税( )万元。
   A. 15　　　　　B. 0　　　　　C. 2　　　　　D. 4

4. 下列各项中,可以不计入企业所得税应纳税所得额的有( )。
   A. 纳税人按国家统一规定进行清产核资时发生的固定资产评估净增值
   B. 企业取得的国家财政性补贴收入
   C. 纳税人购买国家重点建设债券的利息收入
   D. 纳税人接受捐赠的实物资产

5. 纳税人通过国内非营利的社会团体、国家机关的公益、救济性捐赠,在年度( )12%以内的部分准予扣除。
   A. 收入总额　　　B. 利润总额　　　C. 应纳税所得额　　D. 应纳所得税税额

6. 除国务院财政、税务主管部门另有规定外,企业所得税法等规定,固定资产计算折旧的最低年限为( )。
   A. 房屋、建筑物,为25年
   B. 与生产经营活动有关的器具、工具、家具、电子设备等,为5年
   C. 飞机、火车、轮船、机器、机械和其他生产设备,为10年
   D. 飞机、火车、轮船以外的运输工具,为6年

7. 某小型微利企业经主管税务机关核定,2022年度应纳税所得额为50万元,上一年度所得亏损42万元,则本年度该企业应纳所得税额为( )万元。
   A. 0.4　　　　　B. 0.2　　　　　C. 2.16　　　　D. 0.8

8. 企业来源于境外所得,已在境外实际缴纳的所得税税款,在汇总纳税并按规定计算扣除限额时,如果境外实际缴纳的税款超过扣除限额,对超过部分的处理方法是( )。
   A. 列为当年费用支出
   B. 从本年的应纳所得税额中扣除
   C. 用以后年度税额扣除的余额补扣,补扣期限最长不得超过5年
   D. 从以后年度境外所得中扣除

9. 已知某外商投资生产性企业全年销售净额在2 000万元,实际支付业务招待费为15万元,则准予税前列支的业务招待费为( )万元。
   A. 9　　　　　　B. 6　　　　　　C. 10　　　　　D. 12

10. 某外商投资企业某年实现利润200万元,通过境内民政局向灾区捐赠20万元,若无其他调整项目,该企业的应税所得额为( )万元。
    A. 180　　　　　B. 176　　　　　C. 200　　　　　D. 220

三、多项选择题

1. 在下列支出项目中，准予在计算应纳税所得额时从收入总额中直接扣除的有（　　　）。
   A. 企业缴纳的增值税
   B. 转让固定资产发生的费用
   C. 以经营租赁方式租入的固定资产发生的租赁费
   D. 以融资租赁方式租入的固定资产发生的租赁费

2. 下列项目中，在会计利润的基础上应调整增加应纳税所得额的项目有（　　　）。
   A. 职工教育经费支出超标准　　　B. 利息费用支出超标准
   C. 公益救济性捐赠超标准　　　　D. 查补的消费税

3. 下列项目中，在会计利润的基础上应调整减少应纳税所得额的项目有（　　　）。
   A. 查补的消费税　　　　　　　　B. 多提的职工福利费
   C. 国库券利息收入　　　　　　　D. 多列的无形资产摊销额

4. 在计算企业应纳税所得额时，不得从收入总额中扣除的有（　　　）。
   A. 企业为他人提供贷款担保，因被担保方无力还清贷款，而由该担保企业承担的贷款本息
   B. 所得税前依法缴纳的增值税
   C. 所得税前依法缴纳的土地增值税
   D. 为筹集生产经营所需资金而向金融机构支付的利息费用

5. 下列支出项目中不得列为成本、费用和损失的有（　　　）。
   A. 无形资产的受让、开发支出　　B. 资本的利息
   C. 对外投资所发生的投资费用或损失　D. 违法经营的罚款和被没收财物的损失

四、思考题

1. 企业所得税的应纳税所得额与企业的会计利润存在哪些不一致之处？应该如何进行纳税调整？哪些项目允许在税前全额扣除？哪些项目允许在税前限额扣除？哪些项目不能在税前扣除？

2. 不征税收入与免税收入有何异同？哪些收入属于不征税收入？哪些收入属于免税收入？

五、业务题

1. 2022年度，某企业产品销售收入800万元，劳务收入40万元，出租固定资产租金收入5万元。该企业全年发生的产品销售成本430万元，销售费用80万元，管理费用20万元，财务费用10万元，营业外支出3万元（其中缴纳税收滞纳金1万元），按税法规定缴纳增值税90万元，其他税金7.2万元。按照税法规定，在计算该企业应纳税所得额时，其他准予扣除项目金额为23万元，已知该企业适用所得税税率为25%。

要求：
(1) 计算该企业2022年度应纳税所得额，并列出计算过程。
(2) 计算该企业2022年度应纳所得税税额，并列出计算过程。

2. 某企业2022年度境内总机构的应纳税所得额为440万元。其设在A国分支机构应税所得240万元,其中生产经营所得200万元,该国规定的税率为40%;利息和特许权使用费所得40万元,税率为20%。其设在B国分支机构应税所得120万元,其中,生产经营所得80万元,该国税率为30%;财产转让所得40万元,税率为10%。假设境外应税所得与我国税法规定计算的应纳税所得额相一致;境外所得均已分别按该国规定的税率缴纳了所得税。该企业选择"不分国不分项"的方式抵免境外所得税税额。

要求:计算该企业本年度应纳企业所得税税额。

3. 假如某生产企业2022年度生产经营情况如下:产品销售收入500万元,产品销售成本300万元,产品销售费用40万元,发生管理费用35万元(其中业务招待费5万元),当年出租固定资产取得收入40万元,购买国家公债取得利息收入10万元,准许税前扣除的有关税费30万元,经批准向企业职工集资100万元,支付年息15万元,同期银行贷款利率为10%,通过县级人民政府向南方遭受雪灾地区捐款20万元。

要求:计算该企业2022年度应缴的企业所得税税额。

4. 某内资企业2022年度会计账面利润80 000元,自行向其主管税务机关申报的应纳税所得额80 000元,申报缴纳所得税20 000元(企业所得税税率为25%)。经某注册会计师年终审查,发现与应纳税所得额有关的业务内容如下:

(1) 企业全年实发工资总额2 116 400元,并按规定的2%、14%和8%的比例分别计算提取并使用了职工工会经费、职工福利费、职工教育经费。

(2) 自行申报应纳税所得额中含本年度的国库券利息收入12 000元。

(3) 营业外支出账户列支有税收滞纳金1 000元,向其关联企业赞助支出30 000元。

(4) 管理费用账户中实际列支了全年的与生产经营有关的业务招待费265 000元,经核定企业全年的主营业务收入总额为6 500万元。

要求:计算该企业本年度应缴纳的企业所得税税额及应补缴的企业所得税税额。

5. 假定某企业为居民企业,2022年度经营业务如下:

(1) 取得销售收入2 500万元。

(2) 销售成本1 100万元。

(3) 发生销售费用670万元(其中广告费450万元);管理费用480万元(其中业务招待费15万元);财务费用60万元。

(4) 销售税金160万元(含增值税120万元)。

(5) 营业外收入70万元,营业外支出50万元(含通过公益性社会团体向贫困山区捐款30万元,支付税收滞纳金6万元)。

(6) 计入成本、费用中的实发工资总额150万元,拨缴职工工会经费3万元,支出职工福利费25.3万元,职工教育经费3.7万元。

要求:计算该企业2022年度实际应纳的企业所得税税额。

6. 某运输企业2022年资产总额700万元,从业人员15人,年度营业收入为100万元,各项成本支出为95万元,全年发生亏损9万元。经主管税务机关核查,该企业支出项目不能准确核算,需要采用核定应税所得率征收方式计算所得税。主管税务机关核定该企业的应税所得率为10%。

要求:计算该企业年度应纳所得税税额。

任务三　企业所得税会计核算

学 习 指 导

一、暂时性差异

(一) 计税基础的确定

资产、负债的计税基础是以适用的税收法规为依据确定的资产负债表中有关资产、负债项目的金额,具体如表 5-12、表 5-13 所示。

表 5-12　资产的计税基础

要点	资产的计税基础
含义	企业收回资产账面价值的过程中,计算应纳税所得额时按照税法规定可以自应税经济利益中抵扣的金额
公式	资产的计税基础 = 未来可税前列支的金额
重要项目	固定资产:初始计量时,入账价值一般等于计税基础;后续计量时,会计与税收处理的差异主要来自折旧及固定资产减值准备的计提
	无形资产:初始计量时,除内部研发形成的无形资产以外,以其他方式取得的无形资产,初始确认时的入账价值与税法规定的成本之间一般不存在差异;后续计量时,会计与税收处理的差异主要产生于对无形资产是否需要摊销及无形资产减值准备的计提
	以公允价值计量且其变动计入当期损益的金融资产
	其他资产:主要有投资性房地产、其他计提了资产减值准备的各项资产

表 5-13　负债的计税基础

要点	负债的计税基础
含义	指负债的账面价值减去未来期间计算应纳税所得额时按照税法规定可予抵扣的金额
公式	负债的计税基础 = 负债的账面价值 − 将来负债在兑付时允许扣税的金额
原则	一般情况下,负债的确认与偿还不会影响企业的损益,也不会影响其应纳税所得额,未来期间计算应纳税所得额时按照税法规定可予抵扣的金额为零,计税基础即为账面价值。但在某些情况下,负债的确认可能会影响企业的损益,进而影响不同期间的应纳税所得额,使得其计税基础与账面价值之间产生差额
重要项目	企业因销售商品提供售后服务等原因确认的预计负债
	预收账款

（二）暂时性差异的确定

暂时性差异是指资产或负债的账面价值与其计税基础之间的差额。根据暂时性差异对未来期间应税金额影响不同，分为应纳税暂时性差异和可抵扣暂时性差异，具体如表 5-14 所示。

表 5-14　暂时性差异及种类

要点	应纳税暂时性差异	可抵扣暂时性差异
含义	是指在确定未来收回资产或清偿负债期间的应纳税所得额时，将导致产生应税金额的暂时性差异	是指在确定未来收回资产或清偿负债期间的应纳税所得额时，将导致产生可抵扣金额的暂时性差异
性质	该差异在未来期间转回时，会增加转回期间的应纳税所得额，进而增加转回期间的应纳税所得额和应交所得税税额	该差异在未来期间转回时，会减少转回期间的应纳税所得额，进而减少未来期间的应交所得税税额
确认	在应纳税暂时性差异产生当期，应当确认相关的递延所得税负债	在可抵扣暂时性差异产生当期，应当确认相关的递延所得税资产
情形	① 资产的账面价值大于其计税基础； ② 负债的账面价值小于其计税基础	① 资产的账面价值小于其计税基础； ② 负债的账面价值大于其计税基础

二、资产负债表债务法的会计处理

（一）递延所得税资产、递延所得税负债

递延所得税资产、递延所得税负债的确认和计量如表 5-15 所示。

表 5-15　递延所得税资产、递延所得税负债的确认和计量

要点		递延所得税资产的确认和计量	递延所得税负债的确认和计量
确认	原则	以未来期间可能取得的应纳税所得额为限，确认递延所得税资产	除企业会计准则中明确规定可不确认递延所得税负债的情况外，其他所有的应纳税暂时性差异均应确认递延所得税负债
	账务处理	借：递延所得税资产 　　贷：所得税费用——递延所得税费用	借：所得税费用——递延所得税费用 　　贷：递延所得税负债
	不确认的规定	在可抵扣暂时性差异转回的未来期间内，若企业无法产生足够的应纳税所得额用以抵减可抵扣暂时性差异的影响时，使得与递延所得税资产相关的经济利益无法实现的，该部分递延所得税资产不应确认	① 企业合并中产生的商誉的账面价值与其计税基础不同而形成的应纳税暂时性差异； ② 除企业合并外的其他交易或事项中，如果该项交易或事项发生时既不影响会计利润，也不影响应纳税所得额，即使形成应纳税暂时性差异，也不确认递延所得税负债
计量	税率	确认递延所得税资产时，应估计相关可抵扣暂时性差异的转回时间，采用转回期间适用的所得税税率计算	递延所得税负债确认时，以相关应纳税暂时性差异转回期间适用的所得税税率计量
	折现	无论相关的可抵扣暂时性差异转回期间如何，递延所得税资产均不予折现	无论相关的应纳税暂时性差异转回期间如何，递延所得税负债均不予折现

（二）所得税费用的确认和计量

所得税费用由当期所得税和递延所得税两部分组成，其确认和计量具体如表 5-16 所示。

表 5-16 所得税费用的确认和计量

项目		具 体 内 容
所得税费用	含义	指利润表中的所得税费用，由当期所得税和递延所得税两部分组成
	公式	所得税费用 = 当期所得税 + 递延所得税
当期所得税	含义	是指企业按照税法规定计算确定的针对当期发生的交易和事项，应缴纳给税务部门的所得税金额
	公式	当期所得税 = 应纳税所得额 × 当期适用税率
递延所得税	含义	是指按照企业会计准则规定应予以确认的递延所得税资产和递延所得税负债在期末应有的金额相对于原已确认金额之间的差额，即递延所得税资产及递延所得税负债的当期发生额，但不包括直接计入所有者权益交易事项及企业合并的所得税影响
	公式	递延所得税 =（期末递延所得税负债 − 期初递延所得税负债）−（期末递延所得税资产 − 期初递延所得税资产）

三、应付税款法的会计处理

应付税款法将本期会计利润与应纳税所得额之间产生的差异均在当期确认所得税费用。这种核算方法的特点是：本期所得税费用等于按本期应纳税所得额与适用税率计算的本期应交的所得税税额。暂时性差异产生的影响所得税的金额，在会计报表中不反映为一项负债或一项资产。

企业采用应付税款法核算所得税时，应设置"所得税费用"科目和"应交税费——应交所得税"科目，进行核算。

习　题

一、判断题

1. 资产的账面价值大于其计税基础或者负债的账面价值小于其计税基础的，产生可抵扣暂时性差异。（　　）

2. 确认由可抵扣暂时性差异产生的递延所得税资产，应当以未来期间很可能取得用来抵扣可抵扣暂时性差异的应纳税所得额为限。（　　）

3. 可抵扣暂时性差异是指在确定未来收回资产或清偿负债期间的应纳税所得额时将导致产生应税金额的暂时性差异。（　　）

4. 递延所得税负债应以相关应纳税暂时性差异转回期间税法规定的适用税率计量。（　　）

5. 在采用资产负债表债务法进行所得税会计核算时，应将由于暂时性差额和永久性差额产生的对未来所得税的影响金额，作为一项递延所得税资产或负债。（　　）

6. "递延所得税资产"科目用来核算企业由于可抵扣暂时性差异确认的递延所得税资产及按规定可用以后年度税前利润弥补的亏损及税款抵减产生的所得税资产。（　　）

二、单项选择题

1. 甲企业采用资产负债表债务法进行所得税核算,2008年前所得税税率为33%,从2008年1月1日起适用所得税税率为25%。2008年年初库存商品的账面余额为40万元,已提跌价准备2万元,固定资产年末折余价值为130万元,已提减值准备15万元。2008年实现利润总额为200万元,本年年末库存商品的账面余额为45万元,已提跌价准备为5万元,固定资产年末折余价值为120万元,已提减值准备20万元。假定无其他纳税调整事项,则2008年年末"递延所得税资产"的余额为( )万元。
   A. 1.25 B. 6.25 C. 5 D. 5.68

2. 甲股份有限公司2006年12月购入一台设备,原价为3 010万元,预计净残值为10万元,税法规定的折旧年限为5年,按直线法计提折旧,公司按照3年计提折旧,折旧方法与税法相一致。2008年1月1日起,公司所得税税率由33%降为25%。除该事项外,历年来无其他纳税调整事项。公司采用资产负债表债务法进行所得税会计处理。该公司2008年年末资产负债表中反映的"递延所得税资产"项目的金额为( )万元。
   A. 186.67 B. 400 C. 200 D. 320

3. 资料同第2题,2008年年初"递延所得税资产"的余额为( )万元。
   A. 140 B. 120 C. 132 D. 152

4. 资料同第2题,如果甲公司2008年税前会计利润为500万元,则当年的所得税费用为( )万元。
   A. 145 B. 162 C. 157 D. 147

5. 乙公司采用资产负债表债务法核算所得税,2007年年末"递延所得税负债"账户的贷方余额为330万元,适用的所得税税率为33%,2008年年初所得税税率由原来的33%改为25%,本期新增应纳税暂时性差异350万元,乙公司2008年"递延所得税负债"账户的本期发生额为( )万元。
   A. 借记7.5 B. 借记6 C. 贷记7.5 D. 贷记6

6. 乙公司采用资产负债表债务法核算所得税,2007年年末"递延所得税资产"账户的借方余额为660万元,适用的所得税税率为33%,2008年年初所得税税率由原来的33%改为25%,本期转回可抵扣暂时性差异300万元,乙公司2008年"递延所得税资产"账户的本期发生额为( )万元。
   A. 借记300 B. 贷记235 C. 借记235 D. 贷记300

三、多项选择题

1. 在资产负债表债务法下,应设置的科目有( )。
   A. "所得税费用" B. "应交税费——应交所得税"
   C. "递延所得税资产" D. "应交所得税"

2. 以下对资产负债表债务法的表述正确的有( )。
   A. 税率变动时,"递延所得税资产"的账面余额不需要进行相应调整
   B. 根据新的会计准则规定,商誉产生的应纳税暂时性差异不确认相应的递延所得税负债
   C. 与联营企业、合营企业投资等相关的应纳税暂时性差异不确认相应的递延所得税负债
   D. 递延所得税=当期递延所得税负债的增加+当期递延所得税资产的减少-当期递延所得税负债的减少-当期递延所得税资产的增加

3. 以下业务不会影响"递延所得税资产"账户的有（　　）。
   A. 资产减值准备的计提
   B. 非公益性捐赠支出
   C. 国债利息收入
   D. 税务上对使用寿命不确定的无形资产执行不超过10年的摊销标准

4. 下列有关资产计税基础的判定中,正确的有（　　）。
   A. 某交易性金融资产,取得成本为100万元,该时点的计税基础为100万元,会计期末公允价值变为90万元,会计确认账面价值为90万元,税法规定的计税基础保持不变,仍为100万元
   B. 一项按照权益法核算的长期股权投资,企业最初以1 000万元购入,购入时期初始投资成本及计税基础均为1 000万元,当期期末按照持股比例计算应享有被投资单位的净利润份额50万元后,会计账面价值为1 050万元,而其计税基础依然为1 000万元
   C. 一项用于出租的房屋,取得成本为500万元,会计处理按照双倍余额递减法计提折旧,税法规定按直线法计提折旧,使用年限为10年,净残值为0,计提折旧1年后,该投资性房地产的账面价值为400万元,其计税基础为450万元
   D. 企业支付了3 000万元购入另一企业100%的股权,购买日被购买方各项可辨认净资产公允价值为2 600万元,则企业应确认的合并商誉为400万元,税法规定,该商誉的计税基础为0

5. 下列有关暂时性差异的论断中,错误的有（　　）。
   A. 所有的时间性差异均属于暂时性差异
   B. 2022年企业的计税工资为50万元,而截至当年年末该企业自费用中提取了60万元的工资,形成"应付职工薪酬"年末结余60万元,则"应付职工薪酬"的计税基础为50万元
   C. 预计负债的计税基础应为0
   D. 当资产的账面价值大于计税基础时,对应的是可抵扣暂时性差异

6. 下列有关所得税的论断中,正确的有（　　）。
   A. 当负债的账面价值大于计税基础时,会产生可抵扣暂时性差异
   B. 在计算应税所得时,新增可抵扣暂时性差异额应追加税前会计利润
   C. 在计算应税所得时,转回应纳税暂时性差异额应抵减当期税前会计利润
   D. 所有长期资产的减值计提均会产生可抵扣暂时性差异

四、思考题

1. 什么是计税基础？资产的计税基础、负债的计税基础如何确定？
2. 什么是暂时性差异？应纳税暂时性差异与可抵扣暂时性差异各是什么原因造成的？
3. 什么是应付税款法？什么是资产负债表债务法？两者有什么区别？

五、业务题

1. 某国有经营公司2022年度取得营业收入总额4 000万元,成本、费用和损失共3 800万元,其中列支业务招待费20万元,广告费支出10万元。全年缴纳增值税51.3万元、消费税79.7万元、城市维护建设税和教育费附加14.3万元。
   要求：计算该公司当年应纳的企业所得税费,并编制计提、缴纳以及结转"本年利润"科

目时的会计分录。

2. 甲公司于 2006 年 12 月购入一台机器设备,成本为 500 000 元,预计净残值为 0。会计上采用年数总和法按 5 年计提折旧,计税时要求采用直线法按 5 年计提折旧,税法规定的使用年限及净残值均与会计相同。该公司所得税税率为 33%,从 2008 年起税率改为 25%。假定该公司各会计期间均未对固定资产计提减值准备。

要求：按资产负债表债务法计算甲公司 2007 年起该项固定资产各年的账面价值、计税基础及应予确认的递延所得税,并编制相关的会计分录。

3. 假定甲企业 2022 年利润总额为 1 500 万元,企业适用的所得税税率为 25%。

(1) 该企业 2022 年会计与税收之间差异包括以下事项:①国债利息收入 100 万元;②税款滞纳金 120 万元;③交易性金融资产公允价值增加 140 万元;④计提固定资产减值准备 400 万元;⑤因售后服务预计费用 220 万元。

(2) 甲企业 2022 年 12 月 31 日资产负债表中部分项目账面价值与计税基础情况如表 5-17 所示。

表 5-17　2022 年资产负债表部分项目的账面价值与计税基础　　　　单位:元

项　目	账面价值	计税基础	差异 应纳税差异	差异 可抵扣差异
交易性金融资产	5 400 000	4 000 000	1 400 000	
固定资产	30 000 000	34 000 000		4 000 000
预计负债	2 200 000	0		2 200 000
总　计			1 400 000	6 200 000

(3) 假定 2023 年应税所得额为 2 000 万元,2023 年资产负债表中部分项目情况如表 5-18 所示。

表 5-18　2023 年资产负债表部分项目的账面价值与计税基础　　　　单位:元

项　目	账面价值	计税基础	差异 应纳税差异	差异 可抵扣差异
交易性金融资产	5 800 000	6 000 000		200 000
固定资产	30 000 000	34 000 000		4 000 000
预计负债	1 200 000	0		1 200 000
无形资产	2 000 000	0	2 000 000	
总　计			2 000 000	5 400 000

要求：

(1) 计算确认 2022 年度递延所得税资产及递延所得税负债的发生额。

(2) 计算确定 2022 年度应纳税所得额及应交所得税。

(3) 编制 2022 年度所得税费用确认的会计分录。

(4) 计算确认 2023 年递延所得税资产的年末余额及当年的变动额。

(5) 计算确认2023年递延所得税负债的年末余额及当年的变动额。

(6) 编制2023年度所得税费用确认的会计分录。

4. 某公司2018年12月26日购入一台价值8万元不需要安装的设备,该设备预计使用期限为4年,财务会计采用直线法计提折旧(不考虑残值),税务会计采用年数总和法计提折旧(不考虑残值)。假定该公司每年的利润总额均为100万元,无其他纳税调整项目,每年所得税税率为25%。

要求:用资产负债表债务法分别反映该公司2019—2022年有关所得税核算的会计分录。

任务四　企业所得税纳税申报

学习指导

一、企业所得税的征收管理

企业所得税征税方式、纳税期限和纳税地点如表5-19所示。

表5-19　企业所得税征收方式、纳税期限和纳税地点

项　目	具　体　内　容
征税方式	企业在每年第一季度应填列《企业所得税征收方式鉴定表》确定适用的征税方式,征收方式一经确定,在一个纳税年度内不得变更
纳税期限	一般规定:①企业所得税实行按年计算,按月或季预缴,年终汇算清缴,多退少补的征收办法,纳税年度一般为公历年度,即公历1月1日至12月31日为一个纳税年度;②纳税人应当在月份或季度终了后15日内,向其所在地主管税务机关报送预缴所得税申报表,预缴税款,企业应当自年度终了之日起5个月内,办理汇算清缴,结清应缴应退税款; 特殊规定:①纳税人在一个纳税年度的中间开业,或由于合并、关闭等原因使该纳税年度的实际经营期不足12个月的,以其实际经营期为一个纳税年度,纳税人破产清算时,以清算期为一个纳税年度;②企业在年度中间终止经营活动的,应当自实际经营终止之日起60日内,向税务机关办理当期企业所得税汇算清缴
纳税地点	居民企业以企业登记注册地为纳税地点;但登记注册地在境外的,以实际管理机构所在地为纳税地点
	非居民企业在中国境内设立机构、场所的,取得的所得以及发生在中国境外但与其所设机构、场所有实际联系的所得,应当以机构、场所所在地为纳税地点
	非居民企业在中国境内未设立机构、场所,或者虽设立机构、场所但取得的所得与其所设机构、场所没有实际联系的,以扣缴义务人所在地为纳税地点;非居民企业在中国境内设立两个或者两个以上机构、场所的,经税务机关审核批准,可以选择由其主要机构、场所汇总缴纳企业所得税

二、企业所得税年度纳税申报

企业所得税年度纳税申报表共有37张,除了1张基础信息表和1张主表外,还有附表35张,即6张收入费用明细表、13张纳税调整表、1张亏损弥补表、9张税收优惠表、4张境外所得抵免表、2张汇总纳税表。其中作为主表的附表15张,作为附表的附表20张。

企业所得税纳税申报主表遵循间接计算法的原理设计样式,具体包括利润总额计算、应纳税所得额计算、应纳税额计算和附例资料四个部分,在编制时,以利润表为起点,具体按下列步骤进行:

第一步:营业收入－营业成本－税金及附加－期间费用－资产减值损失＋公允价值变动收益＋投资收益＋营业外收入－营业外支出＝利润总额

第二步:利润总额－境外所得＋纳税调整增加额－纳税调整减少额－免税、减计收入及加计扣除＋境外应税所得抵减境内亏损－所得减免－抵扣应纳税所得额－弥补以前年度亏损＝应纳税所得额

第三步:应纳税所得额×税率＝应纳所得税额

第四步:应纳所得税税额－减免所得税税额－抵免所得税税额＝应纳税额

第五步:应纳税额＋境外所得应纳所得税额－境外所得抵免所得税额＝实际应纳所得税额

第六步:实际应纳所得税税额－本年累计实际已预缴的所得税税额＝本年应补(退)的所得税额

习　题

一、判断题

1. 我国企业所得税法规定,企业缴纳所得税,按年计算,分月或分季预缴。纳税人应于月份或季度终了后15天内预缴,年度终了后3个月内汇算清缴,多退少补。（　）

2. 纳税人在一个纳税年度的中间开业,或由于合并、关闭等原因导致该纳税年度的实际经营期不足12个月的,按其实际经营期为一个纳税年度。（　）

3. 企业在年度中间终止经营活动的,应当自实际经营终止之日起30日内,向税务机关办理当期企业所得税汇算清缴。（　）

4. 居民企业以企业登记注册地为纳税地点,但登记注册地点在境外的,以实际管理机构所在地为纳税地点。（　）

5. 企业的成本费用核算和收入总额核算两项中,凡其中一项不合格者,就要采用定额征收企业所得税。（　）

二、单项选择题

1. 境内居民企业注册地与实际经营管理地不一致时,其纳税地点按税法规定应该是（　）。
   A. 注册地　　　　　　　　　　　B. 实际经营管理地
   C. 由税务机关决定　　　　　　　D. 由纳税人自行决定

2. 非居民企业在中国境内未设立机构、场所的,以（　）为企业所得税纳税地点。
   A. 收入发生地　　　　　　　　　B. 业务发生地
   C. 扣缴义务人所在地　　　　　　D. 机构、场所所在地

3. 缴纳企业所得税,月份或季度终了后要在规定的期限内预缴,年度终了后要在规定的期限内汇算清缴,其预缴、汇算清缴的规定期限分别是（　）。
   A. 7日、45日　　B. 15日、45日　　C. 15日、5个月　　D. 15日、4个月

4. 企业进行清算时,应当在(　　),向当地主管税务机关办理所得税申报,并就其清算终了后的清算所得,缴纳企业所得税。
   A. 清算终结之日   B. 办理工商注销登记的同时
   C. 办理工商注销登记之前   D. 办理工商注销登记之后
5. 纳税人进行破产清算时,应当以(　　)作为一个企业所得税的纳税年度计算清算所得。
   A. 当年1月1日至清算开始日期   B. 当年1月1日至清算结束日期
   C. 当年1月1日至12月31日   D. 清算期间

三、多项选择题

1. 下列各种情形中,应对纳税人采取核定征收企业所得税的有(　　)。
   A. 能正确核算成本费用支出,收入总额不能准确核算的
   B. 收入和费用均不能正确核算的
   C. 没有按规定保存有关账簿、凭证资料的
   D. 不按税法规定的期限办理纳税申报的
2. 关于企业所得税的纳税地点,下列表述正确的是(　　)。
   A. 非居民企业在中国未设立机构、场所的,以扣缴义务人所在地为纳税地点
   B. 非居民企业在中国境内设立两个机构、场所的,应分别申报缴纳企业所得税
   C. 居民企业登记注册地在境外的,以实际管理机构所在地为纳税地点
   D. 居民企业一般以企业登记注册地为纳税地点
3. 关于所得税纳税申报正确的说法有(　　)。
   A. 企业应当自月份或者季度终了之日起15日内,向税务机关报送预缴企业所得税纳税申报表,预缴税款
   B. 企业应当自年度终了之日起4个月内,向税务机关报送年度企业所得税纳税申报表,并汇算清缴,结清应缴应退税款
   C. 年度中间终止经营活动的,应当自实际经营终止之日起30日内,向税务机关办理当期企业所得税汇算清缴
   D. 在办理注销登记前,就其清算所得向税务机关申报并依法缴纳企业所得税
4. 分月预缴或分季预缴,由税务机关根据纳税人应纳税额的大小具体核定,预缴所得税时,应当按纳税期限的实际数预缴,如按实际数预缴有困难的,可以按(　　)预缴。
   A. 上一年度应纳税所得额的1/12   B. 上一年度应纳税所得额的1/4
   C. 自行确定的方法   D. 税务机关承认的其他方法
5. 下列关于企业所得税纳税年度表述正确的有(　　)。
   A. 纳税年度自公历1月1日起至12月31日止
   B. 在一个纳税年度中间开业,但实际经营期不足12个月的,应当以其实际经营期为一个纳税年度
   C. 依法清算时,应当以清算期间作为一个纳税年度
   D. 终止经营活动,实际经营期和依法清算在同一年度的,应当将两者合并为一个纳税年度

项目六 个人所得税会计业务操作

任务一 个人所得税纳税人和征税对象的确定

学习指导

一、个人所得税的纳税人

个人所得税是以个人(自然人)取得的各项应税所得为征税对象所征收的一种税。其纳税人为符合税法规定的个人,包括中国公民,个体工商户,外籍个人,香港、澳门、台湾同胞等。个人所得税的纳税人按照住所和居住时间两个标准划分为居民个人和非居民个人,具体如表6-1所示。

表6-1 个人所得税的纳税人

纳税人	判定标准	征收范围
居民个人	① 在中国境内有住所的个人; ② 在中国境内无住所,而在中国境内居住满183天的个人	来源于中国境内和境外的全部所得纳税
非居民个人	① 在中国境内无住所且不居住的个人; ② 在中国境内无住所且居住不满183天的个人	仅就其来源于中国境内的所得,在我国纳税

注:① "住所",是指因户籍、家庭、经济利益关系而在中国境内的经常居住地;
② "居住累计满183天",是指一个纳税年度(即公历1月1日起至12月31日止,下同)内,在中国境内居住累计满183天

对在中国境内无住所人员,工资薪金所得的征税有其具体规定,如表6-2所示。

表 6-2　中国境内无住所人员的工资薪金所得的征税规定

居住时间	纳税人性质	境内所得 境内支付	境内所得 境外支付	境外所得 境内支付	境外所得 境外支付
90 天以内	非居民	✓	免税	×	×
90 天至 183 天	非居民	✓	✓	×	×
居住满 183 天的年度连续不满 6 年的(在中国境内居住累计满 183 天的任一年度中有一次离境超过 30 天的,其在中国境内居住累计满 183 天的年度的连续年限重新起算)	居民	✓	✓	✓	免税
居住满 183 天的年度连续满 6 年且在 6 年内未发生单次离境超过 30 天情形的,从第 7 年开始	居民	✓	✓	✓	✓

(注:✓代表属于征税范围,要征税;×代表不属于征税范围,不征税)

我国个人所得税实行代扣代缴和个人申报纳税相结合的征收管理制度,凡支付应纳税所得的单位和个人,都是个人所得税的扣缴义务人。扣缴义务人在向纳税人支付各项应纳税所得(经营所得除外)时,必须履行代(预)扣代(预)缴税款的义务。

二、个人所得税征税对象

(一)征税对象的形式和范围

(1)个人所得的形式:包括现金、实物、有价证券和其他形式的经济利益。

(2)居民纳税人应就来源于中国境内和境外的全部所得征税;非居民纳税人则只就来源于中国境内所得部分征税,境外所得部分不属于我国的征税范围。

(二)所得来源地的确定

(1)工资、薪金所得,以纳税人任职、受雇的公司、企业、事业单位、机关、团体、部队、学校等单位的所在地作为所得来源地。

(2)经营所得,以生产、经营活动实现地作为所得来源地。

(3)劳务报酬所得,以纳税人实际提供劳务的地点,作为所得来源地。

(4)不动产转让所得,以不动产坐落地为所得来源地;动产转让所得,以实现转让的地点为所得来源地。

(5)财产租赁所得,以被租赁财产的使用地作为所得来源地。

(6)利息、股息、红利所得,以支付利息、股息、红利的企业、机构、组织的所在地作为所得来源地。

(7)特许权使用费所得,以特许权的使用地作为所得来源地。

(三)个人所得税的税目

税目即征税对象的具体化,对纳税人的不同所得要区分不同应税项目,以便正确计算应纳税额,我国现行的个人所得税税目共有 9 项,具体如表 6-3 所示。

表 6-3　个人所得税税目

应税所得项目		注　意　事　项
综合所得	工资、薪金所得	注意结合免税工薪; 下列项目不予征收个人所得税:独生子女补贴;执行公务员工资制度未纳入基本工资总额的补贴、津贴差额和家属成员的副食品补贴;托儿补助费;差旅费津贴、误餐补助
	劳务报酬所得	指个人独立从事非雇佣的各种劳务所得,共 27 项; 如:设计、讲学、翻译、审稿、演出等
	稿酬所得	个人作品以图书、报刊形式出版、发表而取得的所得
	特许权使用费所得	个人提供专利权等特许权的使用权取得的所得
经营所得		个体工商户、个人独资企业、合伙企业从事生产、经营活动取得的所得;个人承包、承租、转包、转租以及从事其他生产、经营活动取得的所得
利息、股息、红利所得		国债和国家发行的金融债券利息免税;个人储蓄存款利息暂免个人所得税
财产租赁所得		个人取得的财产转租收入,属于"财产租赁所得"的征税范围
财产转让所得		目前股票转让所得暂不征收个人所得税
偶然所得		得奖、中奖、中彩等所得

注意:居民个人取得前面第一项至第四项所得(简称综合所得),按纳税年度合并计算个人所得税;非居民个人取得综合所得,按月或者按次分项计算个人所得税。纳税人取得前面第五项至第九项所得,分项计算个人所得税。

三、个人所得税税率

个人所得税依照所得项目的不同,分别确定了超额累进税率和比例税率,具体如表 6-4 所示。

表 6-4　个人所得税税率

税　率	适 用 的 税 目
七级超额累进税率	综合所得
五级超额累进税率	经营所得
比例税率20%(4 个税目)	①利息、股息、红利所得;②财产租赁所得;③财产转让所得;④偶然所得

四、个人所得税的税收优惠

个人所得税的税收优惠分为免税项目、减税项目和暂免征税项目,具体如表 6-5 所示。

表6-5 个人所得税的税收优惠

优惠措施	具 体 内 容
免征项目	① 省级人民政府、国务院部委和中国人民解放军军以上单位,以及外国组织、国际组织颁发的科学、教育、技术、文化、卫生、体育、环境保护等方面的奖金; ② 国债和国家发行的金融债券利息; ③ 按照国务院规定发给的政府特殊津贴、院士津贴、资深院士津贴和国务院规定免纳个人所得税的补贴、津贴; ④ 福利费、抚恤金、救济金; ⑤ 保险赔款; ⑥ 军人的转业费、复员费、退役金; ⑦ 按照国家统一规定发给干部、职工的安家费、退职费、基本养老金或者退休费、离休费、离休生活补助费; ⑧ 依照我国有关法律规定应予免税的各国驻华使馆、领事馆的外交代表、领事官员和其他人员的所得; ⑨ 中国政府参加的国际公约、签订的协议中规定免税的所得; ⑩ 国务院规定的其他免税所得,由国务院报全国人民代表大会常务委员会备案
减税项目	有下列情形之一的,经批准可以减征个人所得税: ① 残疾、孤老人员和烈属的所得; ② 因自然灾害遭受重大损失的
暂时免征项目	① 外籍个人以非现金形式或实报实销形式取得的住房补贴、伙食补贴、搬迁费、洗衣费; ② 外籍个人按合理标准取得的境内、境外出差补贴; ③ 外籍个人取得的语言训练费、子女教育费等,经当地税务机关审核批准为合理的部分; ④ 外籍个人从外商投资企业取得的股息、红利所得; ⑤ 个人举报、协查各种违法、犯罪行为而获得的奖金; ⑥ 个人办理代扣代缴税款手续,按规定取得的扣缴手续费; ⑦ 个人转让自用达5年以上,并且是唯一的家庭生活用房取得的所得; ⑧ 对个人购买福利彩票、体育彩票,一次中奖收入在1万元以下的(含1万元)暂免征收个人所得税,超过1万元的全额征收个人所得税; ⑨ 达到离、退休年龄,但因工作需要,适当延长离、退休年龄的高级专家(指享受国家发放的政府特殊津贴的专家、学者),其在延长离、退休期间的工资、薪金所得,视同离、退休工资免征个人所得税; ⑩ 对个人转让上市公司股票的所得,暂免征收个人所得税; ⑪ 企业和个人按规定比例提取并缴付的住房公积金、医疗保险金、基本养老保险金和失业保险基金(简称"三险一金"),免征个人所得税;个人领取"三险一金"免征个人所得税;按规定比例缴付的"三险一金"存入银行个人账户所取得的利息收入,免征个人所得税; ⑫ 对乡镇以上政府或县以上政府主管部门批准成立的见义勇为基金会或者类似组织,奖励见义勇为者的奖金或奖品,经主管税务机关批准,免征个人所得税; ⑬ 从2015年9月8日起对个人投资应从上市公司取得的股息红利所得,按持股期限长短,其红利所得分别减按0%~100%计入应纳税所得额; ⑭ 自2008年10月9日起,对储蓄存款利息所得暂免征收个人所得税

习 题

一、判断题

1. 个人所得税中,"境内居住满183天"是指在中国境内居住满183天。在计算居住天数时,按照在中国境内停留的时间计算。( )

2. 墨西哥某公民于2021年8月1日至2022年5月30日在中国境内工作,该墨西哥公

民不是我国个人所得税的居民个人。（ ）

3. 荷兰某公民曾于 2021 年 1 月 2 日至 2022 年 10 月 31 日来中国境内工作。2021 年 2 月 10 日至 28 日，2021 年 6 月 6 日至 22 日，2021 年 11 月 5 日至 30 日离开中国回荷兰休假，该荷兰公民在 2021 年度、2022 年度均不是我国个人所得税的居民个人。（ ）

4. 个人从单位取得的年终加薪、劳动分红，应视同股息、红利征税。（ ）

5. 居民个人，从中国境内和境外取得的所得，依法缴纳个人所得税；非居民个人，从中国境内取得的所得，依法缴纳个人所得税。（ ）

6. 对非居民个人来源于中国境内但支付地点在国外的所得，免征个人所得税。（ ）

7. 在中国境内无住所而在一个纳税年度中在中国境内连续或累计居住不超过 90 天的个人，收到由中国境外雇主支付并且不是由该雇主的中国境内机构负担的工资薪金，免于申报缴纳个人所得税。（ ）

8. 按税法规定，一般性的奖金应按 20% 的税率缴纳个人所得税。（ ）

9. 工资、薪金所得适用超额累进税率，特许权使用费所得与财产转让所得适用比例税率。（ ）

10. 劳务报酬收入适用 20% 的比例税率，其应纳税所得额超过 5 万元的部分，加征十成。（ ）

二、单项选择题

1. 某人 2020 年 2 月 10 日来中国境内工作，2021 年 3 月 17 日至 4 月 14 日，2021 年 9 月 26 日至 10 月 9 日，离开中国回国休假，其他时间均在中国境内，2022 年 5 月离华回国。则该纳税人（ ）。
   A. 2020 年度为居民个人，2021 年度为非居民个人
   B. 2021 年度为居民个人，2020 年度为非居民个人
   C. 2020、2021 年度均为非居民个人
   D. 2020、2021 年度均为居民个人

2. 我国现行个人所得税采用综合与分类相结合的所得税制，在税法中列举的应税项目有（ ）项。
   A. 9　　　　　　B. 10　　　　　　C. 11　　　　　　D. 12

3. 个人不在公司任职，仅在公司担任董事职务而取得的董事费收入，属于（ ）。
   A. 劳务报酬所得　　　　　　　B. 特许权使用费所得
   C. 工资薪金所得　　　　　　　D. 其他所得

4. 下列项目中，可以免征个人所得税的是（ ）。
   A. 民间借贷利息
   B. 个人举报、协查各种违法、犯罪行为而获得的奖金
   C. 在超市购物中获得的中奖收入
   D. 本单位自行规定发给的补贴、津贴

5. 经营所得适用（ ）的超额累进税率。
   A. 5%～55%　　　B. 3%～45%　　　C. 5%～35%　　　D. 20%～40%

6. 纳税人所得中，实行按次征税的是（ ）。
   A. 工资薪金所得　　　　　　　B. 个体工商户的生产经营所得
   C. 财产转让所得　　　　　　　D. 承包承租经营所得

7. 下列个人所得项目不应免征个人所得税的是（　　）。
   A. 某体育明星在奥运会上获得一块金牌，回国后国家体育总局奖励 20 万元人民币
   B. 某科学家获得国务院特殊津贴每月 200 元人民币
   C. 某高校教师取得一项发明专利，学校奖励 5 万元人民币
   D. 李某新买的宝马车在某风景区停靠时，被山上落下的石头砸坏，保险公司赔付李某的 6 万元保险金

8. 根据个人所得税法律制度的规定，下列个人所得中，应缴纳个人所得税的是（　　）。
   A. 财产租赁所得　　B. 退休工资　　C. 抚恤金、救济金　　D. 国债利息

9. 根据个人所得税法律制度的规定，下列各项中，属于工资薪金所得项目的是（　　）。
   A. 年终加薪　　B. 托儿补助费　　C. 独生子女补贴　　D. 差旅费津贴

10. 下列所得中应作为综合所得的是（　　）。
    A. 财产租赁所得
    B. 利息、股息、红利所得
    C. 劳务报酬所得
    D. 偶然所得

三、多项选择题

1. 下列有关居民个人的表述中，错误的有（　　）。
   A. 在我国境内拥有住所的个人
   B. 无住所但在我国境内居住满 183 天的个人
   C. 在我国境内无住所又不居住的个人
   D. 在我国境内无住所且居住不满 183 天的个人

2. 将个人所得税的纳税义务人区分为居民个人和非居民个人，依据的标准有（　　）。
   A. 境内有无住所
   B. 境内时间
   C. 取得收入的工作地
   D. 境内居住时间

3. 下列个人所得中，适用 20% 比例税率的有（　　）。
   A. 工资、薪金所得
   B. 劳务报酬所得
   C. 偶然所得
   D. 财产转让所得

4. 依税法规定，非居民个人取得的下列所得，应依法缴纳个人所得税的有（　　）。
   A. 受雇于中国境内的公司而取得工资、薪金所得
   B. 在中国境内从事生产、经营活动而取得的生产经营所得
   C. 购买外国债券、股票而取得的所得
   D. 转让中国境内的房屋而取得的财产转让所得

5. 根据个人所得税法及其实施条例的规定，可以免征个人所得税的奖金有（　　）。
   A. 购物抽奖所获奖金
   B. 省级政府颁发的科技奖金
   C. 省级电台有奖竞猜所获奖金
   D. 举报偷税行为所获奖金

6. 在我国境内无住所但在我国境内居住累计满 183 天的年度连续不满 6 年的个人，应就下列（　　）所得向我国缴纳个人所得税。
   A. 在我国境内工作期间取得的由中国境内企业或个人雇主支付的工资、薪金
   B. 在我国境内工作期间取得的由中国境外企业或个人雇主支付的工资、薪金
   C. 来源于中国境内的劳务报酬
   D. 临时离境工作期间取得的由中国境外企业或个人雇主支付的工资、薪金

7. 下列(　　　)项目适用个人所得税 3%～45%(七级超额累进税率)及 5%～35%(五级超额累进税率)的税率。

  A. 综合所得   B. 财产转让所得
  C. 经营所得   D. 财产租赁所得

8. 下列各项中,应按"综合所得"项目征税的有(　　　)。

  A. 经营所得   B. 年终加薪
  C. 稿酬所得   D. 劳务报酬所得

9. 下列各项中,属于综合所得项目工资、薪金征收个人所得税的有(　　　)。

  A. 劳动分红   B. 独生子女补贴
  C. 差旅费津贴   D. 单位发放的无食堂补助

10. 下列各项所得可以免征个人所得税的有(　　　)。

  A. 保险赔款
  B. 国债和国家发行的金融债券利息
  C. 退休人员利用一技之长再就业取得的工资薪金所得
  D. 军人的转业费、复员费和退役金

四、思考题

1. 个人所得税的纳税人是谁?如何区分居民个人和非居民个人?符合什么条件才可以成为中国个人所得税的居民个人?

2. 个人所得税的征收范围主要包括哪些项目?

任务二　个人所得税税款计算

学 习 指 导

一、个人所得税计税依据的确定

(一) 各税目扣除办法与标准

个人所得税的计税依据为个人取得的各项应税收入减去规定扣除项目或金额后的余额,即为应纳税所得额,各税目收入扣除办法与扣除标准如表 6-6 所示,综合所得中专项扣除、专项附加扣除及依法确定的其他扣除如表 6-7 所示。

表 6-6　各税目收入扣除办法与扣除标准

应税项目		扣除办法	扣除标准
综合所得	工资、薪金所得	定额扣除	每月扣除 5 000 元或每年扣 60 000 元
	劳务报酬所得、特许权使用费所得	定率扣除办法	按每次收入的 20% 扣除
	稿酬所得	定率扣除办法	按每次收入的 20% 扣除后再减按 70% 计算

续表

应税项目	扣除办法	扣除标准
财产租赁所得	定额与定率相结合扣除办法	每次收入≤4 000元,定额扣800元;每次收入>4 000元,定率扣20%
财产转让所得	会计核算办法扣除	转让财产的收入额减除财产原值和合理费用
经营所得	会计核算办法扣除	以每一纳税年度的收入总额减除成本、费用以及损失
利息、股息、红利所得、偶然所得	无费用扣除	以每次收入为应纳税所得额

表6-7 综合所得中专项扣除、专项附加扣除及依法确定的其他扣除

扣除项目		扣除办法
专项扣除		按国家规定的范围和标准缴纳的基本养老保险、基本医疗保险、失业保险等社会保险费和住房公积金等,即"三险一金"
专项附加扣除	子女教育	对象:子女年满3岁学前教育和学历教育的相关支出; 标准:每个子女每月2 000元的定额扣除; 办法:父母各按50%扣除,也可以由一方100%扣除
	继续教育	对象:本人在中国境内接受学历(学位)继续教育和专业技能职业资格培训支出; 标准:学历(学位)教育,每月400元,同一学历(学位)继续教育的扣除期限最长不超过48个月;职业资格教育每年3 600元定额扣除; 办法:本人接受本科及以下学历(学位)继续教育的,可以由其父母按照子女教育支出扣除,也可本人按继续教育扣除
	大病医疗	对象:一个年度内本人负担医疗超过15 000元的医药费支出; 标准:每年80 000元标准限额据实扣除; 办法:本人年度汇算清缴时扣除,可以选择由本人或者其配偶扣除,未成年子女发生的医药费用支出可以选择由其父母一方扣除
	住房贷款利息	对象:本人或配偶购买首套住房的贷款利息支出; 标准:每月1 000元标准定额扣除,扣除期限最长不超过240个月; 办法:夫妻双方约定由其中一方扣除;夫妻婚前分别购买的首套住房,可选择一套每月按1 000元扣除,也可双方分别按每月500元扣除
	住房租金	对象:本人或配偶在主要工作城市没有住房而发生的租房支出; 标准:直辖市、省会城市、计划单列市每月1 500元;市辖区户籍超过100万的城市每月1 100元;其他城市每月800元标准定额扣除; 办法:夫妻在同一城市的,只能由一方扣除;不在同一城市分别租房的,可以分别扣除
	赡养老人	对象:赡养60岁及以上父母及其他法定赡养人的支出; 标准:每月3 000元标准定额扣除; 办法:独生子女的,全额扣除;非独生子女的,兄弟姐妹约定分摊,一方每月最高不超过1 500元
	婴幼儿照护	对象:照护3岁以下婴幼儿子女的相关支出; 标准:每名婴幼儿每月2 000元标准定额扣除; 办法:父母各按50%扣除,也可以一方100%扣除;监护人不是父母的,监护人可按上述规定扣除
依法确定的其他扣除		个人缴付符合国家规定的企业年金、职业年金,个人购买符合国家规定的商业健康保险、税收递延型商业养老保险的支出,以及国务院规定可以扣除的其他项目

(二)个人公益性捐赠支出的扣除

1. 基本规定——限额扣除法

对个人将其所得通过中国境内非营利的社会团体、国家机关向教育、公益事业和遭受严重自然灾害地区、贫困地区的公益、救济性捐赠,捐赠额未超过应纳税所得额30%的部分,准予从其应纳税所得额中扣除。但是,纳税义务人未通过中国境内的社会团体、国家机关而直接向受益人的捐赠,不得扣除。

2. 列举项目——全部扣除法

个人通过非营利的社会团体和国家机关进行的下列公益救济性捐赠支出,在计算缴纳个人所得税时,准予在税前的所得额中全额扣除:

(1) 向红十字事业的捐赠。
(2) 向农村义务教育的捐赠。
(3) 向公益性青少年活动场所(其中包括新建)的捐赠。

二、个人所得税应纳税额的计算

应纳税额的一般计算如表6-8所示。

表6-8 各税目应纳税额的一般计算

应税项目		税 率	应纳税额计算
综合所得	平时预扣预缴	七级超额累进税率	① 本期应预扣预缴税额=(累计预扣预缴应纳税所得额×预扣率-速算扣除数)-累计减免税额-累计已预扣预缴税额 ② 累计预扣预缴应纳税所得额=累计收入-累计免税收入-累计减除费用-累计专项扣除-累计专项附加扣除-累计依法确定的其他扣除
		比例税率	① 劳务报酬所得应预扣预缴税额=预扣预缴应纳税所得额×预扣率-速算扣除数 ② 稿酬所得、特许权使用费所得应预扣预缴税额=预扣预缴应纳税所得额×20% ③ 劳务报酬所得、稿酬所得、特许权使用费所得每次收入不超过4 000元的,减除费用按800元计算;每次收入4 000元以上的,减除费用按20%计算,稿酬所得的收入额减按70%计算 ④ 劳务报酬所得适用20%至40%的超额累进预扣率;稿酬所得、特许权使用费所得适用20%的比例预扣率
	年度汇算清缴	七级超额累进税率	① 全年应纳税所得额=全年收入额-费用扣除标准(60 000元)-专项扣除-专项附加扣除-依法确定的其他扣除 ② 全年应纳税额=$\sum$(各级距应纳税所得额×该级距的适用税率) 或全年应纳税额=应纳税所得额×适用税率-速算扣除数 ③ 汇算清缴补缴(应退)税额=全年应纳税额-累计已纳税额
财产租赁所得		20%比例税率(居民住房租赁按10%)	① 每次(月)收入≤4 000元的: 税额=[每次(月)收入-准予扣除项目-修缮费用(800元为限)-800]×20%(或10%) ② 每次(月)收入>4 000元的: 税额=[每次(月)收入-准予扣除项目-修缮费用(800元为限)]×(1-20%)×20%(或10%) 注意:"营改增"试点后,个人出租房屋的个人所得税应税收入不含增值税,计算房屋出租所得可扣除的税费不包括本次出租缴纳的增值税

续　表

应税项目	税　率	应纳税额计算
财产转让所得	20%的比例税率	税额＝(每次收入额－财产原值－合理税费)×20% 注意:"营改增"试点后,个人转让房屋的个人所得税应税收入不含增值税,其取得房屋时所支付价款中包含的增值税计入财产原值,计算转让所得时可扣除的税费不包括本次转让缴纳的增值税
利息、股息、红利所得;偶然所得;其他所得	20%的比例税率	税额＝收入×20% 注意:①2008年10月9日起,储蓄存款利息暂免征个人所得税;②个人取得上市公司的股息所得,按持股期限长短,其红利所得分别减按0%～100%计入应纳税所得额
经营所得	五级超额累进税率	税额＝(全年收入总额－成本费用及损失)×适用税率－速算扣除数

习　题

一、判断题

1. 纳税义务人从中国境外取得的所得,已在境外缴纳个人所得税的,只要有正式凭据,无论多少,均可在其应纳税额中扣除。（　　）

2. 同一作品在报刊上连续取得收入的,以连载一个月内取得的收入为一次,预缴个人所得税。（　　）

3. 个人将其所得通过中国境内的社会团体、国家机关向教育和其他社会公益事业以及遭受严重自然灾害地区、贫困地区捐赠,捐赠额未超过纳税义务人申报的应纳税所得额30%的部分,可以从其应纳税所得额中扣除。（　　）

4. 纳税人在中国境外一个国家或地区实际已经缴纳的个人所得税额,高于按规定计算出的该国家或地区扣除限额的,其超过部分,不得在本年度或以后年度扣除。（　　）

5. 对企事业单位承包经营、承租经营所得,以每一个纳税年度的收入总额,减除必要费用后的余额为应纳税所得额。减除必要的费用是指按月减除800元。（　　）

6. 张教授业务时间为一出版社翻译稿件,得到6 000元的报酬。张教授取得报酬时应按劳务报酬所得预缴960元个人所得税。（　　）

7. 稿酬所得每次在按收入20%的扣除基础上,再减按70%计算,故实际按收入的56%计征。（　　）

8. 专项附加扣除,包括子女教育、继续教育、大病医疗、住房贷款利息或者住房租金、赡养老人、婴幼儿照护等支出。（　　）

9. 专项扣除,包括居民个人按照国家规定的范围和标准缴纳的基本养老保险、基本医疗保险、失业保险等社会保险费和住房公积金等,即"三险一金"。（　　）

10. 某个人独资企业采用核定征收办法计算个人所得税。2022年自报经营亏损,因而不用缴纳个人所得税。（　　）

二、单项选择题

1. 个人将其所得向教育事业和其他公益事业捐赠,可以从应纳税所得额中扣除的比例最高为(　　)。
   A. 10%　　　　　B. 15%　　　　　C. 20%　　　　　D. 30%

2. 子女教育专项附加扣除是指纳税人的子女接受学前教育和学历教育的相关支出,按照每个子女每月(　　)元的标准定额扣除。
   A. 2 000　　　　B. 300　　　　　C. 400　　　　　D. 1 200

3. 继续教育专项附加扣除中,纳税人接受技能人员职业资格继续教育、专业技术人员职业资格继续教育支出,在取得相关证书的年度,按照每年(　　)元的标准定额扣除。
   A. 14 400　　　B. 3 600　　　　C. 4 800　　　　D. 9 600

4. 某商场本月举办为期3天的有奖(现金兑付)销售活动,向消费者个人支付中奖所得总计10 000元,应代扣个人所得税(　　)元。
   A. 1 000　　　　B. 1 500　　　　C. 2 000　　　　D. 3 500

5. 某公司从个人手中购买一项非专利技术的使用权,合同约定应支付使用费50 000元(含税),应预扣预缴个人所得税税额(　　)元。
   A. 8 000　　　　B. 9 000　　　　C. 10 000　　　　D. 12 000

6. 某画家于2022年3月将其精选的书画作品交由某出版社出版,从出版社取得报酬10万元。该笔报酬在缴纳个人所得税时适用的所得项目是综合所得中的(　　)。
   A. 劳务报酬所得　　　　　　B. 稿酬所得
   C. 特许权使用费所得　　　　D. 工资薪金所得

7. 王某取得稿酬20 000元,讲课费4 000元。根据税法规定,王某取得收入时应预缴个人所得税(　　)元。
   A. 2 688　　　　B. 2 880　　　　C. 3 840　　　　D. 4 800

8. 2022年6月歌星刘某某应邀参加W公司庆典活动的演出,按照协议,刘某某演出四场,每场出场费为15 000元。刘某某此番演出,W公司应预扣预缴的个人所得税为(　　)元。
   A. 450　　　　　B. 1 240　　　　C. 12 400　　　　D. 14 200

9. 下列个人所得在计算应税所得额时,应按全额计算个人所得税的是(　　)。
   A. 个体工商户生产经营所得　　B. 财产转让所得
   C. 偶然所得　　　　　　　　　D. 个人承包经营、承租经营所得

10. 下列个人所得税计算应纳税所得额时,采取定额与定率相结合扣除费用的是(　　)。
    A. 个体工商户的生产经营所得　B. 工资薪金所得
    C. 财产租赁所得　　　　　　　D. 偶然所得

三、多项选择题

1. 下列个人所得,在计算个人所得税时,不得减除费用的有(　　)。
   A. 利息、股息、红利所得　　B. 稿酬所得
   C. 劳务报酬所得　　　　　　D. 偶然所得

2. 下列叙述错误的有(　　)。
   A. 个人独资企业、合伙企业投资者的经营所得比照"个体工商户的生产、经营所得"项目征收个人所得税

B. 境外所得的税额扣除,也叫国际税收抵免,仅指按限额抵免,不包括按实缴税额抵免

C. 劳务报酬所得、特许权使用费所得年度汇算清缴时以收入减除20%的费用后的余额为收入额

D. 个人将其所得对教育、扶贫、济困等公益慈善事业进行捐赠,捐赠额未超过纳税人申报的应纳税所得额40%的部分,可以从其应纳税所得额中扣除

3. 继续教育专项附加扣除中,下列说法正确的有（　　　）。

A. 纳税人接受学历(学位)教育期间按照每月400元定额扣除

B. 纳税人接受职业资格继续教育,在取得相关证书的年度按照每年3 600元定额扣除

C. 纳税人接受学历教育期间按照每月1 000元定额扣除

D. 纳税人接受职业资格继续教育,在取得相关证书的年度按照每年3 600元(每月300元)定额扣除

4. 下列所得属于稿酬所得的有（　　　）。

A. 个人图书被出版取得的收入　　B. 翻译资料取得的收入
C. 个人作品在杂志上连载取得的收入　　D. 剧本被使用取得的收入

5. 住房租金专项附加扣除是指纳税人本人及配偶在纳税人的主要工作城市没有住房,而在主要工作城市租赁住房发生的租金支出,（　　　）扣除住房租金。

A. 承租的住房位于直辖市、省会城市、计划单列市以及国务院确定的其他城市的,按照扣除标准每月1 500元

B. 承租的住房位于其他城市,市辖区户籍人口超过100万的,按照扣除标准每月1 100元

C. 承租的住房位于其他城市,市辖区户籍人口不超过100万(含)的,按照扣除标准每月800元

D. 承租的住房位于地(市)级城市的,按照扣除标准为每月900元

四、思考题

1. 对于"综合所得"这个项目,如何确定其具体范围?
2. 某人既有工资收入,又有个体工商户生产经营所得、稿酬所得、财产租赁所得和偶然所得,他应该如何计算应纳个人所得税税额?

五、业务题

1. 中国公民王某为一外商投资企业的高级职员,假定2023年度其收入情况如下:

(1) 雇佣单位每月支付工资、薪金16 900元;

(2) 取得股票转让收益100 000元;

(3) 从A国取得投资红利收入折合人民币18 000元,并提供了来源国纳税凭证,纳税折合人民币1 800元;

(4) 购物中奖获得奖金20 000元;

(5) 受托为某单位做工程设计,历时3个月,共取得工程设计费40 000元。

要求:计算王某平时个人所得税的预缴额并办理年度综合所得的汇算清缴工作。

2. 中国公民张某1—12月从中国境内取得工资、薪金收入182 800元,12月份一次性取得年终奖金22 000元;在报刊上发表文章取得稿酬收入5 000元;当年还从A国取得股息收入折合人民币10 000元。该纳税人已按A国税法规定缴纳了个人所得税1 650元。

要求：计算该纳税人年度应纳个人所得税税额。

3. 某大学周教授 2023 年 2 月份收入情况如下：
（1）每月工资收入 9 680 元；
（2）担任兼职律师取得收入 80 000 元，将其中 5 000 元通过国家机关向农村义务教育捐赠；
（3）取得稿酬 13 800 元；
（4）出售自有自用 6 年的家庭唯一住房，扣除当初购买公房的价格和售房时按规定支付的有关税费后，取得净收入 120 000 元。

假定周教授有一个小孩在读高中，父母均已 60 岁以上，且自己为独生儿子。

要求：请计算周教授 2 月份应预缴的个人所得税税额。

4. 实行查账征收的某餐厅为合伙企业，某年度经营所得 10 万元，该企业投资者为两人，根据合伙协议约定，各自投资分配比例分别为：甲 60%，乙 40%。两人本年度已预缴个人所得税分别为：甲 5 000 元，乙 3 000 元。

要求：计算该年度甲、乙两人各自应缴纳的个人所得税税额。

5. 居民纳税人杨学东 2023 年 1 月至 12 月取得工资薪金收入 120 000 元，个人文字作品手稿原件公开拍卖（竞价）收入 8 000 元；同时，又在 A 国取得投资红利收入 10 000 元。该纳税人已按 A 国税法规定，缴纳了个人所得税 2 500 元。

要求：计算杨学东在中国应补缴的个人所得税税款。

6. 徐女士 2023 年 1 月 1 日起将其位于市区的一套公寓住房按市价出租，每月收取租金 4 200 元。1 月因卫生间漏水发生修缮费用 1 500 元，已取得合法有效的支出凭证。

要求：
（1）说明 1 500 元的修缮费用的扣除方式。
（2）此事发生后，计算徐女士 2023 年 1、2 月份应缴纳的个人所得税。

任务三　个人所得税会计核算

学习指导

实行查账征收的个体工商户，应设置"所得税费用"和"应交税费——应交个人所得税"等科目。在计算应纳个人所得税时，借记"所得税费用"科目，贷记"应交税费——应交个人所得税"科目；实际缴纳税款时，借记"应交税费——应交个人所得税"科目，贷记"银行存款"科目。

一般企业涉及的代扣代缴个人所得税业务，应设置"应交税费——代扣个人所得税"科目，核算其代扣代缴情况。企业对支付给职工的工资、薪金代扣个人所得税时，借记"应付职工薪酬"和"应付账款"等科目，贷记"应交税费——代扣个人所得税"科目；企业代扣除工资薪金所得以外的个人所得税时，根据个人所得项目不同，代扣个人所得税时，应分别借记"应付债券""应付股利""应付账款""其他应付款"等科目，贷记"应交税费——代扣个人所得税"科目；实际缴纳个人所得税税款时，借记"应交税费——代扣个人所得税"科目，贷记"银行存款"科目。

习 题

一、判断题

1. 企业向个人购买属于固定资产的财产时，所应代扣代缴的个人所得税应计入固定资产原值。（　　）
2. 个体工商户应通过"所得税费用"和"应交税费——应交个人所得税"科目核算其生产、经营所得应缴纳的个人所得税。（　　）
3. 企业支付劳务报酬、稿酬等各项所得，由支付单位在向纳税人支付时预扣预缴个人所得税，并计入该企业的有关费用账户。（　　）
4. 扣缴义务人应在"应交税费"科目下设置"代扣个人所得税"明细科目，核算代（预）扣代（预）缴情况。（　　）
5. 企业作为个人所得税的扣缴义务人，按规定扣（预）缴职工工资薪金所得个人所得税时，借记"应交税费——代（预）扣代（预）缴个人所得税"科目，贷记"应付职工薪酬"科目。（　　）

二、单项选择题

1. 企业作为个人所得税的扣缴义务人，在代（预）扣代（预）缴个人所得税时，必须设置（　　）科目进行会计核算。
   A. "应交税费——应交个人所得税"
   B. "应交税费——代（预）扣代（预）缴个人所得税"
   C. "其他业务收入"
   D. "所得税费用"

2. 实行查账征收的个体工商户，在核算应纳个人所得税时，除了"应交税费——应交个人所得税"科目外，还需要设置（　　）科目。
   A. "其他业务成本"
   B. "应交税费——代（预）扣代（预）缴个人所得税"
   C. "其他业务收入"
   D. "所得税费用"

三、多项选择题

1. 王先生为某企业行政人员，2022年1月取得工资5 700元（已扣除"三险一金"等专项扣除和专项附加扣除），则下列处理正确的有（　　）。
   A. 企业负有预扣工资、薪金个人所得税的义务
   B. 企业应预扣王先生工资、薪金个人所得税21元
   C. 企业计提工资薪金时编制会计分录：
   　　借：管理费用　　　　　　　　　　　　　　　　　　5 700
   　　　　贷：应付职工薪酬　　　　　　　　　　　　　　　　　5 700
   D. 发放工资并预扣个人所得税时编制会计分录：

```
借：应付职工薪酬                                    5 700
    贷：银行存款                                       5 679
        应交税费——预扣个人所得税                         21
```

2. 李工程师向一家公司提供一项专利使用权，一次取得收入 50 000 元，则下列处理正确的有（　　）。

A. 公司负有代扣李工程师个人所得税的义务
B. 公司应预扣李工程师个人所得税 8 000 元
C. 公司购买专利时编制会计分录：
```
借：管理费用                                       50 000
    贷：应交税费——代扣代缴个人所得税                  8 000
        库存现金                                     42 000
```
D. 实际上缴代扣的个人所得税时编制会计分录：
```
借：应交税费——代（预）扣代（预）缴个人所得税          8 000
    贷：银行存款                                      8 000
```

四、业务题

1. 某企业员工杨某每月工资 18 000 元（已扣除"三险一金"等专项扣除和专项附加扣除）。
要求：计算杨某每月应预缴的个人所得税，并进行会计处理。

2. 甲公司向张工程师购入一项专利使用权，一次支付款项 80 000 元。
要求：计算代（预）扣代（预）缴张工程师应缴纳的个人所得税，并编制会计分录。

3. 2022 年 3 月 1 日，武忠个人与 A 商场签订劳务合同，为该商场进行室外广告设计，劳务报酬共计 56 000 元。8 月 10 日，A 商场预扣武忠个人所得税后，通过银行转账，一次性付清了其劳务报酬。
要求：
(1) 计算武忠 8 月份劳务报酬所得应预缴的个人所得税税额。
(2) 据以作出 A 商场支付劳务报酬和预扣个人所得税的会计处理。

任务四　个人所得税纳税申报

学习指导

一、个人所得税的扣缴申报

扣缴申报是指按照税法规定负有扣缴税款义务的单位或者个人，在向个人支付应纳税所得时，应计算应纳税额，并从其所得中扣除，同时向税务机关报送扣缴个人所得税报告表。

个人所得税的扣缴义务人为支付个人应纳税所得的企业（公司）、事业单位、机关单位、社团组织、军队、驻华机构、个体户等单位或者个人。

税务机关应根据扣缴义务人所扣缴的税款，付给 2% 的手续费，由扣缴义务人用于代扣代缴费用开支和奖励代扣代缴工作做得较好的办税人员。

扣缴义务人每月所扣的税款,应当在次月15日内缴入国库,并向主管税务机关报送相关报表及税务机关要求报送的其他有关资料。

二、个人所得税的自行申报

自行申报纳税是指由纳税人自行在税法规定的纳税期限内,向税务机关申报取得的应税所得项目和数额,如实填写个人所得税纳税申报表,并按照税法规定计算应纳税额,据此缴纳个人所得税的一种方法。个人所得税自行申报的相关内容如表6-9、表6-10、表6-11所示。

表6-9 个人所得税自行申报和汇算清缴的范围

类 型	具 体 范 围
自行办理纳税申报的范围	① 取得综合所得需要办理汇算清缴; ② 取得应税所得没有扣缴义务人; ③ 取得应税所得,扣缴义务人未扣缴税款; ④ 取得境外所得; ⑤ 因移居境外注销中国户籍; ⑥ 非居民个人在中国境内从两处以上取得工资、薪金所得; ⑦ 国务院规定的其他情形
居民综合所得需要办理汇算清缴的范围	① 在两处或者两处以上取得综合所得,且综合所得年收入额减去专项扣除的余额超过60 000元; ② 取得劳务报酬所得、稿酬所得、特许权使用费所得中一项或者多项所得,且综合所得年收入额减去专项扣除的余额超过60 000元; ③ 纳税年度内预缴税额低于应纳税额的; ④ 纳税人申请退税

表6-10 个人所得税自行申报纳税地点

自行申报情形	申 报 地 点
境内综合所得	① 在中国境内有任职、受雇单位的,向任职、受雇单位所在地税务机关申报; ② 在中国境内有两处或者两处以上任职、受雇单位的,选择并固定向其中一处单位所在地税务机关申报; ③ 在中国境内无任职、受雇单位,年所得项目中无经营所得的,向户籍所在地主管税务机关申报。在中国境内有户籍,但户籍所在地与中国境内经常居住地不一致的,选择并固定向其中一地主管税务机关申报。在中国境内没有户籍的,向中国境内经常居住地主管税务机关申报
经营所得	实际经营所在地税务机关
从中国境外取得所得的或个人独资、合伙企业投资者兴办两个及以上企业的	① 从中国境外取得所得的,向中国境内户籍所在地主管税务机关申报;在中国境内有户籍,但户籍所在地与中国境内经常居住地不一致的,选择并固定向其中一地主管税务机关申报;在中国境内没有户籍的,向中国境内经常居住地主管税务机关申报; ② 个人独资、合伙企业投资者兴办两个或两个以上企业的,区分不同情形确定纳税申报地点:兴办的企业全部是个人独资性质的,分别向各企业的实际经营管理所在地主管税务机关申报;兴办的企业中含有合伙性质的,向经常居住地主管税务机关申报;兴办的企业中含有合伙性质,个人投资者经常居住地与其兴办企业的经营管理所在地不一致的,选择并固定向其参与兴办的某一合伙企业的经营管理所在地主管税务机关申报

表 6-11　个人所得税自行申报期限

纳税人	具 体 内 容
居民综合所得	按年计算个人所得税,有扣缴义务人的,由扣缴义务人按月或者按次预扣预缴税款;需要办理汇算清缴的,取得所得的次年 3 月 1 日至 6 月 30 日内办理汇算清缴
经营所得	分月预缴的,在每月终了后 15 日内办理纳税申报;分季预缴的,在每个季度终了后 15 日内办理纳税申报。纳税年度终了后 3 个月内进行汇算清缴
应税所得没有扣缴义务人的	应当在取得所得的次月 15 日内向税务机关报送纳税申报表,并缴纳税款
扣缴义务人未扣缴税款的	纳税人应当在取得所得的次年 6 月 30 日前,缴纳税款;税务机关通知限期缴纳的,纳税人应当按照期限缴纳税款
境外所得	应当在取得所得的次年 3 月 1 日至 6 月 30 日内申报纳税
其他情形	在取得所得的次月 15 日内向主管税务机关办理纳税申报

习　题

一、判断题

1. 偶然所得应缴纳的个人所得税税款,一律由发放单位或机构代扣代缴。　(　　)
2. 对企事业单位承包经营、承租经营者,在一年内分次取得承包经营、承租经营所得的,应当在取得每次所得后 15 日内预缴,年度终了后 30 日内汇算清缴,多退少补。　(　　)
3. 居民个人取得综合所得,按年计算个人所得税;有扣缴义务人的,由扣缴义务人按月或者按次预扣预缴税款;需要办理汇算清缴的,应当在取得所得的次年 3 月 1 日至 6 月 30 日内办理汇算清缴。　(　　)
4. 在中国境内有两处或者两处以上任职、受雇单位,取得工资薪金所得的,选择并固定向其中一处单位所在地主管税务机关申报。　(　　)
5. 我国个人所得税采取由支付单位源泉扣缴和纳税人自行申报纳税两种方式。(　　)

二、单项选择题

1. 对扣缴义务人按照所扣缴的税款付给手续费的比例是(　　)。
   A. 0.5%　　　　　　B. 1%　　　　　　C. 1.5%　　　　　　D. 2%
2. 个人所得税法规定,自行申报纳税时在中国境内两处或两处以上取得应纳税所得的,其纳税地点的选择是(　　)。
   A. 收入来源地　　　　　　　　　　B. 税务局指定地点
   C. 纳税人户籍所在地　　　　　　　D. 纳税人选择并固定一地申报纳税
3. 综合所得年度汇算清缴的居民纳税人应在(　　)到主管税务机关办理汇算清缴工作。
   A. 取得所得的次年 6 个月内
   B. 取得所得的次年 3 月 1 日至 6 月 30 日内
   C. 取得所得的次年 3 个月内
   D. 取得所得的次年 15 日内

4. 职工的工资、薪金所得预缴个人所得税的时间是( )。
A. 次月 5 日内   B. 次月 7 日内
C. 次月 15 日内   D. 次月 30 日内

5. 李某是个体工商户,其家庭所在地在甲市 A 区,工商注册地在甲市 B 区,实际经营地在甲市 C 区。以下正确的是( )。
A. 李某应在 A 区申报缴纳个人所得税
B. 李某应在 B 区申报缴纳个人所得税
C. 李某应在 C 区申报缴纳个人所得税
D. 李某可以任意选择 A 区、B 区或 C 区申报缴纳个人所得税

三、多项选择题

1. 应当自行办理纳税申报个人所得税的纳税义务人有( )。
A. 取得综合所得需要办理汇算清缴的
B. 取得应纳税所得没有扣缴义务人的
C. 在中国境内从两处以上取得工资、薪金所得的非居民个人
D. 取得应纳税所得,扣缴义务人未按规定扣缴税款的

2. 个人所得税目前的主要征收方式有( )。
A. 代扣代缴方式   B. 邮寄申报方式
C. 定额征收方式   D. 自行申报方式

3. 以下说法正确的有( )。
A. 税务机关征收税款时,必须给纳税人开具完税凭证
B. 税务机关征收税款时,可根据情况决定是否给纳税人开具完税凭证
C. 扣缴义务人代扣、代收税款时,纳税人要求扣缴义务人开具代扣、代收税款凭证的,扣缴义务人应当开具
D. 扣缴义务人代扣、代收税款时,须向纳税人提供其个人所得税和已扣缴税款等信息

4. 从中国境外取得所得的纳税人,其来源于中国境外的应纳税所得,申报纳税时间说法正确的有( )。
A. 在境外以纳税年度计算缴纳个人所得税的,应在居住国的纳税年度终了,结清税款后 30 日内,向中国主管税务机关申报纳税
B. 在境外以纳税年度计算缴纳个人所得税的,应在所得来源国的纳税年度终了,结清税款后 30 日内,向中国主管税务机关申报纳税
C. 在取得境外所得时结清税款的,应在次年 3 月 1 日至 6 月 30 日内向中国主管税务机关申报纳税
D. 在境外按所得来源国税法规定免予缴纳个人所得税的,应在次年 3 月 1 日至 6 月 30 日内向中国主管税务机关申报纳税

5. 居民个人取得综合所得,需要办理汇算清缴的有( )。
A. 在两处或者两处以上取得综合所得,且综合所得年收入额减去专项扣除的余额超过 60 000 元
B. 取得劳务报酬所得、稿酬所得、特许权使用费所得中一项或者多项所得,且综合所得年收入额减去专项扣除的余额超过 60 000 元

C. 纳税年度内预缴税额低于应纳税额的
D. 纳税人申请退税的

四、思考题

1. 哪些纳税人需要自行办理纳税申报个人所得税？什么情况下需要进行汇算清缴？申报个人所得税是否意味着需要缴纳个人所得税？
2. 企业如何进行个人所得税的代（预）扣代（预）缴？
3. 你认为我国 2022 年实施的个人所得税制与以前相比有什么优点？

项目七　其他税种会计业务操作

任务一　城市维护建设税会计业务操作

学习指导

一、城建税的纳税人、征税对象和税率

城市维护建设税(以下称城建税)是以纳税人实际缴纳的"二税"(增值税、消费税)税额为计税依据而征收的一种税,是一种具有附加税性质的税种,按"二税"税额附加征收,其本身没有特定的、独立的课税对象。城建税的纳税人和税率如表7-1所示。

表7-1　城建税的纳税人和税率

要点	具 体 内 容
纳税人	含义:城建税的纳税人是指负有缴纳"二税"义务的单位与个人
	说明:负有缴纳"二税"义务,不是说同时缴纳两种税才涉及缴纳城建税,而是指除特殊环节(进口)外,只要缴纳"二税"中的任何一种税,都会涉及城建税
税率	市区:7%;县城、镇:5%;市区、县城、镇以外:1%
	说明:计征城建税一般选用纳税人所在地区的税率,但下列情况例外:①由受托方代扣代缴"二税"的纳税人,按受托方所在地税率计税;②流动经营等无固定纳税地点的纳税人,在经营地缴纳"二税"的,按经营地税率计税

二、城建税的计税依据和优惠政策

城建税的计税依据和优惠政策如表7-2所示。

表 7-2 城建税的计税依据和优惠政策

要点	具 体 内 容
计税依据	一般规定:实际缴纳的"二税"税额
	特殊规定:①纳税人在被查补"二税"和被处以罚款时,应同时对其城建税进行补税、征收滞纳金和罚款;②纳税人违反"二税"有关规定而加收的滞纳金和罚款,不作为城建税的计税依据
优惠政策	随"二税"减免而减免:城建税按减免后实际缴纳的"二税"税额计征
	随"二税"退库而退库:"二税"减免而需退库的,应同时退还城建税
	进口不征、出口不退:出口货物退还增值税和消费税,但不退还已缴纳的城建税;进口货物缴纳增值税和消费税,但不缴纳城建税
	其他:对"二税"实行先征后返、先征后退、即征即退办法的,对随"二税"附征的城建税和教育费附加,一律不予退还
特殊规定	自2022年1月1日至2024年12月31日,由省、自治区、直辖市人民政府根据本地区实际情况,以及宏观调控需要确定,对小型微利企业可以在50%的税额幅度内减征城市维护建设税、资源税、房产税、城镇土地使用税、印花税(不含证券交易印花税)、耕地占用税和教育费附加、地方教育附加。小型微利企业已依法享受其他优惠政策的,可叠加享受此项优惠政策

三、城建税应纳税额的计算、会计核算和征收管理

城建税应纳税额的计算、会计核算和征收管理如表 7-3 所示。

表 7-3 城建税应纳税额的计算、会计核算和征收管理

要 点	具 体 内 容
应纳税额的计算	纳税人自行缴纳时:应纳税额 = 实际缴纳的"二税"总额 × 适用税率 扣缴义务人扣缴时:应扣缴税额 = 实际扣缴"二税"总额 × 扣缴义务人所在地税率
会计核算	计提城建税时:借:税金及附加 贷:应交税费——应交城建税
征收管理	纳税人缴纳"二税"的环节、地点和纳税期限,同时也是城建税纳税环节、纳税地点和纳税期限。自2021年8月1日起,城市维护建设税和教育费附加与增值税、消费税申报表整合,在增值税、消费税的申报表中申报,不再单独填写《城市维护建设税纳税申报表》

习　　题

一、判断题

1. 由受托方代收代缴消费税的,其应代收代缴的城市维护建设税应按委托方所在地的适用税率计算。（　　）
2. 海关对进口产品代征的增值税、消费税,不征收城市维护建设税。（　　）
3. 纳税人违反增值税、消费税税法而加收的滞纳金和罚款,是税务机关对纳税人违法行为的经济制裁,不作为城市维护建设税的计税依据。（　　）
4. 出口货物退还增值税和消费税时,不退还已缴纳的城市维护建设税。（　　）
5. 教育费附加的纳税义务发生时间和纳税期限与"二税"一致。（　　）

二、单项选择题

1. 城市维护建设税的计税依据是（　　）。
   A. 增值税、消费税的计税依据
   B. 印花税、增值税的计税依据
   C. 纳税人实际缴纳的增值税、消费税税额
   D. 纳税人实际缴纳的增值税、车船税税额

2. 城市维护建设税纳税人所在地在县城、镇的，其适用的城市维护建设税税率为（　　）。
   A. 7%　　　　B. 5%　　　　C. 3%　　　　D. 1%

3. 某纳税人当月应纳增值税 2 万元，减免 1 万元，补交上月漏交的增值税 0.5 万元。本月应缴城市维护建设税为（　　）万元。（城建税税率为 7%）
   A. 0.14　　　B. 0.07　　　C. 0.175　　　D. 0.105

4. 位于某县城的酿酒厂代为某大城市一家企业加工一批白酒，则该酿酒厂所代收代缴城建税的纳税地点应与其缴纳代收代缴（　　）的纳税地点相同。
   A. 增值税　　B. 消费税　　C. 个人所得税　　D. 企业所得税

5. 下列对城市维护建设税的表述不正确的是（　　）。
   A. 城市维护建设税是一种附加税
   B. 税款专门用于城市的公用事业和公用设施的维护建设
   C. 外商投资企业和外国企业征收城市维护建设税
   D. 海关对进口产品代征增值税、消费税、城市维护建设税

三、多项选择题

1. 纳税人的下列支出，不得作为城建税计税依据的是（　　）。
   A. 查补的"二税"税额
   B. 偷漏"二税"被处的罚款支出
   C. 欠缴"二税"支付的滞纳金
   D. 被查补的城建税税额

2. 下列各项中，符合城市维护建设税规定的有（　　）。
   A. 缴纳增值税、消费税的企业都应缴纳城市维护建设税
   B. "二税"实行先征后返方法而进行退库的，可同时退还城市维护建设税
   C. 对出口产品退还增值税、消费税的，不退还城市维护建设税
   D. 海关对进口产品代征的增值税、消费税，不征收城市维护建设税

3. 下列关于城市维护建设税纳税地点的表述中，正确的有（　　）。
   A. 无固定纳税地点的个人，为户籍所在地
   B. 代收代缴"二税"的单位，为税款代收地
   C. 代扣代缴"二税"的个人，为税款代扣地
   D. 取得管道输油收入的单位，为管道机构所在地

4. 城建税的税收减免规定有（　　）。
   A. 随"二税"的减免而减免
   B. 随"二税"的退库而退库
   C. 按减免"二税"后实际缴纳的税额计征
   D. 个别缴纳城建税有困难的，由税务局批准给予减免

5. 下列情况中，属于城市维护建设税纳税范围的是（　　）。
   A. 外商投资企业
   B. 外国企业

C. 海关对进口代征的增值税、消费税　　D. 缴纳增值税的交通运输企业

四、思考题

1. 城市维护建设税、教育费附加的计税依据有哪些？
2. 进口货物缴纳的增值税和消费税是否也需要缴纳城市维护建设税和教育费附加？

五、业务题

1. 某卷烟厂委托某县城卷烟厂加工一批雪茄烟，委托方提供原材料 40 000 元，支付加工费 5 000 元（不含增值税），雪茄烟消费税税率为 36%，这批雪茄烟无同类产品市场价格。

要求：计算受托方代收代缴消费税时应代收代缴的城市维护建设税税额。

2. 位于市区的某内资生产企业为增值税一般纳税人，经营内销与出口业务。2022 年 4 月份实际缴纳增值税 40 万元，出口货物免抵税额 5 万元。另外，进口货物缴纳增值税 17 万元、消费税 30 万元。

要求：计算该企业 4 月份应缴纳的城市维护建设税税额，并作相应的会计处理。

任务二　房产税会计业务操作

学 习 指 导

一、房产税的纳税人、征税范围和税率

房产税是依据房产价值或房产租金收入向房产所有人或经营人征收的一种税。房产税的纳税人、征税范围和税率如表 7-4 所示。

表 7-4　房产税的纳税人、征税范围和税率

要　点	具　体　内　容
纳税人	以在征税范围内的房屋所有人为纳税人，包括产权所有人、房产承典人、房产代管人或使用人 具体规定：①产权属于国家的，经营管理单位为纳税人；②产权属于集体和个人所有的，集体和个人为纳税人；③产权出典的，承典人为纳税人；④产权所有人、承典人不在房产所在地的，或者产权未确定及租典纠纷未解决的，房产代管人或使用人为纳税人
征税范围	征税范围为城市、县城、建制镇和工矿区范围内的房产，不包括农村房屋； 具备房屋功能的地下建筑，包括与地上房屋相连的地下建筑以及完全建在地面以下的建筑、地下人防设施等，均应当依照有关规定征收房产税
税率	采用比例税率，分为从价计征和从租计征两种形式；采用从价计征的，税率为 1.2%；采用从租计征的，税率为 12%；对个人按市场价格出租的居民住房，暂减按 4% 的税率征收房产税

二、房产税的计税依据和优惠政策

房产税的计税依据和优惠政策如表 7-5 所示。

表 7-5　房产税的计税依据和优惠政策

要　点	具　体　内　容
计税依据	从价计征：房产余值＝房产原值×(1－减除比例)
	从租计征：房产不含增值税的租金收入，即出租房产使用权所得的报酬，包括货币收入和实物收入
优惠政策	① 国家机关、人民团体、军队自用的房产免税
	② 由国家财政部门拨付经费的单位，其自身业务范围内使用的房产免税
	③ 宗教寺庙、公园、名胜古迹自用的房产免税
	④ 个人所有非营业用的房产免税(房产税试点地区除外)
	⑤ 经财政部批准免税的其他房产
	⑥ 自2023年1月1日至2027年12月31日，对高校学生公寓，对农产品批发市场、农贸市场专门用于经营农产品的房产免征房产税

三、房产税应纳税额的计算、会计核算

房产税应纳税额的计算和会计核算如表 7-6 所示。

表 7-6　房产税应纳税额的计算和会计核算

要　点	具　体　内　容
应纳税额的计算	从价计征：应纳税额＝应税房产原值×(1－扣除比例)×1.2%；计算结果为年应纳税额
	从租计征：应纳税额＝租金收入×12%；计算结果期限由租金决定
会计核算	计提房产税时：借：税金及附加 　　　　　　　　贷：应交税费——应交房产税

四、房产税征收管理

房产税实行按年计算，分期缴纳的征税方法，房产税征收管理具体如表 7-7 所示。

表 7-7　房产税征收管理

要　点	具　体　内　容
纳税义务发生时间	① 纳税人将原有房产用于生产经营的，从生产经营之月起，计征房产税
	② 纳税人自行新建房屋用于生产经营的，自建成之次月起，计征房产税
	③ 纳税人委托施工企业建设的房屋，从办理验收手续之次月起，计征房产税
	④ 纳税人购置新建商品房，自房屋权属交付使用之次月起计征房产税
	⑤ 纳税人购置存量房，自办理房屋权属转移、变更登记手续，房地产权属登记机关签发房屋权属证书之次月起计征房产税
	⑥ 纳税人出租、出借房产，自交付出租、出借房产之次月起计征房产税
	⑦ 纳税人是房地产开发企业的，其自用、出租、出借本企业建造的商品房，自房屋使用或者交付之次月起计征房产税
纳税期限	按年计算，分期缴纳的征税方法，具体纳税期限由各省、自治区、直辖市人民政府确定
纳税地点	纳税地点为房产所在地，房产不在同一地方的纳税人，应按房产的坐落地点分别向房产所在地的税务机关纳税

习 题

一、判断题

1. 现行房产税的征税范围包括农村。（　　）
2. 纳税人将原有房产用于生产经营的,从生产经营之月起计征房产税。（　　）
3. 房地产开发企业建造的商品房在出售前,不征收房产税,但对出售前房地产开发企业已使用或出租、出售的房产应按规定征收房产税。（　　）
4. 对于学校、医院等非营利性单位,其自用房屋的房产税依照房产原值一次减除10%~30%后的余值计算缴纳。（　　）
5. 一个坐落在房产税开征地区范围之内的工厂,其仓库设在房产税开征地区范围之外,那么,这个仓库不应该征收房产税。（　　）

二、单项选择题

1. 纳税人将房产出租的,依照房产租金收入计征房产税,税率为(　　)。
   A. 1.2%　　　　B. 12%　　　　C. 10%　　　　D. 30%
2. 某企业有房产1 000平方米,房产原值100万元。2022年7月1日该企业将其中300平方米的房产出租,月租金2.1万元(含增值税),已知省政府规定的减除比例为30%,增值税采用5%的简易征收率。该企业2022年应纳房产税(　　)万元。
   A. 1.44　　　　B. 2.028　　　C. 2.226　　　D. 2.154
3. 按照房产税暂行条例的有关规定,下列地区中不属于房产税征收范围的有(　　)。
   A. 城市
   B. 农村
   C. 县城、建制镇
   D. 工矿区
4. 下列房产应征收房产税的是(　　)。
   A. 全额预算管理事业单位自用办公房
   B. 邮政部门坐落在城市、县城、建制镇、工矿区以外的房产
   C. 人民团体所属宾馆的房产
   D. 施工企业施工期间在基建工地搭建的临时办公用房
5. 房产税的纳税人不包括(　　)。
   A. 房屋产权所有人
   B. 房产出典人
   C. 房产承典人
   D. 房产使用人

三、多项选择题

1. 房产税的计税依据有(　　)。
   A. 房产原值
   B. 房产租金收入
   C. 房产售价
   D. 房产余值
2. 根据房产税法律制度的规定,下列有关房产税纳税人的表述中,正确的有(　　)。
   A. 产权属于国家所有的房屋,其经营管理单位为纳税人
   B. 产权属于集体所有的房屋,该集体单位为纳税人

C. 产权属于个人所有的营业用的房屋,该个人为纳税人
D. 产权出典的房屋,出典人为纳税人

3. 下列房产中应从价计征房产税的是(　　　　)。
A. 出租的房产　　　　　　　　B. 投资收取固定收入的房产
C. 融资租赁的房产　　　　　　D. 出典的房产

4. 下列各项中,符合房产税纳税义务发生时间规定的有(　　　　)。
A. 纳税人购置新建商品房,自房屋交付使用之次月起缴纳房产税
B. 纳税人委托施工企业建设的房屋,自建成使用之次月起缴纳房产税
C. 纳税人将原有房产用于生产经营,自生产经营之次月起缴纳房产税
D. 纳税人购置存量房,自房地产权属登记机关签发房屋权属证书之次月起缴纳房产税

5. 下列情况中应征房产税的有(　　　　)。
A. 高等院校教学用房　　　　　B. 高等院校出租用房
C. 区政府举办的对外经营的招待所　D. 区政府办公用房

四、思考题

1. 房产税的征税范围和计税依据是什么?其征税范围与城镇土地使用税的征税范围是否相同?哪些房产可免征房产税?
2. 当纳税人的房产分属两地时,如何确定其纳税地点?

五、业务题

1. 某县城一家企业2022年5月1日将一闲置的房产出租给另一家企业,租期5年,每年租金为21万元(含增值税)。该房产原值为100万元,当地政府规定的扣除比例为30%。企业采用简易计税办法计征增值税。

要求:计算该企业该房产2022年应纳的增值税、城建税和房产税。

2. 坐落在县城的某大型国有企业,2022年年初,用于生产经营的厂房原值5 000万元,该企业还创办了一所学校和一所职工医院,房产原值分别为300万元和200万元。2022年7月1日,该企业将其中200万元原值的厂房出租,年租金为8.4万元(含增值税,采用简易计税方法)。按当地规定,允许减除房产原值20%后的余值为计税依据。

要求:计算该企业全年应纳的房产税。

任务三　印花税会计业务操作

学习指导

一、印花税的纳税人、征税范围和税率

印花税是对经济活动和经济交往中书立、使用应税凭证、进行证券交易的单位和个人征收的一种行为税。纳税人、征税对象和税率如表7-8所示。

表 7-8　印花税的纳税人、征税范围和税率

要点	具 体 内 容
纳税人	含义:指在我国境内书立应税凭证、进行证券交易的单位和个人
	具体包括:我国境内书立应税凭证、进行证券交易的单位和个人,在境外书立在境内使用应税凭证的单位和个人,分别为立合同人、立据人、立账簿人、使用人、证券交易出让方和各类电子应税凭证的签订人
征税范围	合同:借款合同、融资租赁合同、买卖合同、承揽合同、建设工程合同、运输合同、技术合同、租赁合同、保管合同、仓储合同、财产保险合同
	书据:土地使用权出让书据;土地使用权、房屋等建筑物和构筑物所有权转让书据;股权转让书据;商标专用权、著作权、专利权、专有技术使用权转让书据
	账簿:营业账簿,即生产、经营用账册
	证券交易:交易印花税对证券交易的出让方征收,不对受让方征收
税率	① 借款合同、融资租赁合同:0.05‰
	② 买卖合同、承揽合同、建设工程合同、运输合同、技术合同:0.3‰
	③ 租赁合同、仓储合同、保管合同、财产保险合同:1‰
	④ 土地使用权出让书据、股权转让书据、土地使用权房屋等建筑物和构筑物所有权转让书据:0.5‰
	⑤ 书据:商标专用权、著作权、专利权、专有技术使用权转让书据:0.3‰
	⑥ 账簿:记载金额的账簿按"实收资本"、"资本公积"两项合计金额的 0.25‰
	⑦ 证券交易:1‰

二、印花税的计税依据和优惠政策

印花税的计税依据和优惠政策如表 7-9 所示。

表 7-9　印花税的计税依据和优惠政策

要点	具 体 内 容
计税依据	合同:借款合同按借款金额;融资租赁合同按租金;买卖合同按价款;承揽合同按报酬;建设工程合同按价款金额;运输合同按运输费用;技术合同按价款、报酬或者使用费金额;租赁合同按租金;保管合同按保管费金额;仓储合同按仓储费金额;财产保险合同按保险费金额
	书据:转让书据按所载价款
	账簿:记载金额的账簿按"实收资本""资本公积"两项合计金额
	证券交易:按成交金额
优惠政策	下列凭证免征印花税: ① 应税凭证的副本或者抄本; ② 外国驻华使馆、领事馆和国际组织驻华代表机构为获得馆舍书立的应税凭证; ③ 中国人民解放军、中国人民武装警察部队书立的应税凭证; ④ 农民、家庭农场、农民专业合作社、农村集体经济组织、村民委员会购买农业生产资料或者销售农产品书立的买卖合同和农业保险合同; ⑤ 无息或者贴息借款合同、国际金融组织向中国提供优惠贷款书立的借款合同; ⑥ 财产所有权人将财产赠与政府、学校、社会福利机构、慈善组织书立的产权转移书据; ⑦ 非营利性医疗卫生机构采购药品或者卫生材料书立的买卖合同; ⑧ 个人与电子商务经营者订立的电子订单; ⑨ 自 2023 年 1 月 1 日至 2027 年 12 月 31 日,对与高校学生签订的高校学生公寓租赁合同,免征印花税
	根据国民经济和社会发展的需要,国务院对居民住房需求保障、企业改制重组、破产、支持小型微型企业发展等情形可以规定减征或者免征印花税,报全国人民代表大会常务委员会备案

三、印花税应纳税额的计算、会计核算

印花税应纳税额的计算和会计核算如表7-10所示。

表7-10　印花税应纳税额的计算和会计核算

要　点	具　体　内　容
应纳税额的计算	从价计征：应纳税额＝应税凭证计税金额×适用税率
会计核算	企业申报印花税时作如下分录：借：税金及附加 　　　　　　　　　　　　　　　　贷：应交税费——应交印花税 若企业缴纳的印花税，不发生应付未付税款的情况，可以不通过"应交税费"科目进行核算，会计分录：借：税金及附加 　　　　　　贷：银行存款

四、印花税征收管理

印花税根据税收征收管理的需要，分自行贴花、汇贴或汇缴、委托代征等方法，具体如表7-11所示。

表7-11　印花税征收管理

项　目	具　体　内　容
纳税义务发生时间	纳税人书立应税凭证或者完成证券交易的当日；证券交易印花税扣缴义务发生时间为证券交易完成的当日
纳税期限	实行按季、按年计征的，纳税人应当自季度、年度终了之日起15日内申报缴纳税款；实行按次计征的，纳税人应当自纳税义务发生之日起15日内申报缴纳税款；证券交易印花税按周解缴。证券交易印花税扣缴义务人应当自每周终了之日起5日内申报解缴税款以及银行结算的利息
纳税地点	一般实行就地纳税；不动产产权发生转移的，纳税人应当向不动产所在地的主管税务机关申报缴纳印花税；证券交易印花税由扣缴义务人向其机构所在地的主管税务机关申报解缴税款以及银行结算的利息

习　题

一、判断题

1. 凡是由两方或两方以上当事人共同书立的应税凭证，其当事人各方都是印花税的纳税人，应各自就其所持凭证的计税金额全额完税。　　　　　　　　　　　　　　（　）

2. 在境外书立、领受，但在境内使用的应税凭证，其纳税人是凭证的使用人。　（　）

3. 现行税法规定，财产所有人将财产赠送给政府、社会团体、学校、社会福利单位所立书据免征印花税。　　　　　　　　　　　　　　　　　　　　　　　　　　　（　）

4. 立合同人是指合同的当事人，即指对凭证有直接权利义务关系的单位和个人，但不包括合同的担保人、证人、鉴定人。　　　　　　　　　　　　　　　　　　　　（　）

5. 企业缴纳印花税，可不通过"应交税费"账户核算，直接在"管理费用——印花税"账户中反映。　　　　　　　　　　　　　　　　　　　　　　　　　　　　　　（　）

二、单项选择题

1. 甲公司与乙公司签订了一份买卖合同,合同所载金额为 6 000 万元,双方各执一份,印花税税率为 0.3‰,则甲、乙公司各应缴纳( )万元印花税。
   A. 3.5　　　　　B. 1.8　　　　　C. 0.9　　　　　D. 3.2

2. 下列不属于印花税征税范围的是( )。
   A. 企业签订的融资租赁合同　　　　B. 企业商标专用权转让书据
   C. 企业签订的借款合同　　　　　　D. 企业填制的限额领料单

3. 下列不属于印花税纳税人的有( )。
   A. 买卖合同的保证人
   B. 在国外书立,在国内使用技术合同的单位
   C. 买卖合同的当事人
   D. 借款合同的双方当事人

4. 企业签订合同,印花税的纳税义务发生时间是( )。
   A. 签订时　　　　B. 生效时　　　　C. 使用时　　　　D. 终止时

5. 根据印花税法的规定,下列合同中,属于印花税征税范围的是( )。
   A. 机动车辆租赁合同　　　　　　　B. 个人书立的动产买卖合同
   C. 管道运输合同　　　　　　　　　D. 银行同业拆借合同

三、多项选择题

1. 下列合同中,印花税率为万分之三的有( )。
   A. 买卖合同　　　　　　　　　　　B. 承揽合同
   C. 租赁合同　　　　　　　　　　　D. 财产保险合同

2. 应税营业账簿的印花税计税依据为( )合计金额。
   A. 实收资本(股本)　　　　　　　　B. 资本公积
   C. 固定资产　　　　　　　　　　　D. 应收账款

3. 印花税的征税对象包括( )。
   A. 书面合同　　　　　　　　　　　B. 产权转移书据
   C. 营业账簿　　　　　　　　　　　D. 证券交易

4. 某建筑公司与一单位签订建筑工程合同,总承包额 800 万元,工期 12 个月,该建筑公司所持合同应纳印花税的处理为( )。
   A. 适用 0.3‰比例税率　　　　　　B. 应纳税额 2 400 元
   C. 适用 0.5‰比例税率　　　　　　D. 完工时缴纳

5. 按《印花税法》规定,下列凭证中免纳印花税的有( )。
   A. 买卖合同副本　　　　　　　　　B. 农民销售农产品书立的买卖合同
   C. 企业出租门店订立的合同　　　　D. 个人与电子商务经营者订立的电子订单

四、思考题

1. 印花税的应税凭证有哪些?
2. 应税合同中,没有列明金额的,如何确定印花税的计税依据?

五、业务题

1. 假定某企业 2023 年度有关资料如下：

"实收资本"比 2022 年增加 200 万元，"资本公积"比 2022 年增加 40 万元；向银行借款 100 万元，借款合同上约定的年利率为 6%；与 A 公司签订以货换货合同，本企业货物价值 250 万元，A 公司货物价值 300 万元，该企业用银行存款补齐差额；与 B 公司签订技术转让合同，约定 B 公司按其 2024—2026 年实现利润的 10% 支付。

要求：计算该企业 2023 年度应纳印花税税额。

2. 某地下列纳税人发生如下业务：①甲签订运输合同一份，总金额 100 万元（含装卸费 5 万元）进行货物国际联运；②乙出租居住用房一间给某单位，月租金 500 元，租金不定；③丙签订销售合同，数量 5 000 件，无金额，当期市价 50 元/件；④房管部门与个人签订租房合同（用于生活居住），月租金 600 元，租期 2 年；⑤企业与他人签订一份仓储合同，保管费 50 000 元，但未履行。

要求：计算各纳税人应纳的印花税税额。

任务四　车船税会计业务操作

学习指导

一、车船税的纳税人、征税对象和税率

车船税是指对在中华人民共和国境内的车辆、船舶依法征收的一种税。车船税的纳税人、征税对象和税率如表 7-12 所示。

表 7-12　车船税的纳税人、征税对象和税率

要点	具 体 内 容
纳税人	纳税人是指我国境内车辆、船舶（以下简称车船）的所有人或管理人；所有人是指在我国境内拥有车船的单位和个人；管理人是指对车船具有管理权或使用权的单位；车辆的所有人或者管理人未缴纳车船税的，使用人应当代为缴纳车船税
征税对象	车辆：车辆为机动车，即依靠燃油、电力等能源作为动力运行的车辆，包括乘用车、商用客车、商用货车、挂车、摩托车、专项作业车和轮式专用机械车
	船舶：船舶为机动船、非机动驳船和游艇。机动船包括客船、货船、气垫船、拖船等；非机动驳船是指依靠其他力量运行的驳船
税率	采用幅度定额税率

二、车船税的计税依据和优惠政策

车船税的计税依据和优惠政策如表 7-13 所示。

表 7-13　车船税的计税依据和优惠政策

要　点	具　体　内　容
计税依据	乘用车、商用客车、摩托车按辆计税
	商用货车、挂车、专业作业车、轮式专用机械车按整备质量吨位计税
	机动船舶按净吨位计税,拖船按照发动机功率每 1 千瓦折合净吨位 0.67 吨计税
	游艇按艇身长度(米)计税
优惠政策	法定减免的车船: ① 捕捞、养殖渔船; ② 军队、武警部队专用的车船; ③ 警用车船; ④ 悬挂应急救援专用号牌的国家综合性消防救援车辆和专用船舶; ⑤ 依法予以免税的外国驻华使馆、领事馆和国际组织驻华机构及其他车船
	特定减免的车船: ① 对节约能源的车辆,减半征收车船税;对使用新能源的车辆,免征车船税; ② 对受严重自然灾害影响纳税困难以及有其他特殊原因确需减、免税的,可以减征或免征车船税; ③ 省、自治区、直辖市人民政府根据当地实际情况,可以对公共交通车船,农村居民拥有并主要在农村地区使用的摩托车、三轮汽车和低速载货汽车定期减征或免征车船税

三、车船税应纳税额的计算、会计核算

车船税应纳税额的计算和会计核算如表 7-14 所示。

表 7-14　车船税应纳税额的计算和会计核算

要　点	具　体　内　容
应纳税额的计算	基本公式:年应纳税额 = 计税依据 × 适用税率
	新车船购置当年的应纳税额自纳税义务发生的当月起按月计算。计算公式为:应纳税额 = (年应纳税额 ÷ 12)× 应纳税月份数
会计核算	计提车船税时: 借:税金及附加 　　贷:应交税费——应交车船税

四、车船税征收管理

从事机动车交通事故责任强制保险业务的保险机构为机动车车船税的扣缴义务人,车船税征收管理具体如表 7-15 所示。

表 7-15　车船税征收管理

项　目	具　体　内　容
纳税义务发生时间	车船管理部门核发的车船登记证书或者行驶证书所载日期的当月;未办理登记的,以车船购置发票开具时间的当月为准。未办理登记且无法提供购置发票的,由主管税务机关核定纳税义务发生时间
纳税期限	按年申报,分月计算,具体纳税期限由省、自治区、直辖市人民政府确定
纳税地点	纳税地点为车船登记地或者车船税扣缴义务人所在地;依法不需要办理登记的车船,纳税地点为车船所有人或者管理人所在地

习　题

一、判断题

1. 车船税法对应税车船实行幅度定额税率。（　）
2. 车船税以车船购置发票开具时间的次月作为纳税义务发生时间。（　）
3. 车辆的具体适用税额由省、自治区、直辖市人民政府在规定的税额幅度内确定。（　）
4. 车船税一般由纳税人在购买机动车交通事故责任强制保险时缴纳，不需要再向地方税务机关申报纳税。（　）
5. 已办理退税的被盗抢车船，失而复得，纳税人应当从公安机关出具相关证明的当月起计算缴纳车船税。（　）

二、单项选择题

1. 下列不属于车船税计税依据的是（　）。
   A. 辆　　　　　　B. 整备质量　　　　C. 净吨位　　　　D. 载重吨位
2. 下列车船可以免征车船税的是（　）。
   A. 在机场、港口等内部场所行驶或作业的车船
   B. 外商投资企业的汽车
   C. 政府机关办公用车辆
   D. 武警部队专用车船
3. 下列各项中，不属于车船税征税范围的是（　）。
   A. 三轮车　　　　B. 火车　　　　　　C. 摩托车　　　　D. 货船
4. 下列车船无须缴纳车船税的是（　）。
   A. 载客汽车　　　B. 机动船　　　　　C. 非机动车　　　D. 非机动驳船
5. 某公司有船舶 2 艘，净吨位分别为 200.5 吨、180.7 吨，当地政府规定的车船税的标准为净吨位每吨年税额 5 元，则该公司应纳车船税（　）元。
   A. 1 905　　　　B. 1 910　　　　　C. 1 900　　　　D. 2 000

三、多项选择题

1. 下列有关车船税纳税人的说法正确的是（　）。
   A. 车船税的纳税人是车辆、船舶的所有人
   B. 车船税的纳税人是车辆、船舶的管理人
   C. 应税车船的所有人或者管理人未缴纳车船税的，应由使用人代缴
   D. 车船税的纳税人是拥有车船的单位和个人
2. 车船税的纳税地点为（　）。
   A. 对个人，应为住所所在地　　　　B. 车辆行驶地
   C. 纳税人经营所在地　　　　　　　D. 领取车船牌照地
3. 车船税的纳税义务发生时间为（　）。
   A. 车船管理部门核发的车船登记证书的当月

B. 行驶证书所记载日期的当月
C. 全年停运后重新使用之日
D. 新购置车船使用的当月

4. 下列应税车船中，以"辆"为车船税计税依据的有（　　）。
   A. 载客汽车　　B. 低速货车　　C. 三轮汽车　　D. 摩托车

5. 下列车船属于法定免税的有（　　）。
   A. 专项作业车　　B. 警用车船　　C. 非机动驳船　　D. 捕捞、养殖渔船

四、思考题

1. 车船税的计税依据是如何规定的？新购置的汽车应怎样缴纳车船税？
2. 车船税的优惠政策有哪些？

五、业务题

1. 某船运公司 2022 年度拥有旧机动船 10 艘，每艘净吨位 1 500 吨；拥有拖船 2 艘，每艘发动机功率 500 马力。当年 8 月新购置机动船 4 艘，每艘净吨位 2 000 吨。该公司船舶适用的年税额为：净吨位 201～2 000 吨的，每吨 4 元。

   要求：计算该公司 2022 年度应缴纳的车船税税额。

2. 某公司拥有载货汽车两辆，其中 A 车整备质量 10 吨，B 车整备质量 20 吨，当地规定的车船税税率为 60 元/吨；拥有载客汽车 5 辆，当地规定的车船税税率为 1 000 元/辆；拥有机动船一艘，净吨位为 40 吨，当地规定的车船税税率为 3 元/吨。

   要求：计算该公司每年应纳的车船税税额，并作会计处理。

任务五　契税会计业务操作

学习指导

一、契税的纳税人、征税对象和税率

契税是指国家在土地、房屋权属转移时，按照当事人双方签订的合同（契约）以及所确定价格的一定比例，向权属承受人征收的一种税。契税的纳税人、征税对象和税率如表 7-16 所示。

表 7-16　契税的纳税人、征税对象和税率

要　点	具　体　内　容
纳税人	是指在我国境内承受土地、房屋权属转移的单位和个人
征税对象	以在我国境内转移土地、房屋权属的行为作为征税对象，土地、房屋权属未发生转移的，不征收契税
	具体包括国有土地使用权出让、土地使用权转让、房屋买卖、房屋赠与和房屋交换等行为要征契税
税　率	采用幅度比例税率 3%～5%

二、契税的计税依据和优惠政策

契税的计税依据和优惠政策如表 7-17 所示。

表 7-17　契税的计税依据和优惠政策

要　点	具　体　内　容
计税依据	以成交价格计税：国有土地使用权出让、土地使用权出售、房屋买卖 提示："营改增"后，契税的计税依据为不含增值税的成交价格
	征收机关参照市价核定：土地使用权和房屋赠与
	差价计税：土地使用权和房屋交换
	补交的出让费用或土地收益计税：以划拨方式取得土地使用权的，经批准转让时
优惠政策	① 国家机关、事业单位、社会团体、军事单位承受土地、房屋用于办公、教学、医疗、科研和军事设施的，免征契税； ② 非营利性的学校、医疗机构、社会福利机构承受土地、房屋权属用于办公、教学、医疗、科研、养老、救助的，免征契税； ③ 承受荒山、荒地、荒滩土地使用权用于农、林、牧、渔业生产的，免征契税； ④ 婚姻关系存续期间夫妻之间变更土地、房屋权属的，免征契税； ⑤ 法定继承人通过继承承受土地、房屋权属的，免征契税； ⑥ 依照法律规定应当予以免税的外国驻华使馆、领事馆和国际组织驻华代表机构承受土地、房屋权属的，免征契税； ⑦ 符合条件的其他方面

三、契税应纳税额的计算、会计核算（表 7-18）

表 7-18　契税应纳税额的计算和会计核算

要　点	具　体　内　容
应纳税额的计算	应纳税额 = 计税依据 × 适用税率
会计核算	计提契税时作如下分录，也可不计提，支付时直接计入成本： 借：固定资产、开发成本、无形资产等 　　贷：应交税费——应交契税

四、契税征收管理（表 7-19）

表 7-19　契税征收管理

项　目	具　体　内　容
纳税义务发生时间	纳税人签订土地、房屋权属转移合同的当天，或者纳税人取得其他具有土地、房屋权属转移合同性质凭证的当天
纳税期限	在依法办理土地、房屋权属登记手续前
纳税地点	土地、房屋所在地的征收机关

习　题

一、判断题

1. 甲企业以价值 300 万元的办公用房与乙企业互换一处厂房，并向乙企业支付差价款 100 万元，在这次互换中，乙企业不需要缴纳契税，应由甲企业缴纳。　　　　（　　）
2. 企业破产清算期间，债权人承受破产企业土地、房屋权属的，应当对其征收契税。（　　）
3. 土地、房屋权属变动中的各种形式，如典当、继承、出租或者抵押等，均属于契税的征税范围。　　　　　　　　　　　　　　　　　　　　　　　　　　　　　　（　　）
4. 纳税人应当自纳税义务发生之日起 15 日内，向土地、房屋所在地的税收征收机关办理契税纳税申报。　　　　　　　　　　　　　　　　　　　　　　　　　　　（　　）
5. 因不可抗力灭失住房而重新购买住房的免征契税。　　　　　　　　　　（　　）

二、单项选择题

1. 契税的纳税人是（　　）。
   A. 出典人　　　　B. 赠与人　　　　C. 出卖人　　　　D. 承受人
2. 下列各项中，应缴纳契税的是（　　）。
   A. 承包者获得农村集体土地承包经营权　　B. 企业受让土地使用权
   C. 企业将厂房抵押给银行　　　　　　　　D. 个人承租居民住宅
3. 下列属于契税纳税义务人的是（　　）。
   A. 土地、房屋抵债的抵债方　　　　　　　B. 房屋赠与中的受赠方
   C. 房屋赠与中的赠与方　　　　　　　　　D. 土地、房屋投资的投资方
4. 某省一体育器材公司于 2022 年 6 月向本省某运动员奖励住宅一套，市场价格 240 万元（不含增值税），该运动员随后以 210 万元（不含增值税）的价格将该住宅出售，当地契税适用税率为 3%。该运动员应缴纳的契税为（　　）万元。
   A. 7.2　　　　　B. 6.3　　　　　C. 13.5　　　　D. 0
5. 下列各项中，契税计税依据可由征收机关核定的是（　　）。
   A. 土地使用权出售　　　　　　　　　　　B. 国有土地使用权出让
   C. 土地使用权赠与　　　　　　　　　　　D. 以划拨方式取得土地使用权

三、多项选择题

1. 下列以成交价格为依据计算契税的有（　　）。
   A. 土地使用权赠与　　　　　　　　　　　B. 土地使用权出让
   C. 土地使用权交换　　　　　　　　　　　D. 土地使用权转让
2. 下列各项中，可以享受契税免税优惠的有（　　）。
   A. 城镇职工自己购买商品住房　　　　　　B. 政府机关承受房屋用于办公
   C. 遭受自然灾害后重新购买住房　　　　　D. 军事单位承受房屋用于军事设施
3. 下列各项中，应当征收契税的有（　　）。
   A. 以房产抵债　　　　　　　　　　　　　B. 将房产赠与他人

C. 以房产作投资　　　　　　　　D. 子女继承父母房产
4. 下列各项中,免征或不征契税的有(　　)。
　　A. 国家出让国有土地使用权　　　B. 受赠人接受他人赠与的房屋
　　C. 法定继承人继承土地、房屋权属　D. 承受荒山土地使用权用于林业生产
5. 居民甲将其拥有的一处房产销售给居民乙,双方签订房屋权属转移合同并按规定办理了房屋产权过户手续。下列关于契税和印花税的表述中,正确的有(　　)。
　　A. 作为交易的双方,居民甲和居民乙均同时负有印花税和契税的纳税义务
　　B. 契税的计税依据为房屋权属转移合同中确定的不含增值税的房产成交价格
　　C. 契税纳税人应在该房产的所在地缴纳契税,印花税的纳税人应在签订合同时就地纳税
　　D. 契税纳税人的纳税义务在房屋权属转移合同的当天发生,印花税纳税人的纳税义务在房屋权属转移合同签订时发生

四、思考题

1. 哪些交易行为需要缴纳契税?
2. 如何进行契税的会计核算?

五、业务题

1. 居民乙因拖欠居民甲 180 万元款项无力偿还,2022 年 6 月,经当地有关部门调解,以房产抵偿该笔债务,居民甲因此取得该房产的产权并支付给居民乙差价款 21 万元(含增值税)。假定当地省政府规定的契税税率为 3%。

　　要求:计算居民甲、居民乙各自应缴纳的契税。

2. 2022 年 6 月,居民甲某有四套住房,将一套价值 1 200 万元的别墅折价给乙某抵偿了 1 000 万元的债务;用市场价值 700 万元的第二、三两套两室住房与丙某交换一套四室住房,另取得丙某赠送价值 12 万元的小轿车一辆;将第四套市场价值 150 万元的公寓房折成股份投入本人独资经营的企业。四套住房均已达到免征增值税的标准,当地确定的契税税率为 3%。

　　要求:计算甲、乙、丙应缴纳的契税税额。

任务六　土地增值税会计业务操作

学 习 指 导

一、土地增值税的纳税人、征税对象和税率

土地增值税是对有偿转让国有土地使用权、地上建筑物及其他附着物(以下简称房地产)并取得收入的单位和个人,就其转让房地产所取得的增值额征收的一种税。土地增值税的纳税人、征税范围和税率如表 7-20 所示。

表 7-20　土地增值税的纳税人、征税范围和税率

要　点	具　体　内　容
纳税人	转让房地产并取得收入的单位和个人
征税范围	征税范围包括转让国有土地使用权和连同国有土地使用权一并转让的地上建筑物及其附着物，必须同时满足以下3条标准：土地使用权必须是国家所有；产权必须发生转让；必须取得转让收入
税　率	实行四级超率累进税率，这是我国唯一一个采用超率累进税率的税种

二、土地增值税的计税依据

土地增值税的计税依据是纳税人转让房地产所取得的增值额，其计算公式为：

增值额＝转让房地产取得的收入（即应税收入）－扣除项目金额

应税收入是指纳税人转让房地产的全部价款及有关的经济收益，包括货币收入、实物收入和其他收入。"营改增"后，转让房地产取得的应税收入为不含增值税收入。

土地增值税计税依据中的扣除项目如表 7-21 所示。

表 7-21　土地增值税计税依据中的扣除项目

转让项目	扣除项目名称	扣除项目内容
新建房地产项目转让	① 取得土地使用权所支付的金额	地价款、出让金及按国家规定缴纳的有关费用
	② 房地产开发成本	包括土地征用及拆迁补偿费、前期工程费、建筑安装工程费、基础设施费、公共配套设施费、开发间接费用等
	③ 房地产开发费用	指与房地产开发项目有关的销售费用、管理费用和财务费用。该项目不按实际发生额扣除，而是按税法规定标准计算扣除
	④ 与转让房地产有关的税金	转让房地产时缴纳的城建税、印花税、教育费附加。房地产转让行为的印花税已列入管理费用，不再在此单独扣除，其他纳税人缴纳的印花税允许在此扣除（涉及的增值税进项税额，允许在销项税额中计算抵扣的，不计入扣除项目，不允许在销项税额中计算抵扣的，可以计入扣除项目）
	⑤ 其他扣除项目	对房地产企业可加计扣除：加计扣除费用＝（取得土地使用权所支付的金额＋房地产开发成本金额）×20%
旧房及建筑物转让	① 房屋及建筑物的评估价格：评估价格＝重置成本价×成新度折扣率； ② 取得土地使用权所支付的地价款和缴纳的有关费用； ③ 转让环节缴纳的税金（城建税、印花税、教育费附加）	
土地使用权转让	① 取得土地使用权所支付的地价款和缴纳的有关费用； ② 转让环节缴纳的税金（城建税、印花税、教育费附加）	

三、土地增值税的优惠政策

（1）纳税人建造普通标准住宅出售，增值额未超过扣除项目金额20%的，免征土地增值税；增值额超过扣除项目金额20%的，应就其全部增值额按规定计税。

（2）因国家建设需要依法征用、收回的房地产，免征土地增值税。

(3) 个人拥有的普通住宅,在其转让时暂免征收土地增值税;个人因工作调动或改善居住条件而转让非普通住宅,经向税务机关申报核准,凡居住满 5 年或 5 年以上的,免征土地增值税;居住满 3 年未满 5 年的,减半征收土地增值税;居住未满 3 年的,按规定征收土地增值税。

四、土地增值税应纳税额的计算、会计核算

土地增值税应纳税额的计算和会计核算如表 7-22 所示。

表 7-22　土地增值税应纳税额的计算和会计核算

要　点	具　体　内　容
应纳税额的计算	土地增值税应纳税额计算步骤如下: 第一步,计算增值额。增值额 = 转让收入 − 扣除项目金额 第二步,计算增值率。增值率 = 增值额 ÷ 扣除项目金额 × 100% 第三步,确定适用税率和速算扣除系数。 第四步,计算应纳税额。 应纳税额 = $\sum$ (每级距增值额 × 适用税率) 或 = 增值额 × 适用税率 − 扣除项目金额 × 速算扣除系数
会计核算	房地产企业计提时作如下分录: 借:税金及附加 　　贷:应交税费——应交土地增值税 其他企业发生时作如下分录: 借:固定资产清理 　　贷:应交税费——应交土地增值税

五、土地增值税征收管理

土地增值税的征收管理内容如表 7-23 所示。

表 7-23　土地增值税征收管理

项　目	具　体　内　容
纳税期限	纳税人应在转让房地产合同签订后的 7 日内,到房地产所在地主管税务机关办理纳税申报
纳税地点	基本原则:房地产所在地; ① 法人纳税人。转让的房地产坐落地与其机构所在地一致的,以办理税务登记的原管辖税务机关为纳税地点;不一致的,以房地产坐落地所管辖的税务机关为纳税地点; ② 自然人纳税人。转让的房地产坐落地与其居住所在地一致的,以住所所在地税务机关为纳税地点;不一致的,以办理过户手续所在地税务机关为纳税地点

习　题

一、判断题

1. 某工业企业利用一块闲置的土地使用权换取某房地产公司的新建商品房,作为本单位职工的居民用房,由于没有取得收入,所以,该企业不需要缴纳土地增值税。　　(　　)

2. 在计算土地增值税时,对从事房地产开发的纳税人销售使用过的旧房及建筑物,仍可按取得土地使用权所支付的金额和房地产开发成本金额之和的20%加计扣除。（   ）

3. 某单位向政府有关部门缴纳土地出让金取得土地使用权时,无须缴纳土地增值税。（   ）

4. 土地增值税使用超率累进税率,累进依据为增值额占转让收入的比例。（   ）

5. 纳税人建造普通标准住宅出售,增值额未超过扣除项目金额20%的,免征土地增值税。（   ）

二、单项选择题

1. 下列各项中,应当缴纳土地增值税的是（   ）。
   A. 继承房地产   B. 以房地产作抵押向银行贷款
   C. 出售房屋   D. 出租房屋

2. 我国现行土地增值税实行的税率属于（   ）。
   A. 比例税率   B. 超额累进税率
   C. 定额税率   D. 超率累进税率

3. 房地产开发费用中的利息支出,如能按转让房地产项目分摊并提供金融机构证明的,允许据实扣除,其他开发费用限额扣除的比例为（   ）以内。
   A. 3%   B. 5%   C. 7%   D. 10%

4. 下列项目中,按税法规定可以免征或不征土地增值税的有（   ）。
   A. 国家机关转让自用的房产   B. 税务机关拍卖欠税单位的房产
   C. 对国有企业进行评估增值的房产   D. 投资于房地产开发企业的房地产项目

5. 房地产开发企业在确定土地增值税的扣除项目时,不允许单独扣除的税费是（   ）。
   A. 增值税、印花税   B. 房产税、城市维护建设税
   C. 教育费附加、城市维护建设税   D. 印花税、城市维护建设税

三、多项选择题

1. 下列各项中,属于土地增值税纳税人的有（   ）。
   A. 建造房屋的施工单位   B. 出售房产的中外合资房地产公司
   C. 转让国有土地使用权的事业单位   D. 房地产管理的物业公司

2. 计算土地增值税税额时可以扣除的项目包括（   ）。
   A. 取得土地使用权所支付的金额   B. 建筑安装工程费
   C. 公共配套设施费   D. 转让房地产有关的税金

3. 根据城镇土地使用税暂行条例规定,下列地区中,开征城镇土地使用税的有（   ）。
   A. 城市   B. 县城、建制镇   C. 农村   D. 工矿区

4. 房地产开发公司支付的下列相关税费,可列入加计20%扣除范围的有（   ）。
   A. 支付建筑人员的工资福利费   B. 占用耕地缴纳的耕地占用税
   C. 销售过程中发生的销售费用   D. 开发小区内的道路建设费用

5. 下列各项中,符合土地增值税优惠规定的有（   ）。
   A. 纳税人建造普通标准住宅出售,增值额未超过扣除项目金额20%的,减半征收土地

增值税

  B. 纳税人建造普通标准住宅出售,增值额未超过扣除项目金额 20%的,免征土地增值税

  C. 纳税人建造普通标准住宅出售,增值额超过扣除项目金额 20%的,应对其超过部分的增值额按规定征收土地增值税

  D. 纳税人建造普通标准住宅出售,增值额超过扣除项目金额 20%的,应就其全部增值额按规定征收土地增值税

四、思考题

1. 如何理解土地增值税的征税范围?
2. 土地增值税的扣除项目有哪些?房地产企业与其他企业有何区别?

五、业务题

1. 2022 年 6 月某房地产开发公司销售其新建商品房一幢,取得销售收入 1.47 亿元(含增值税,属于"营改增"前者老项目,采用简易计税办法计税),已知该公司支付与商品房相关的土地使用权费及开发成本合计为 4 800 万元;该公司没有按房地产项目计算分摊银行借款利息;该商品房所在地的省政府规定计征土地增值税时房地产开发费用扣除比例为 10%;销售商品房缴纳的增值税为 700 万元,城市维护建设税及教育费附加为 70 万元。

要求:计算该公司销售该商品房应缴纳的土地增值税,并作会计处理。

2. 某房地产开发公司受让一宗土地使用权,支付政府地价款 8 000 万元。使用受让土地 60%(其余 40%尚未使用)的面积开发建造一栋写字楼并全部销售。在开发过程中,根据建筑承包合同支付给建筑公司的劳务费和材料费共计 6 200 万元,开发销售期间发生管理费用 700 万元、销售费用 400 万元、利息费用 500 万元(只有 70%能够提供金融机构的证明)。

说明:其他开发费用扣除比例为 4%,契税税率为 3%。

要求:

(1) 计算该房地产开发公司土地增值额时可扣除的地价款和契税。
(2) 计算该房地产开发公司土地增值额时可扣除的开发成本。
(3) 计算该房地产开发公司土地增值额时可扣除的开发费用。

任务七　城镇土地使用税会计业务操作

学 习 指 导

一、城镇土地使用税的纳税人、征税对象和税率

  城镇土地使用税是对城市、县城、建制镇和工矿区范围内使用土地的单位和个人,按实际占用土地面积所征收的一种税。城镇土地使用税的纳税人、征税对象和税率如表 7-24 所示。

表 7-24　城镇土地使用税的纳税人、征税对象和税率

要　点	具　体　内　容
纳税人	城镇土地使用税的纳税人是指我国境内城市、县城、建制镇范围内使用土地的单位和个人 ① 拥有土地使用权的单位和个人，以拥有人为纳税人； ② 拥有土地使用权的纳税人不在土地所在地的，以土地的代管人或实际使用人为纳税人； ③ 土地使用权未确定或权属纠纷未解决的，以实际使用人为纳税人； ④ 土地使用权为多方共有的，共有各方均为纳税人
征税对象	征税对象是土地。征税范围为城市、县城、建制镇范围内的国家所有和集体所有的土地，不包括农村集体所有的土地
税　率	实行有幅度的差别税额，按大、中、小城市和县城、建制镇、工矿区分别规定每平方米土地使用税年应纳税额

二、城镇土地使用税的计税依据和优惠政策

城镇土地使用税的计税依据和优惠政策如表 7-25 所示。

表 7-25　城镇土地使用税的计税依据和优惠政策

要　点	具　体　内　容
计税依据	城镇土地使用税以纳税人实际占用的土地面积为计税依据，土地面积计量标准为每平方米，按下列办法确定： ① 省、自治区、直辖市人民政府确定的单位组织测定的土地面积； ② 尚未组织测量，但持有政府部门核发的土地使用证书的，证书确认的土地面积； ③ 尚未核发土地使用证书的，应由纳税人据实申报土地面积，据以纳税，待核发土地使用证以后再作调整
优惠政策	符合以下条件的免税： ① 国家机关、人民团体、军队自用的土地； ② 由国家财政部门拨付事业经费的单位自用土地； ③ 宗教寺庙、公园、名胜古迹自用的土地； ④ 市政街道、广场、绿化地带等公共用地； ⑤ 直接用于农、林、牧、渔业的生产用地； ⑥ 经批准开山填海整治的土地和改造的废弃土地，从使用之月起免交土地使用税 5 年至 10 年； ⑦ 非营利性医疗机构、疾病控制机构和妇幼保健机构自用的土地； ⑧ 企业办学校、医院、托儿所、幼儿园能明确区分的土地； ⑨ 免税单位无偿使用纳税单位的土地； ⑩ 其他符合免税规定的土地

三、城镇土地使用税应纳税额的计算、会计核算

城镇土地使用税应纳税额的计算和会计核算如表 7-26 所示。

表 7-26　城镇土地使用税应纳税额的计算和会计核算

要　点	具　体　内　容
应纳税额的计算	全年应纳税额 ＝ 实际占用应税土地面积（平方米）× 适用税额
会计核算	借：税金及附加 　　贷：应交税费——应交城镇土地使用税

四、城镇土地使用税征收管理

城镇土地使用税的征收管理内容如表 7-27 所示。

表 7-27 城镇土地使用税征收管理

项 目	具 体 内 容
纳税义务发生时间	① 纳税人购置新建商品房,自房屋交付使用之次月起,缴纳城镇土地使用税; ② 纳税人购置存量房,自办理房屋权属转移、变更登记手续,房地产权属登记机关签发房屋权属证书之次月起,缴纳城镇土地使用税; ③ 纳税人出租出借房产,自交付出租、出借房产之次月起,缴纳城镇土地使用税; ④ 纳税人新征用的耕地,自批准征用之日起满1年时开始缴纳城镇土地使用税; ⑤ 纳税人新征用的非耕地,自批准征用次月起缴纳城镇土地使用税; ⑥ 纳税人以出让或转让方式有偿取得城镇土地使用权的,应由受让方从合同约定交付土地时间的次月起缴纳城镇土地使用税;合同未约定交付时间的,由受让方从合同签订的次月起缴纳城镇土地使用税
纳税期限	城镇土地使用税实行按年计算、分期缴纳的征收方法,具体纳税期限由省、自治区、直辖市人民政府确定
纳税地点	① 在土地所在地缴纳; ② 使用的土地不属于同一省、自治区、直辖市管辖的,由纳税人分别向土地所在地的税务机关申报缴纳;在同一省、自治区、直辖市管辖范围内,纳税人跨地区使用土地,其纳税地点由各省、自治区、直辖市税务机关确定

习 题

一、判断题

1. 城镇土地使用税的征收范围是城市、县城、建制镇、工矿区范围的国家所有的土地。
( )

2. 城镇土地使用税采取有幅度的差别税额,按大、中、小城市和县城、建制镇、工矿区分别确定每平方米土地使用税年应纳税额。
( )

3. 纳税单位无偿使用免税单位的土地免征城镇土地使用税;免税单位无偿使用纳税单位的土地照章征收城镇土地使用税。
( )

4. 某工厂于8月份购买一处旧厂房,于9月份在房地产权属管理部门办理了产权证书,该厂新增土地计算征收城镇土地使用税的时间是9月。
( )

5. 城镇土地使用税以纳税人实际占用的土地面积为计税依据,计税单位为亩或平方米。
( )

二、单项选择题

1. 城镇土地使用税的计税依据是( )。
  A. 纳税人使用土地而产生的收益
  B. 纳税人因地理位置不同而产生的级差收入
  C. 纳税人出租场地而取得的租金收入
  D. 纳税人实际占用的土地面积

2. 城镇土地使用税的税率采用（　　）。
   A. 有幅度差别的比例税率　　　　B. 有幅度差别的定额税率
   C. 全国统一定额　　　　　　　　D. 税务机关确定的定额

3. 某歌舞厅实际占用的土地面积为 400 平方米，经税务机关核定，该土地每平方米年应纳税额为 5 元，税款分两期缴纳，该歌舞厅每期应缴纳的城镇土地使用税税额为（　　）元。
   A. 167　　　　B. 500　　　　C. 1 000　　　　D. 2 000

4. 城镇土地使用税的纳税办法是（　　）。
   A. 按日计算，按期缴纳　　　　　B. 按季计算，按期缴纳
   C. 按年计算，分期缴纳　　　　　D. 按年计算，按期缴纳

5. 某城市的一家公司，实际占地 23 000 平方米。由于经营规模扩大，年初该公司又受让了一块尚未办理土地使用证的土地 3 000 平方米，公司按其当年开发使用的 2 000 平方米土地面积进行申报纳税，以上土地均适用每平方米 2 元的城镇土地使用税税额。该公司当年应缴纳城镇土地使用税为（　　）元。
   A. 46 000　　　B. 48 000　　　C. 50 000　　　D. 52 000

三、多项选择题

1. 根据《城镇土地使用税暂行条例》规定，下列地区中，开征城镇土地使用税的有（　　）。
   A. 城市　　　B. 县城、建制镇　　　C. 农村　　　D. 工矿区

2. 下列各项中，可以免征城镇土地使用税的是（　　）。
   A. 机场飞行区用地　　　　　　　B. 财政部门拨付事业经费单位的食堂用地
   C. 中外合资企业用地　　　　　　D. 名胜古迹场所设立的照相馆用地

3. 下列各项中，符合城镇土地使用税有关纳税义务发生时间规定的有（　　）。
   A. 纳税人新征用的耕地，自批准征用之月起缴纳城镇土地使用税
   B. 纳税人出租房产，自交付出租房产之次月起缴纳城镇土地使用税
   C. 纳税人新征用的非耕地，自批准征用之月起缴纳城镇土地使用税
   D. 纳税人购置新建商品房，自房屋交付使用之次月起缴纳城镇土地使用税

4. 下列关于城镇土地使用税的说法正确的是（　　）。
   A. 城镇土地使用税属于资源税类
   B. 城镇土地使用税在税金及附加科目中核算
   C. 城镇土地使用税在土地所在地纳税
   D. 城镇土地使用税从管理费用支出

5. 下列关于城镇土地使用税的表述中，正确的有（　　）。
   A. 城镇土地使用税采用有幅度的差别税额，每个幅度税额的差距为 20 倍
   B. 经批准开山填海整治的土地和改造的废弃土地，从使用的月份起免缴城镇土地使用税 10 年至 20 年
   C. 对在城镇土地使用税征税范围内单独建造的地下建筑用地，暂按应征税款的 50% 征收城镇土地使用税
   D. 经济落后地区，城镇土地使用税的适用税额标准可适当降低，但降低额不得超过规定最低税额的 30%

四、思考题

1. 在计算城镇土地使用税时,如何确定纳税人实际占用的土地面积?
2. 城镇土地使用税有哪些优惠政策?

五、业务题

1. 某市某购物中心实行统一核算,土地使用证上载明,该企业实际占用土地情况为:中心店占地面积为 8 200 平方米,一分店占地 3 600 平方米,二分店占地 5 800 平方米,企业仓库占地 6 300 平方米,企业自办托儿所占地 360 平方米。经税务机关确认,该企业所占用土地分别适用市政府确定的以下税额:中心店位于一等地段,每平方米年税额 7 元;一分店和托儿所位于二等地段,每平方米年税额 5 元;二分店位于三等地段,每平方米年税额 4 元;仓库位于五等地段,每平方米年税额 1 元。另外,该市政府规定,企业自办托儿所,幼儿园、学校用地免征城镇土地使用税。

要求:计算该购物中心年应纳城镇土地使用税税额。

2. 甲企业生产经营用地分布于某市的三个地域,第一块土地的土地使用权属于某免税单位,面积 6 000 平方米;第二块土地的土地使用权属于甲企业,面积 30 000 平方米,其中企业办学校 5 000 平方米,医院 3 000 平方米;第三块土地的土地使用权属于甲企业与乙企业共同拥有,面积 10 000 平方米,实际使用面积各 50%。假定甲企业所在地的城镇土地使用税单位税额为每平方米 8 元。

要求:计算甲企业全年应缴纳的城镇土地使用税税额。

任务八　资源税会计业务操作

学 习 指 导

一、资源税的纳税人、征税范围和税率

资源税是对在我国领域及我国管辖的其他海域从事应税资源开采的单位和个人征收的一种税。资源税的纳税人、征税对象和税率如表 7-28 所示。

表 7-28　资源税的纳税人、征税范围和税率

要　点	具　体　内　容
纳税人	资源税的纳税人为在我国领域及我国管辖的其他海域开发应税资源的单位和个人
扣缴义务人	收购未税矿产品的单位为资源税的扣缴义务人,包括独立矿山、联合企业和其他收购未税矿产品的单位
征税范围	矿产品:包括能源矿产、金属矿产、非金属矿产、水气矿产
	盐:包括钠盐、钾盐、镁盐、锂盐;天然卤水;海盐
税　率	比例税率或幅度比例税率:除个别应税资源可选用幅度定额税率之外其他均适用比例税率或幅度比例税率

二、资源税的计税依据和优惠政策

资源税的计税依据和优惠政策如表7-29所示。

表7-29　资源税的计税依据和优惠政策

要　点	具　体　内　容
计税依据	计税销售额的确定：销售额为纳税人销售应税产品向购买方收取的全部价款和价外费用，但不包括收取的增值税销项税额和运杂费用
	课税数量的确定：①凡直接对外销售的，以实际销售数量为课税数量；②凡产品自用的，以移送自用数量为课税数量；③不能准确提供应税产品销售数量的，以应税产品的产量或者主管税务机关确定的折算比换算成的数量为计征资源税的销售数量
优惠政策	(1) 有下列情形之一的，免征资源税：①开采原油以及在油田范围内运输原油过程中用于加热的原油、天然气；②煤炭开采企业因安全生产需要抽采的煤成(层)气； (2) 有下列情形之一的，减征资源税：①从低丰度油气田开采的原油、天然气，减征百分之20%资源税；②高含硫天然气、三次采油和从深水油气田开采的原油、天然气，减征30%资源税；③稠油、高凝油减征40%资源税；④从衰竭期矿山开采的矿产品，减征30%资源税； (3) 有下列情形之一的，省、自治区、直辖市可以决定免征或者减征资源税：①纳税人开采或生产应税产品过程中，因意外事故或自然灾害等原因遭受重大损失；②纳税人开采共伴生矿、低品位矿、尾矿

三、资源税应纳税额的计算、会计核算

资源税应纳税额的计算和会计核算如表7-30所示。

表7-30　资源税应纳税额的计算和会计核算

要　点	具　体　内　容
应纳税额的计算	实行从价计征的，其应纳税额计算公式如下： 应纳税额＝计税销售额×适用税率
	实行从量计征的，其应纳税额计算公式如下： 应纳税额＝课税数量×定额税率
会计核算	自产销售计提时： 借：税金及附加 　　贷：应交税费——应交资源税
	自产自用计提时： 借：生产成本等 　　贷：应交税费——应交资源税

四、资源税征收管理

资源税的征收管理内容如表7-31所示。

表 7-31 资源税征收管理

项 目	具 体 内 容
纳税义务发生时间	自产销售： 分期收款的,销售合同规定的收款日期的当天； 预收货款的,发出应税产品的当天； 其他方式的,收讫销售款或者取得索取销售款凭据的当天 自产自用：移送使用应税产品的当天 代扣代缴：支付货款的当天
纳税期限	① 资源税按月或者按季申报缴纳；不能按固定期限计算缴纳的,可以按次申报缴纳； ② 纳税人以按月或者按季缴纳的,应当自月度或者季度终了之日起 15 日内,向税务机关办理纳税申报并缴纳税款；应当自纳税义务发生之日起 15 日内,向税务机关办理纳税申报并缴纳税款
纳税地点	① 应税产品的开采或者生产所在地； ② 跨省开采且其下属生产单位与核算单位不在同一省、自治区、直辖市的,一律在开采地或者生产地纳税,其应纳税款独立核算的单位按照开采地或者生产地的销售量(额)及适用税率计算划拨

习 题

一、判断题

1. 资源税是对在中国境内开采、生产以及进口的矿产品和盐的单位和个人征收。（   ）

2. 独立矿山、联合企业及其他收购单位收购的未税矿产品,一律按税务机关核定的应税产品税额标准,依据收购的数量代扣代缴资源税。（   ）

3. 纳税人以外购液体盐加工固体盐,其加工固体盐所耗用液体盐的已纳资源税税款准予抵扣。（   ）

4. 销售有色金属的贸易公司既是增值税纳税人又是资源税纳税人。（   ）

5. 资源税纳税人以 1 个月为一期纳税的,自月度终了之日起 15 日内申报纳税。（   ）

二、单项选择题

1. 下列各项中不属于资源税征税范围的是（   ）。
   A. 与原油同时开采的天然气　　　　B. 煤矿安全生产需要抽采的煤层气
   C. 开采的天然原油　　　　　　　　D. 生产的海盐原盐

2. 某矿山 7 月份开采非金属矿 3 万吨(税率为 5%),其中销售了 2 万吨,每吨 2 000 元,自用(非生产用)0.5 万吨,计算该矿山 7 月份应纳资源税税额为（   ）万元。
   A. 250　　　　　B. 240　　　　　C. 160　　　　　D. 40

3. 某油田 3 月份生产原油 5 000 吨,当月销售 3 000 吨,每吨售价 800 元,加热、修井自用 100 吨。已知该油田原油适用的资源税税率为 5%。该油田 3 月份应缴纳的资源税税额为（　　）元。

　　A. 120 000　　　　B. 200 000　　　　C. 124 000　　　　D. 4 000

4. 纳税人开采应税矿产品销售的,其资源税的征税依据为（　　）。

　　A. 开采数量　　　B. 实际产量　　　C. 计划产量　　　D. 销售金额

5. 某纳税人本期以自产液体盐 50 000 吨对外销售,取得销售收入 100 万元。资源税税率为 5%,该纳税人本期应缴纳（　　）万元资源税。

　　A. 3　　　　　　B. 6　　　　　　C. 2　　　　　　D. 5

三、多项选择题

1. 下列单位和个人的生产经营行为应缴纳资源税的有（　　）。

　　A. 冶金企业进口矿石　　　　　　　B. 个体经营者开采煤矿
　　C. 军事单位开采石油　　　　　　　D. 中外合作开采天然气

2. 下列各项中,关于资源税纳税义务发生时间的表述正确的有（　　）。

　　A. 采用分期收款结算方式销售应税产品的,为发出应税产品的当天
　　B. 采用预收货款结算方式销售应税产品的,为收到预收款的当天
　　C. 自产自用应税产品的,为移送使用应税产品的当天
　　D. 扣缴义务人代扣代缴税款的,为支付首笔货款的当天

3. 下列各项中,应征资源税的有（　　）。

　　A. 开采的大理石　　　　　　　　　B. 进口的原油
　　C. 开采的煤矿瓦斯　　　　　　　　D. 生产用于出口的卤水

4. 下列各项中,属于资源税纳税义务人的有（　　）。

　　A. 进口盐的外贸企业　　　　　　　B. 开采原煤的私营企业
　　C. 生产盐的外商投资企业　　　　　D. 中外合作开采石油的企业

5. 某铜矿 2022 年 11 月销售铜精矿 20 000 吨,每吨不含税售价 300 元,当地铜精矿资源税税率为 5%,应纳资源税和增值税税额为（　　）。

　　A. 资源税 16.8 万元　　　　　　　B. 资源税 30 万元
　　C. 增值税 78 万元　　　　　　　　D. 增值税 96 万元

四、思考题

1. 在计算资源税时,如何确定计税依据?
2. 资源税有哪些优惠政策?

五、业务题

1. 甲县某独立矿山 2022 年 11 月份开采铜精矿 3 万吨,当月销售 80%,每吨售价（不含增值税）300 元。甲县铜精矿资源税税率为 5%。

　　要求:计算该独立矿山 11 月份应向甲县税务机关缴纳的资源税税额。

2. 位于县城的某内资原煤生产企业为增值税一般纳税人,2022 年 11 月发生以下业务:

（1）开采原煤 10 000 吨。采取分期收款方式销售原煤 9 000 吨,每吨不含增值税单价 500 元,购销合同约定,本月应收取 1/3 的价款,但实际只收取不含税价款 120 万元。另支付

运费取得增值税专用发票,注明运费 6 万元,税款 5 400 元,支付装卸费取得增值税专用发票,注明装卸费 2 万元,税款 1 200 元。

(2) 为职工宿舍供暖,使用本月开采的原煤 200 吨;另将本月开采的原煤 500 吨无偿赠送给某有长期业务往来的客户。

(3) 销售开采原煤过程中因安全生产需要抽采的煤层气 125 千立方米,取得不含税销售额 25 万元。

假设该煤矿所在地原煤的资源税税率为 5%,煤层气资源税税率为 2%。

要求:计算该企业当月应缴纳的资源税并作会计处理。

第二部分

项目实训

项目一　涉税票证填制业务操作实训

一、实训要求

以东海集团股份有限公司 6 月份部分经营业务为依据填开下列涉税票证：

1. 销售货物的商业零售发票、增值税专用发票。
2. 提供运输服务、销售不动产的增值税专用发票、增值税普通发票。
3. 税收通用缴款书、税收通用完税证、海关进口增值税专用缴款书。

二、实训准备

1.《中华人民共和国发票管理办法》《中华人民共和国发票管理办法实施细则》和办理发票领购的其他相关规定。

2. 税务实训室进行,具备相关表单材料。

三、实训资料

1. 企业基本资料如下:

企业名称:东海集团股份有限公司

法定代表:陈大力,身份证号为 3301021957120278××

财务负责人:王小平

办税员:李金刚,身份证号为 3301021970120286××

财会人员:4 人

注册资本:20 000 万元人民币

成立时间:2010 年 7 月 26 日

税务登记号:280632584747645

主管税务机关:国家税务总局东海市税务局直属分局,代码:54350023

开户银行及账号:工行东海分行,180100112200106543

企业地址及电话:东海市东京路 118 号,8806529

经营范围:各类服装、白酒的生产、销售、出口,房地产开发,宾馆旅游经营、货物运输等。

2. 企业 2022 年 6 月份部分经营业务:

【业务 1】 6 月 3 日,东海市湖滨小区 28 幢 403 室居民王冬山到本公司非独立核算门市部购买两件东海牌服装,单价 350 元,收取现金 700 元。

要求:根据上述资料填制一份商业零售发票,如表 1-1 所示。

表 1-1　东海市商业零售普通发票

650234567　　　　　　　　　发票联　　　　　　　　　东国税函字(11)

年　月　日　　　　　　　　　　　　　　No 5743254567

购货单位(人)			地址							
品名、规格、型号	单位	数量	单价	金　额						
				十万	千	百	十	元	角	分
金额合计(大写)										
销货单位	名称		纳税人识别码							
	地址		电话							

第三联:发票联

【业务 2】 6 月 5 日,向顺达有限责任公司销售白酒 250 箱,每箱售价 600 元,增值税税率 13%。顺达有限责任公司资料如下:

纳税人识别号:280600000001678

地址、电话:东海市灯塔街 66 号,0316—2345689

开户行及账号:工商行灯塔路分理处 654321

要求:根据以上资料填开增值税专用发票,如表 1-2 所示。

注意:下列增值税专用发票属于用防伪税控装置开具的增值税专用发票,在实训操作时,密码区部分不必填写,其他栏目需填写完整。

> **提示:增值税专用发票的联次**
>
> 　　增值税专用发票常用有两种即三联和六联,企业可以根据自己的需要选择使用。增值税专用发票前三联分别是:
>
> 　　第一联为记账联:是销售方的记账凭证,即开票方作为销售的原始凭证,票面上的"税额"指的是"销项税额""金额"指的是销售方的"不含税金额收入";
>
> 　　第二联为抵扣联:是购买方的扣税凭证,即购买方可以进行抵扣的进项发票,票面上的"税额"指的是"进项税额""金额"指的是购买方的"不含税金额价格";
>
> 　　第三联为发票联:是购买方的记账凭证,即购买方作为购进货物的原始凭证。
>
> 　　增值税专用发票四、五、六联可根据纳税人不同需要使用。增值税专用发票具有复写功能,要求一次填开,内容一致。

表 1-2　东海增值税专用发票

2806143140　抵扣联　No00660408

开票日期：　年　月　日

	名　　称：							
购买方	纳税人识别号：			密码区		（略）		
	地　址、电　话：							
	开户行及账号：							
货物或应税劳务、服务名称		规格	单位	数量	单价	金额	税率	税额
价税合计（大写）								
	名　　称：							
销售方	纳税人识别号：			备注				
	地　址、电　话：							
	开户行及账号：							

收款人：　　　复核：　　　开票人：　　　销售方：

【业务3】 6月10日，职工李明杰到本公司开发的滨江花园订购一套住房，楼牌号5幢5单元305室，建筑面积140平方米，每平方米7 000元，金额98万元，采用简易计税办法，增值税税额4.9万元，已通过银行转账收讫。税控装置号AE-011-654321。李明杰身份证号：330521196407101×××。

要求：根据以上资料为李明杰开具1份销售住房的发票，如表1-3所示。

表 1-3　东海增值税普通发票

2806143320　发票联　No00660408

开票日期：　年　月　日

	名　　称：							
购买方	纳税人识别号：			密码区		（略）		
	地　址、电　话：							
	开户行及账号：							
货物或应税劳务、服务名称		规格	单位	数量	单价	金额	税率	税额
价税合计（大写）								
	名　　称：							
销售方	纳税人识别号：			备注				
	地　址、电　话：							
	开户行及账号：							

收款人：　　　复核：　　　开票人：　　　销售方：

【业务4】 6月12日,公司运输部承接一项从东海到上海的货物运输业务,运费收入5 000元,税款450元。款已通过银行转账收讫。

发货人:东海天宝化工股份有限公司,税务登记号:280665987645321;

收货人:上海民强化工股份有限公司(受票方),税务登记号:458732130987456;

税控装置号:AE-011-654321。

要求:根据上述资料,填开1份收取运费的增值税专用发票,如表1-4所示。

表1-4 东海增值税专用发票

3300143140　　　　　　　　　　　　　　　　　　　　　　　　No00660408

抵扣联

开票日期: 年 月 日

购买方	名　　称:							
	纳税人识别号:				密码区		(略)	
	地　址、电话:							
	开户行及账号:							
货物或应税劳务、服务名称	规格	单位	数量	单价	金额	税率	税额
价税合计(大写)							
销售方	名　　称:					备注		
	纳税人识别号:							
	地　址、电话:							
	开户行及账号:							

税总函〔2022〕××号　××××公司

第二联:抵扣联 购买方扣税凭证

收款人:　　　　　复核:　　　　　开票人:　　　　　销售方:

【业务5】 6月15日,向主管税务机关报送5月份财务报表和增值税纳税申报表,申报表中列示该企业5月份销售收入4 000万元,销项税额520万元,已认证的进项税额450万元,5月份应纳税额70万元。

要求:按上述资料以税务机关办税员的身份为该企业填开1份税收通用缴款书,如表1-5所示。

注意:税收缴款书中的预算科目已填写。

提示:税收通用完税证和税收通用缴款书的区别

(1) 用途不同:税收通用完税证是税务机关和委托代征单位自收现金税款时使用的一种完税凭证,是直接开给纳税人的;税收通用缴款书是纳税人直接向银行缴纳税款时使用的一种凭证,是税款入金库的凭证(唯一合法要件)。

(2) 格式不同:税收通用缴款书栏目设计比税收通用完税证复杂,除两者相同的栏目之外,缴款书中还包括缴款单位开户银行和账号、预算科目编码、名称、级次、收款国库、税款限缴日期、国库(银行)盖章、缴款单位盖章等栏目。

(3) 联次不同:税收通用缴款书联次较多,一般为一式五联,税收通用完税证一式三联。

(4) 生效方式不同:税收通用缴款书必须经收款国库(银行)盖章后生效。税收通用完税证无需银行盖章。

表 1-5　中华人民共和国
　　　　税收通用缴款书　　　　　　　（032）海　　№1055806

隶属关系：　　　　　　　　　　　　　　　　　缴电
注册类型：　　　　　　填发日期：　年　月　日　　征收机关：

缴款单位（人）	代　码		预算科目	编码	101010103
	全　称			名称	股份制企业增值税
	开户银行			级次	中央50%，地方50%
	账　号			收款国库	东海市中心支库

税款所属时期　　年　月　日至　月　日　　　税款限缴日期：

品目名称	课税数量	计税金额或销售收入	税率或单位税额	已缴或扣除额	实缴金额

金额合计（大写）		￥	转

缴款单位（人）（盖章）　　　　上列款项已收妥并划转收款单位账户
经办人（盖章）　　　　　　　　国库（银行）盖章　　年　月　日

逾期不缴按税法规定加收滞纳金

（工商银行 东海分行 2022.06.15）

【业务6】公司所属非独立核算的湖滨酒楼实行定额征收，6月15日，公司用现金缴纳5月份应交税费，其中应交增值税1300元，应交城建税91元，应交教育费附加39元，合计1430元。

要求：按上述资料以税务机关办税员的身份为该企业填开1份税收通用完税证，如表1-6所示。

表 1-6　中华人民共和国
　　　　税收通用完税证

印刷序号：A234543
纳税人编号：　　　　　预算级次：　　　　　（2022）东税完字：020383746593号

收款单位			纳税单位（人）				
税种	税目	税款所属期限	计税金额	计税数量	税率（%）	扣除或预缴税额	纳税金额	滞纳天数

备注		汇率		结算金额	
合计人民币（大写）				￥	
经手人			填发日期		

【业务7】 6月16日,从美国进口一批 XL-7654 生产原料,共计100桶,到岸价150万美元,假定该批化工原料进口关税完税价格与到岸价相同,进口关税税率为10%,即应缴关税15万美元;汇率1:6.5;合同号:11-03-115;报关单编号 TX-0011305,提货单号:E-987654;收款国库:东海市中心支库。

要求:按照上述资料,以海关办税员的身份,为企业填制1份进口增值税缴款书,如表1-7所示。

表 1-7　海关　进口增值税　专用缴款书

收入系统:　　　　　　　填发日期:　年　月　日　　　　　　号码:0432875434

收款单位	收入机关				缴款单位(人)	名　　称	
	科　　目		预算级次			账　号	
	收缴国库					开户银行	

税号	货物名称	数量	单位	完税价格(¥)	税率(%)	税款金额(¥)

金额人民币(大写)			合计(¥)	
申请单位编号		报关单编号		填制单位 填制人
合同(批文)号		运输工具(号)		复核人
缴款期限		提/装货单号		收款国库(银行)业务公章 东海市中心支库
备注	东海集团股份有限公司财务专用章 一般征税 USD 国际代码:			单证专用章

提示:有关发票的法律责任

(1)非法印制发票的,由税务机关销毁非法印制的发票,没收违法所得和作案工具,并处1万元以上5万元以下的罚款;构成犯罪的,依法追究刑事责任。

(2)伪造或者出售伪造的增值税专用发票的,处3年以下有期徒刑、拘役或者管制,并处2万元以上20万元以下罚金;数量较大或者有其他严重情节的,处3年以上10年以下有期徒刑,并处5万元以上50万元以下罚金。数量巨大或有其他特别严重情节的,处10年以上有期徒刑或者无期徒刑,并处5万元以上50万元以下罚金。

项目二　增值税会计业务操作实训

一、实训要求

1. 逐笔审核经济业务的原始凭证，编制会计分录。
2. 根据原始凭证、记账凭证，登记"应交税费——应交增值税"二级明细账以及所属进项税额、销项税额、进项税额转出等三级明细账。
3. 汇总销项税额、进项税额，计算本期应缴纳的增值税税额。
4. 根据相关原始凭证，填制增值税及附加税费申报表和附列资料。

二、实训准备

1. 《中华人民共和国增值税暂行条例》《中华人民共和国增值税暂行条例实施细则》和企业增值税其他相关法规。
2. 税务实训室，企业基本情况，经济业务的原始凭证。
3. 通用记账凭证、"应交税费——应交增值税"二级明细账以及所属进项税额、销项税额、进项税额转出等三级明细账。
4. 一般纳税人增值税及附加税费申报表、附列资料、税收通用缴款书。

三、实训材料

1. 黄河有限责任公司是东海市一家机械制造企业，为增值税一般纳税人，适用增值税税率13%，上期留抵的增值税为0，执行《企业会计准则》。该公司的基本资料如下：

开户银行：中国工商银行东海市支行紫荆分理处
账　　号：1801001122200100888
纳税人识别号：280602002234678
主管税务机关：国家税务总局东海市税务局直属分局
经营地址：东海市解放街208号
电　　话：0316—3133666

注册资本:5 000 万元人民币

法定代表人:郭朝阳

财务主管:李　林

会　　计:赵　星

助理会计:张晓庆

出 纳 员:陈　洁

职工人数:1 250 人

企业存货按实际成本计价核算。

2. 该公司 2022 年 6 月份发生如下与增值税相关的经济业务:

【业务1】6 月 2 日,为公司某个免税项目特向东海市物资公司购入 Φ20 螺纹钢,仓库已验收入库。原始凭证如表 2-1—表 2-5 所示。

> **提示**:下列业务即使取得增值税专用发票,其进项税额也不得从销项税额中抵扣
> (1) 用于免征增值税项目、集体福利或者个人消费的购进货物或者应税劳务。
> (2) 非正常损失的购进货物及相关的应税劳务。
> (3) 非正常损失的在产品、产成品所耗用的购进货物或者应税劳务。
> (4) 上述第(1)项至第(3)项规定的货物的运输费用和销售免税货物的运输费用。

表 2-1　东海增值税专用发票

2806143140　　　　　　　　　　　　　　　　　　　　№05000487

发票联　　　　　开票日期:2022 年 6 月 2 日

购买方	名　　称:黄河有限责任公司 纳税人识别号:280602002234678 地　址、电话:东海市解放街 208 号 0316—3133666 开户行及账号:工行东海紫荆分理处 180100112200100888	密码区	（略）		
货物或应税劳务、服务名称	规格型号	单位	数量	单价	金额	税率	税额
*金属制品*螺纹钢	Φ20	吨	15	3 000.00	45 000.00	13％	5 850.00
价税合计(大写)	⊗伍万零捌佰伍拾圆整				（小写）¥ 50 850.00	
销售方	名　　称:东海市物资公司 纳税人识别号:280602002268152 地　址、电话:东海市大众街 83 号 0316—3133895 开户行及账号:工行东海分行 180100110220002053	备注			

收款人:　　　　复核:　　　　开票人:丁一杰　　　　销售方:(章)

表2-2　东海增值税专用发票

抵扣联

2806143140　　　　　　　　　　　　　　　　　　　　　　No 05000487

开票日期：2022年6月2日

购买方	名　　称：黄河有限责任公司 纳税人识别号：280602002234678 地　址、电　话：东海市解放街208号 0316—3133666 开户行及账号：工行东海紫荆分理处 180100112200100888	密码区	（略）

货物或应税劳务、服务名称	规格型号	单位	数量	单价	金额	税率	税额
*金属制品*螺纹钢	Φ20	吨	15	3 000.00	45 000.00	13％	5 850.00

价税合计（大写）	⊗伍万零捌佰伍拾圆整	（小写）¥50 850.00

销售方	名　　称：东海市物资公司 纳税人识别号：280602002268152 地　址、电　话：东海市大众街83号 0316—3133895 开户行及账号：工行东海分行 18010011022000205	备注	东海市物资公司 280602002268152 发票专用章

收款人：　　　　　复核：　　　　　开票人：丁一杰　　　　　销售方：(章)

表2-3　转账支票存根

中国工商银行　　（东）
转账支票存根
XII 00105455

科　　目_____
对方科目_____
出票日期　2022年6月2日

收款人：东海市物资公司
金　　额：50 850.00
用　　途：付项目材料款
备　　注：

单位主管　　　　　会计
复　　核　　　　　记账

表 2-4 东海国家税务局通用机打发票

发票联　　　　　　　　　　发票代码：133011230233
　　　　　　　　　　　　　　网络发票号：3373890812456614
开票日期：2022 年 6 月 20 日　　行业分类：货物运输业　　发票号码：08754329

收货人名称：黄河有限责任公司	承运人名称：东海市搬运公司
收货人识别号：280602002234678	承运人识别号：280605001372564
发货人名称：东海市物资公司	实际受票方名称：黄河有限责任公司
发货人识别号：280602002268152	实际受票方识别号：280602002234678

运输项目及金额：
货物名称　数量(重量)　单位运价　计量里程　金额
螺纹钢　　15 吨　　　　　　　　　　　　200.00

其他项目及金额：
费用名称　金额
（现金付讫）

运费小计：　　　　　　　　　　200.00
其他费用小计：0.00

小写：200.00　　　　　　备注：
合计人民币(大写)贰佰元整
开票人：郑一照　　收款人：郑一照　　开票单位：(未盖章无效)

（东海市搬运公司 280605001372564 发票专用章）

表 2-5 收料单

材料科目：工程物资　　　　　　　　　　　　　　编号：001
材料类别：钢材　　　　　　　　　　　　　　　　收料仓库：3 号仓库
供应单位：东海市物资公司　　2022 年 6 月 2 日　发票号码：05000487

材料编号	材料名称	规格	计量单位	数量 应收	数量 实收	实际价格 单价	实际价格 发票金额	实际价格 运费	实际价格 合计	计划价格 单价	计划价格 金额
001	螺纹钢	Φ20	吨	15	15	3 000	45 000.00	200.00	45 200.00		

备注：

采购员：　　检验员：赵安康　　记账员：　　保管员：叶志明

【业务2】6月2日，向东海泰山有限责任公司销售甲产品，业务部门开出增值税发票，储运部门办妥发货手续并代垫运费。财会部门根据增值税发票、代垫运费清单并办妥托收手续。原始凭证如表2-6—表2-9所示。

表 2-6 东海增值税专用发票

2806143140 此联不作报销、扣税凭证使用 No22000001

开票日期：2022 年 6 月 2 日

购买方	名　　称：东海泰山有限责任公司 纳税人识别号：280601001112248 地　址、电　话：东海市人民路 17 号 0316—27708086 开户行及账号：工行东海分行 150200683322006688	密码区	（略）

货物或应税劳务、服务名称	规格型号	单位	数量	单价	金额	税率	税额
*通用设备*甲产品		件	500	800.00	400 000.00	13%	52 000.00

价税合计（大写）	⊗肆拾伍万贰仟圆整	（小写）¥452 000.00

| 销售方 | 名　　称：黄河有限责任公司
纳税人识别号：280602002234678
地　址、电　话：东海市解放街 208 号 0316—3133666
开户行及账号：工行东海紫荆分理处 180100112200100888 | 备注 | 黄河有限责任公司
280602002234678
发票专用章 |

收款人：　　　　　复核：　　　　　开票人：许月宏　　　　　销售方：（章）

表 2-7 代垫费用清单 4 第 89 号

日期：2022 年 6 月 2 日

单位名称	东海泰山有限责任公司	代垫费用项目	运　费
金　　额	人民币（大写）壹仟贰佰元整		¥1 200.00
内容：甲产品 500 件汽车运费		附单据	2 张
备注：			

主管：　　　　　会计：　　　　　复核：　　　　　制单人：陈　洁

表 2-8 转账支票存根

中国工商银行 （东）
转账支票存根
Ⅻ 00105456

科　　目　_____
对方科目　_____
出票日期　2022 年 6 月 2 日

收款人：东海货运公司
金　额：1 200.00
用　途：运费
备　注：

单位主管　　　　会计
复　核　　　　　记账

表 2-9　异地托收承付　结算凭证(回单)　1　第　号

委托日期　2022 年 6 月 3 日　　托收号码：

付款人	全称	东海泰山有限责任公司	收款人	全称	黄河有限责任公司	此联是收款单位开户银行给收款人的回单
	账号或地址	150200683322006688		账号	180100112200100888	
	开户银行	工行东海分行		开户银行	工行东海紫荆分理处　行号 25123	

托收金额	人民币(大写)	肆拾伍万叁仟贰佰元整	千 百 十 万 千 百 十 元 角 分
			¥　　4 5 3 2 0 0 0 0

附件	商品发运情况	合同名称号码
附寄单证张数或册数	4 张　2022 年 6 月 2 日发运	0468

工商银行东海分行 2022.06.03 结算

备注：	款项收妥日期　年　月　日	收款人开户银行盖章　　月　日

【业务3】6 月 4 日，收到银行划账通知，支付东海市供水公司水费。原始凭证如表 2-10—表 2-12 所示。

表 2-10　东海增值税专用发票　发票联

2806143140　　　　　　　　　　　　　　　　　　　　No 28004861

开票日期：2022 年 6 月 1 日

税总函〔2022〕××号 ××××公司

购买方	名　称：黄河有限责任公司 纳税人识别号：280602002234678 地　址、电话：东海市解放街 208 号 0316—3133666 开户行及账号：工行东海紫荆分理处 180100112200100888	密码区	（略）

货物或应税劳务、服务名称	规格型号	单 位	数 量	单 价	金 额	税率	税 额
*水冰雪*水费		吨	20 000	1.5	30 000	3%	900

价税合计（大写）	⊗叁万零玖佰圆整	（小写）¥ 30 900.00

销售方	名　称：东海市供水公司 纳税人识别号：280602002297140 地　址、电话：东海市光明路 117 号 0316—3133428 开户行及账号：工行东海分行 180100112200100667	备注	东海市供水公司 280602002297140 发票专用章

收款人：　　　　复核：　　　　开票人：杨晓琴　　　　销售方：（章）

第三联：发票联　购买方记账凭证

表 2-11　东海增值税专用发票
抵扣联

2806143140　　　　　　　　　　　　　　　　　　　No 28004861
开票日期：2022 年 6 月 1 日

购买方	名　　称：黄河有限责任公司 纳税人识别号：280602002234678 地　址、电　话：东海市解放街 208 号 0316—3133666 开户行及账号：工行东海紫荆分理处 180100112200100888	密码区	（略）

货物或应税劳务、服务名称	规格型号	单位	数　量	单　价	金　　额	税率	税　额
*水冰雪*水费		吨	20 000	1.50	30 000	3%	900

价税合计（大写）	⊗叁万零玖佰圆整	（小写）¥ 30 900.00

销售方	名　　称：东海市供水公司 纳税人识别号：280602002297140 地　址、电　话：东海市光明路 117 号 0316—3133428 开户行及账号：工行东海分行 180100112200100667	备注	东海市供水公司 280602002297140 发票专用章

收款人：　　　　复核：　　　　开票人：杨晓琴　　　　销售方：（章）

税总函〔2022〕××号　××××公司
第二联：抵扣联　购买方扣税凭证

表 2-12　委托收款凭证（付款通知） 5　　委托号码：第 6 号
委托日期　2022 年 6 月 1 日　　　　　付款期限 2022 年 6 月 4 日

付款人	全　称	黄河有限责任公司	收款人	全　称	东海市供水公司		
	账号或地址	180100112200100888		账　号	180100112200100667		
	开户银行	工行东海紫荆分理处		开户银行	工行东海分行	行号	25123

委收金额	人民币 （大写）	叁万零玖佰元整	千 百 十 万 千 百 十 元 角 分 ¥　　　3 0 9 0 0 0 0

款项内容	5 月份水费	委托收款凭据名称	增值税发票	附寄单证张数	1

备注：　　　　　　　　　　付款人注意：
　　　　　　　　　　　　　1. 于见票当日通知开户银行划款。
　　　　　　　　　　　　　2. 如需拒付，应在规定期限内，将拒付理由书并附债务证明退交开户银行。

工商银行
东海分行
2022.06.04

单位主管　　会计　　复核　　记账　　付款人开户银行盖章　年　月　日

此联是付款人开户银行给付款人按期付款的通知

【业务 4】6 月 5 日，为公司某个免税项目领用上月购进的原材料一批。原始凭证如表 2-13 所示。

表 2-13 领料单　　　　　　　　字第 3701 号

领料部门：基建科　　　用途：四号行政办公楼工程　　　2022 年 6 月 5 日

品　名	规格型号	单位	数量 请领	数量 实领	单价	金额（不含增值税）
钢材	Φ20	吨	15	15		51 860.00
备注						

负责人　　　　领料人 张东林　　　　发料人 叶志明

提示：外购货物用于免税项目、集体福利项目与自产货物用于免税项目、集体福利项目在计征增值税方面的区别

(1) 外购货物用于免税项目、集体福利时，不计算销项税额，其进项税额也不得扣除，应进行进项税额转出的处理。

(2) 自产货物用于免税项目、集体福利时，应计算销项税额，其进项税额不作转出处理。

【业务 5】6 月 5 日，支付东海市电力公司电费。原始凭证如表 2-14—表 2-16 所示。

表 2-14 东海增值税专用发票

2806143140　　　　　　　　　　　　　　　　　　　　　№28006485

开票日期：2022 年 6 月 5 日

购买方	名　称：黄河有限责任公司 纳税人识别号：280602002234678 地　址、电　话：东海市解放街 208 号 0316—3133666 开户行及账号：工行东海紫荆分理处 180100112200100888	密码区	（略）

货物或应税劳务、服务名称	规格型号	单位	数量	单价	金额	税率	税额
*供电*电费		度	42 000	1.00	42 000.00	13%	5 460.00

价税合计（大写）　⊗肆万柒仟肆佰陆拾圆整　　（小写）¥47 460.00

销售方	名　称：东海市电力公司 纳税人识别号：280602002297208 地　址、电　话：东海市虹桥路 90 号 0316—3133342 开户行及账号：工行东海分行 180100110220017408	备注	东海市电力公司 280602002297208 发票专用章

收款人：　　　复核：　　　开票人：柳之敏　　　销售方：（章）

表 2-15 东海增值税专用发票

2806143140　　　　　　　　　　　　　　　　　　　　　　　№28006485
开票日期：2022 年 6 月 5 日

购买方	名　　称：黄河有限责任公司 纳税人识别号：280602002234678 地　址、电　话：东海市解放街 208 号 0316—3133666 开户行及账号：工行东海紫荆分理处 180100112200100888	密码区	（略）

货物或应税劳务、服务名称	规格型号	单位	数量	单价	金额	税率	税额
*供电*电费			42 000	1	42 000.00	13%	5 460.00

价税合计（大写）	⊗肆万柒仟肆佰陆拾圆整	（小写）¥ 47 460.00

销售方	名　　称：东海市电力公司 纳税人识别号：280602002297208 地　址、电　话：东海市虹桥路 190 号 0316—3133342 开户行及账号：工行东海分行 180100110220017408	备注	

收款人：　　　　复核：　　　　开票人：柳之敏　　　　销售方：（章）

第二联：抵扣联　购买方扣税凭证

表 2-16　转账支票存根

中国工商银行
转账支票存根
Ⅻ 00105457

科　　目
对方科目
签发日期　2022 年 6 月 5 日

| 收款人：东海市电力公司 |
| 金　　额：47 460.00 |
| 用　　途：付电费 |
| 备　　注： |

单位主管　　　　　会计
复　　核　　　　　记账

【业务6】6 月 6 日，收到东海泰山有限责任公司传真，称 2 日从本公司购入的商品外观存在瑕疵，要求给予折让。经公司业务人员认定同意给予折让。依据泰山有限责任公司主管税务机关东海市国税局销售折让证明单开出红字专用票。原始凭证如表 2-17 所示。

表 2-17 东海增值税专用发票

2806143140
负数发票
此联不作报销、扣税凭证使用
No22000002
开票日期:2022 年 6 月 6 日

税总函〔2022〕×××号 ×××××公司

购买方	名　　称:东海泰山有限责任公司 纳税人识别号:280601001112248 地　址、电　话:东海市人民路 17 号 0316—27708086 开户行及账号:工行东海分行 150200683322006688	密码区	(略)

货物或应税劳务、服务名称	规格型号	单位	数量	单价	金额	税率	税额
*通用设备*甲产品		件	(500)	−16.00	−8 000.00	13%	−1 040.00

价税合计(大写)	负数⊗玖仟零肆拾圆整	(小写)¥−9 040.00

销售方	名　　称:黄河有限责任公司 纳税人识别号:280602002234678 地　址、电　话:东海市解放街 208 号 0316—3133666 开户行及账号:工行东海紫荆分理处 180100112200100888	备注	(黄河有限责任公司 280602002234678 发票专用章)

收款人:　　　　复核:　　　　开票人:许月宏　　　　销售方:(章)

第一联:记账联　销售方记账凭证

提示:红字增值税专用发票开具规定

(1)购买方、销售方均未作账务处理:购买方只需将原发票联和抵扣联退还销售方。销售方在原发票的记账联、抵扣联和发票联上注明"作废"字样即可,不开具红字专用发票。

(2)购买方未作账务处理、销售方已作账务处理:购买方只需将原发票联和抵扣联退还销售方。销售方凭退回的抵扣联和发票联依据退回货物的数量、价款或折让金额开具相同内容的红字专用发票。

(3)购买方均已作账务处理:购买方不能退回原发票联、抵扣联时,销售方在取得购买方主管税务机关的《进货退出及索取折让证明单》后,方可根据退回货物的数量、价款或折让金额来开具相同内容的红字专用发票。

【业务 7】6月6日,向苏中吉达有限责任公司销售乙产品一批,开出增值税专用发票,代垫运杂费。收到对方银行承兑汇票一张(含代垫费用)。原始凭证如表 2-18—表 2-21 所示。

表 2-18 东海市增值税专用发票

2806143140
此联不作报销、扣税凭证使用
No22000003
开票日期:2022 年 6 月 6 日

税总函〔2022〕×××号 ×××××公司

购买方	名　　称:苏中吉达有限责任公司 纳税人识别号:423321000017928 地　址、电　话:苏中市沁春街 19 号 0317—4155668 开户行及账号:工行苏中分行 250012293350005178	密码区	(略)

货物或应税劳务、服务名称	规格型号	单位	数量	单价	金额	税率	税额
*通用设备*乙产品		件	2 000	500.00	1 000 000.00	13%	130 000.00

价税合计(大写)	⊗壹佰壹拾叁万圆整	(小写)¥1 130 000.00

销售方	名　　称:黄河有限责任公司 纳税人识别号:280602002234678 地　址、电　话:东海市解放街 208 号 0316—3133666 开户行及账号:工行东海紫荆分理处 180100112200100888	备注	(黄河有限责任公司 280602002234678 发票专用章)

收款人:　　　　复核:　　　　开票人:陈晓庆　　　　销售方:(章)

第一联:记账联　销售方记账凭证

表 2-19　银行承兑汇票　2

出票日期　贰零贰贰年零陆月零陆日　　汇票号码第　2　号

出票人全称	苏中吉达有限责任公司	收款人	全称	黄河有限责任公司
出票人账号	250012293350005178		账号	180100112200100888
付款行全称	工行苏中分行　行号　22036		开户行	工行东海紫荆分理处　行号　25123

汇票金额	人民币（大写）　壹佰壹拾叁万陆仟贰佰零元整	千百十万千百十元角分 ¥1 1 3 6 2 0 0 0 0

汇票到期日	2022 年 11 月 6 日	本汇票已经承兑，到期日由本行无条件付款　承兑行签章　承兑日期 2022 年 6 月 6 日	承兑协议编号　086

本汇票请你行承兑，到期无条件付款

苏中吉达有限责任公司财务专用章

出票人签章　林志颖印　2022 年 6 月 6 日

科目(借)_____
对方科目(贷)_____
转账　年　月　日
复核　　　记账
柜员

备注：

此联收款人开户行随委托收款凭证寄付款行作借方凭证附件

表 2-20　转账支票存根

中国工商银行　　　（东）
转账支票存根
Ⅻ 00550202

科　目 _____
对方科目 _____
出票日期　2022 年 6 月 6 日

收款人：东海物流公司
金　额：6 200.00
用　途：垫付运费

单位主管　　　会计
复　核　　　　记账

表 2-21　代垫费用清单　　第 89 号

日期：2022 年 6 月 6 日

单位名称	苏中吉达有限责任公司	代垫费用项目	运　费
金　额	人民币(大写)陆仟贰佰元整		¥6 200.00
内容：乙产品 2 000 件东海至上海汽车运费		附单据 1 张	
备注：			

主管　　　　会计　赵　星　　　　制单　陈　洁

④代垫方作收款依据

【业务8】6月11日，向上海长江有限责任公司购入 A 型钢材，取得供货方开具的防伪税控增值税专用发票和运输单位开具的增值税专用发票，货款付讫。原始凭证如表 2-22—表 2-27 所示。

表 2-22　中国工商银行信汇凭证（回　单）

委托日期　2022 年 6 月 11 日　　　第 258 号

汇款人	全称	黄河有限责任公司	收款人	全称	上海长江有限责任公司
	账号或地址	180100112200100888		账号或地址	0201001005601000268
	汇出地点	××省东海县	汇出行名称	工商银行紫荆分理处	汇入地点	上海市	汇入行名称	工商银行上海分行

金额　人民币（大写）：捌拾伍万叁仟柒佰壹拾叁元整

￥85 371 300

（工商银行东海分行 2022 06 11 转讫）

汇款用途：购 A 型钢材

汇出行盖章　年　月　日

此联汇出行给汇款人的回单

表 2-23　上海市增值税专用发票

发票联

3100143140　　　　No 22000312

开票日期：2022 年 6 月 11 日

购买方	名　称：黄河有限责任公司 纳税人识别号：280602002234678 地址、电话：东海市解放街 208 号 0316—3133666 开户行及账号：工行东海紫荆分理处 180100112200100888	密码区	（略）

货物或应税劳务、服务名称	规格型号	单位	数量	单价	金额	税率	税额
*黑色金属冶炼压延品*钢材	A 型	千克	15 000	50.00	750 000.00	13%	97 500.00

价税合计（大写）　⊗捌拾肆万柒仟伍佰圆整　　（小写）￥847 500.00

销售方	名　称：上海长江有限责任公司 纳税人识别号：310002002268152 地址、电话：上海市人民路 166 号 021—52560789 开户行及账号：工行上海分行 0201001005601000268	备注	（上海长江有限责任公司 310002002268152 发票专用章）

收款人：　　复核：　　开票人：王明光　　销售方：（章）

第三联：发票联　购买方记账凭证

表2-24　上海市增值税专用发票
抵扣联

3100143140　　　　　　　　　　　　　　　　　　　　　　No 22000312
开票日期：2022 年 6 月 11 日

购买方	名　　称：黄河有限责任公司 纳税人识别号：280602002234678 地　址、电　话：东海市解放街 208 号 0316—3133666 开户行及账号：工行东海紫荆分理处 180100112200100888	密码区	（略）

货物或应税劳务、服务名称	规格型号	单位	数量	单价	金额	税率	税额
*黑色金属冶炼压延品*钢材	A型	千克	15 000	50.00	750 000.00	13%	97 500.00

价税合计（大写）	⊗捌拾肆万柒仟伍佰圆整	（小写）￥847 500.00

销售方	名　　称：上海长江有限责任公司 纳税人识别号：310002002268152 地　址、电　话：上海市人民路 166 号 021—52560789 开户行及账号：工行上海分行 020100100560100268	备注	上海长江有限责任公司 310002002268152 发票专用章

收款人：　　　　复核：　　　　开票人：王明光　　　　销售方：（章）

第二联：抵扣联　购买方扣税凭证

表2-25　上海市增值税专用发票
发票联

3100143140　　　　　　　　　　　　　　　　　　　　　　No 22000678
开票日期：2022 年 6 月 11 日

购买方	名　　称：黄河有限责任公司 纳税人识别号：280602002234678 地　址、电　话：东海市解放街 208 号 0316—3133666 开户行及账号：工行东海紫荆分理处 180100112200100888	密码区	（略）

货物或应税劳务、服务名称	规格型号	单位	数量	单价	金额	税率	税额
*运输服务*运费					5 700.00	9%	513.00

价税合计（大写）	⊗陆仟贰佰壹拾叁圆整	（小写）￥6 213.00

销售方	名　　称：上海货物运输公司 纳税人识别号：310005001372564 地　址、电　话：上海市中山路 166 号 021—52560999 开户行及账号：工行上海分行 020100100560187654	备注	上海至东海，货车沪 A05645，钢材15 000千克 上海货物运输公司 310005001372564 发票专用章

收款人：　　　　复核：　　　　开票人：王明光　　　　销售方：（章）

第三联：发票联　购买方记账凭证

表2-26　上海市增值税专用发票
抵扣联

3100143140　　　　　　　　　　　　　　　　　　　　　　№22000678
　　　　　　　　　　　　　　　　　　　　　　　　　开票日期：2022年6月11日

购买方	名　　称：黄河有限责任公司 纳税人识别号：280602002234678 地　址、电　话：东海市解放街208号 0316—3133666 开户行及账号：工行东海紫荆分理处 180100112200100888	密码区	（略）

货物或应税劳务、服务名称	规格型号	单位	数量	单价	金额	税率	税额
*运输服务*运费					5 700.00	9%	513.00

价税合计（大写）	⊗陆仟贰佰壹拾叁圆整	（小写）¥6 213.00

销售方	名　　称：上海货物运输公司 纳税人识别号：310005001372564 地　址、电　话：上海市中山路166号 021—52560999 开户行及账号：工行上海分行 020100100560187654	备注	上海至东海，货车沪A05645， 钢材15 000 千克 （上海货物运输公司 310005001372564 发票专用章）

收款人：　　　　　复核：　　　　开票人：王明光　　　销售方：（章）

表2-27　收料单

材料科目：原材料　　　　　　　　　　　　　　　　编号：003
材料类别：原料及主要材料　　　　　　　　　　　　收料仓库：2号仓库
供应单位：上海长江有限责任公司　　2022年6月11日　发票号码：003217

材料编号	材料名称	规格	计量单位	数量 应收	数量 实收	实际价格 单价	实际价格 发票金额	实际价格 运费	实际价格 合计
001	钢材	A型	千克	15 000	15 000	50	750 000	5 700	755 700
备　注									

采购员 张一凡　　　检验员 赵安康　　　记账员　　　保管员 李大海

【业务9】6月11日，向东海市粮食机械有限公司购入蒸锅一台。原始凭证如表2-28—表2-31所示。

表 2-28　东海增值税专用发票

2806143140　　　　　　　　　　　　发票联　　　　　　　　　　　　No 00540002

开票日期:2022 年 6 月 11 日

购买方	名　　　称:黄河有限责任公司 纳税人识别号:280602002234678 地　址、电　话:东海市解放街 208 号 0316—3133666 开户行及账号:工行东海紫荆分理处 180100112200100888	密码区	（略）

货物或应税劳务、服务名称	规格型号	单位	数量	单　价	金　额	税率	税　额
*通用设备*蒸锅		台	1	50 000.00	50 000.00	13%	6 500.00

价税合计(大写)	⊗伍万陆仟伍佰圆整	(小写)¥ 56 500.00

销售方	名　　　称:东海市粮食机械有限公司 纳税人识别号:280601001118888 地　址、电　话:东海市大众街 345 号 0316—3133888 开户行及账号:工行东海分行 180100110220005666	备注	(东海市粮食机械有限公司 280601001118888 发票专用章)

税总函〔2022〕××号　××××公司　　　　第三联:发票联　购买方记账凭证

收款人:　　　　复核:　　　　开票人:卢　欣　　　　销售方:(章)

表 2-29　东海增值税专用发票

2806143140　　　　　　　　　　　　抵扣联　　　　　　　　　　　　No 00540002

开票日期:2022 年 6 月 11 日

购买方	名　　　称:黄河有限责任公司 纳税人识别号:280602002234678 地　址、电　话:东海市解放街 208 号 0316—3133666 开户行及账号:工行东海紫荆分理处 180100112200100888	密码区	（略）

货物或应税劳务、服务名称	规格型号	单位	数量	单　价	金　额	税率	税　额
*通用设备*蒸锅		台	1	50 000.00	50 000.00	13%	6 500.00

价税合计(大写)	⊗伍万陆仟伍佰圆整	(小写)¥ 56 500.00

销售方	名　　　称:东海市粮食机械有限公司 纳税人识别号:280601001118888 地　址、电　话:东海市大众街 345 号 0316—3133888 开户行及账号:工行东海分行 180100110220005666	备注	(东海市粮食机械有限公司 280601001118888 发票专用章)

税总函〔2022〕××号　××××公司　　　　第二联:抵扣联　购买方扣税凭证

收款人:　　　　复核:　　　　开票人:卢　欣　　　　销售方:(章)

表 2-30 固定资产入库单

收货单位：黄河有限责任公司　　2022年6月11日　　编号：0601

类别	编号	资产名称	数量	原值	月摊销额	使用年限	累计已摊销额	净值	所在地	入账原因
机器	0601	蒸锅	1	50 000	833.33	5年	0	50 000	一车间	购入

财务负责人：王大平　　　　　　　　　　　经办人：李志东

表 2-31 转账支票存根

中国工商银行　　　　　　　　（东）

转账支票存根

Ⅻ 00105455

科　目	
对方科目	
出票日期	2022年6月11日
收款人：	东海市粮食机械有限公司
金　额：	56 500.00
用　途：	付购入蒸锅款
备　注：	

单位主管　　　　　会计
复　核　　　　　　记账

【业务10】6月11日，向万泉福源有限责任公司销售货物，款项收到，货物自提。原始凭证如表2-32、表2-33所示。

表 2-32 东海增值税专用发票

2806143140　　此联不作报销、抵扣税凭证使用　　No 22000004

开票日期：2022年6月11日

购买方	名　称：万泉福源有限责任公司 纳税人识别号：560801001782249 地　址、电　话：万泉市丁山路28号 0138—67078680 开户行及账号：工行万泉分行 510200620836083628	密码区	（略）

货物或应税劳务、服务名称	规格型号	单位	数量	单价	金额	税率	税额
*通用设备 *甲产品		件	600	780.00	468 000.00	13%	60 840.00
*通用设备 *乙产品		件	800	500.00	400 000.00	13%	52 000.00

价税合计（大写）　⊗玖拾捌万零捌佰肆拾圆整　　（小写）¥980 840.00

销售方	名　称：黄河有限责任公司 纳税人识别号：280602002234678 地　址、电　话：东海市解放街208号 0316—3133666 开户行及账号：工行东海紫荆分理处 180100112200100888	备注	（黄河有限责任公司发票专用章）

收款人：　　　　复核：　　　　开票人：许月宏　　　　销售方：（章）

表 2-33　中国工商银行进账单（收账通知）

2022 年 6 月 11 日　　　　第　　号

付款人	全　称	万泉福源有限责任公司	收款人	全　称	黄河有限责任公司
	账　号	510200620836083628		账　号	180100112200100888
	开户银行	工行万泉分行		开户银行	工行东海紫荆分理处

人民币（大写）	玖拾捌万零捌佰肆拾元整	千	百	十	万	千	百	十	元	角	分
				￥	9	8	0	8	4	0	0

票据种类	转账支票
票据张数	1 张

收款人开户行盖章：工商银行东海分行　2022.06.11　转讫

单位主管　　会计　　复核　　记账

此联通知是持票人开户银行交给持票人的收账通知

【业务 11】6 月 13 日，银行转来"异地托收承付部分拒付款理由书"。原始凭证如表 2-34 所示。

表 2-34　托收承付 / 委托收款　结算　全部 / 部分　拒绝付款理由书（代通知或收账通知）　4

拒付日期　2022 年 6 月 10 日　　　原托收号码：

付款人	全　称	东海泰山有限责任公司	收款人	全　称	黄河有限责任公司
	账　号	150200683322006688		账　号	180100112200100888
	开户银行	工行东海分行　行号 23225		开户银行	工行东海紫荆分理处　行号 25123

托收金额	￥453 200.00	拒付金额	￥9 040.00	部分付款金额	千 百 十 万 千 百 十 元 角 分
					￥ 4 4 4 1 6 0 0 0

附寄单证	张	部分付款金额（大写）	肆拾肆万肆仟壹佰陆拾元整

东海泰山有限责任公司财务专用章　王正东印　胡晓敏印

工商银行东海分行　2022.06.13　转讫

拒付理由：经验收商品存在瑕疵。

付款人盖章

此联银行给收款人作收账通知或全部拒付通知书

【业务 12】6 月 14 日，缴纳上月应交未交增值税。原始凭证如表 2-35 所示。

表 2-35 中华人民共和国税收通用缴款书

(032)海　№1055806　(国)

隶属关系：其他企业　　　　　　　　　　　缴电
注册类型：股份有限公司　填发日期：2022 年 6 月 14 日
　　　　　　　　　　　征收机关：国家税务总局东海市税务局直属分局

缴款单位(人)	代　　码	280602002234678	预算科目	编　　码	101010103
	全　　称	黄河有限责任公司		名　　称	股份制企业增值税
	开户银行	工行东海紫荆分理处		级　　次	中央50%，地方50%
	账　　号	1801001122001 00888		收款国库	东海市中心支库

税款所属时期	2022 年 5 月 1 日至 5 月 31 日	税款限缴日期	2022 年 6 月 15 日

品名目称	课税数量	计税金额或销售收入	税率或单位税额	已缴或扣除额	实缴金额
机械		700 000.00	13%		91 000.00
金额合计	（大写）玖万壹仟零佰零拾零元零角零分			（小写）¥91 000.00	

缴款单位(人)（盖章）
经办人（盖章）　赵星
　　　　　　　　　　　　　　　上列款项已收妥并划转缴款单位账户
　　　　　　　　　　　　　　　国库（银行）盖章　　年　月　日

第一联（收据）国库（银行）收款盖章后退缴款单位(人)作完税凭证

工商银行 东海 2022.06.14 转

逾期不缴按税法规定加收滞纳金

【业务 13】6 月 17 日，收到前委托东海市包装用品公司加工的包装专用木箱，支付加工费和增值税税款。原始凭证如表 2-36—表 2-39 所示。

表 2-36　转账支票存根

中国工商银行　　　　（东）
转账支票存根
Ⅻ　00105461

科　　目
对方科目
出票日期　2022 年 6 月 17 日

收款人：东海市包装用品公司
金　　额：33 900.00
用　　途：木箱加工费
备　　注：

单位主管　　　　会计
复　　核　　　　记账

表 2-37 东海增值税专用发票

发票联

2806143140　　　　　　　　　　　　　　　　　　　　　　　　No 28000362
开票日期：2022 年 6 月 13 日

购买方	名　　称：黄河有限责任公司 纳税人识别号：280602002234678 地　址、电　话：东海市解放街 208 号 0316—3133666 开户行及账号：工行东海紫荆分理处 180100112200100888	密码区	（略）

货物或应税劳务、服务名称	规格型号	单位	数量	单价	金额	税率	税额
*劳务*木箱加工费		只	5 000		30 000.00	13%	3 900.00

价税合计（大写）	⊗叁万叁仟玖佰圆整	（小写）¥ 33 900.00

销售方	名　　称：东海市包装用品公司 纳税人识别号：280602002231712 地　址、电　话：东海市大桥路 32 号 0316—3263137 开户行及账号：工行东海分行 180100112200200415	备注	（东海市包装用品公司发票专用章）

税总函〔2022〕××号 ××××公司　　第三联：发票联 购买方记账凭证

收款人：　　　　　复核：　　　　　开票人：李小敏　　　　　销售方：（章）

表 2-38 东海增值税专用发票

抵扣联

2806143140　　　　　　　　　　　　　　　　　　　　　　　　No 28000362
开票日期：2022 年 6 月 13 日

购买方	名　　称：黄河有限责任公司 纳税人识别号：280602002234678 地　址、电　话：东海市解放街 208 号 0316—3133666 开户行及账号：工行东海紫荆分理处 180100112200100888	密码区	（略）

货物或应税劳务、服务名称	规格型号	单位	数量	单价	金额	税率	税额
*劳务*木箱加工费		只	5 000		30 000.00	13%	3 900.00

价税合计（大写）	⊗叁万叁仟玖佰圆整	（小写）¥ 33 900.00

销售方	名　　称：东海市包装用品公司 纳税人识别号：280602002231712 地　址、电　话：东海市大桥路 32 号 0316—3263137 开户行及账号：工行东海分行 180100112200200415	备注	（东海市包装用品公司发票专用章）

税总函〔2022〕××号 ××××公司　　第二联：抵扣联 购买方扣税凭证

收款人：　　　　　复核：　　　　　开票人：李小敏　　　　　销售方：（章）

表 2-39　委托加工收料单

材料科目：周转材料　　　　　　　　　　　　　　　　编　号：014
材料类别：包装物　　　　　　　　　　　　　　　　　收料仓库：1 号仓库
加工单位：东海市包装用品公司　　2022 年 6 月 17 日　发票号码：003321

材料编号	材料名称	规格	计量单位	数量 应收	数量 实收	实际成本 材料成本	实际成本 加工费	实际成本 运费	实际成本 合计
008	木箱		只	5 000	5 000	45 000	30 000		75 000
备注	木箱加工完毕，验收入库								

采购员　　　　　　检验员 赵安康　　　　记账员　　　　保管员 王 明

【业务 14】6 月 18 日，以自产机械设备 20 台作价 20 万元，与其他企业联合组建东海方正机械设备贸易公司，同类设备对外不含税售价为 1 万元/台，成本价 0.7 万元/台。黄河有限公司所占股份比例为 20%。原始凭证如表 2-40 所示。

表 2-40　东海市增值税专用发票

此联不作报销、扣税凭证使用

2806143140　　　　　　　　　　　　　　　　　　No 22000003
　　　　　　　　　　　　　　　　　　开票日期：2022 年 6 月 18 日

购买方	名　称：方正机械设备贸易公司 纳税人识别号：280621000017982 地　址、电　话：东海市沁春街 19 号 0316—4155868 开户行及账号：工行苏中分行 250012293350005874						密码区	（略）		
货物或应税劳务、服务名称	规格型号	单位	数量	单价	金额	税率	税额			
*通用设备*机械设备		台	20	10 000.00	200 000.00	13%	26 000.00			
价税合计（大写）		⊗ 贰拾贰万陆仟圆整				¥ 226 000.00				
销售方	名　称：黄河有限责任公司 纳税人识别号：280602002234678 地　址、电　话：东海市解放街 208 号 0316—3133666 开户行及账号：工行东海紫荆分理处 180100112200100888						备注	黄河有限责任公司 280602002234678 发票专用章		

收款人：　　　　　复核：　　　　开票人：陈晓庆　　　销售方：（章）

> **提示：视同销售货物计税依据的确定**
> （1）视同销售应税货物应以同类产品对外加权平均售价为计税价格，没有同类产品对外售价的，应以组成计税价格计税。
> （2）组成计税价格＝成本×(1＋成本利润率)＋消费税税额。其中，非消费税应税产品的成本利润率统一为 10%，消费税应税产品的成本利润率由国家统一规定。

【业务 15】6 月 18 日，向东海大东有限责任公司销售生产用多余材料，款项收到。原始凭证如表 2-41、表 2-42 所示。

表 2-41　东海增值税专用发票

2806143140　　　　　此联不作报销、扣税凭证使用　　　　　　　No22000006
　　　　　　　　　　　　　　　　　　　　　　　　　开票日期：2022 年 6 月 18 日

购买方	名　　称：东海大东有限责任公司 纳税人识别号：280601001692754 地　址、电　话：东海市天城工业区 8 号 0316—3105690 开户行及账号：工行东海分行 180208062600369378	密码区	（略）

货物或应税劳务、服务名称	规格型号	单位	数　量	单　价	金　额	税率	税　额
黑色金属冶炼压延品 A 材料		千克	1 000	55.00	55 000.00	13%	7 150.00

价税合计（大写）	⊗陆万贰仟壹佰伍拾圆整	（小写）¥ 62 150.00

销售方	名　　称：黄河有限责任公司 纳税人识别号：280602002234678 地　址、电　话：东海市解放街 208 号 0316—3133666 开户行及账号：工行东海紫荆分理处 180100112200100888	备注	（黄河有限责任公司 280602002234678 发票专用章）

收款人：　　　　　复核：　　　　　开票人：许月宏　　　　　销售方：（章）

第一联：记账联　销售方记账凭证

表 2-42　中国工商银行进账单（收账通知）　　1
　　　　　　2022 年 6 月 18 日　　　　　　　第　号

付款人	全　称	东海大东有限责任公司	收款人	全　称	黄河有限责任公司
	账　号	180208062600369378		账　号	180100112200100888
	开户银行	工行东海分行		开户银行	工行东海分行

人民币 （大写）	陆万贰仟壹佰伍拾圆整	千 百 十 万 千 百 十 元 角 分 ¥　　6 2 1 5 0 0 0 （工商银行 东海分行 2022.06.18 转讫）

票据种类	转账支票	收款人开户行盖章
票据张数	1 张	

单位主管　　会计　　复核　　记账

此联是持票人开户银行交给持票人的收账通知

【业务 16】6 月 19 日，向本市万盛贸易有限责任公司销售货物，款项未收。原始凭证如表 2-43 所示。

172　项目二　增值税会计业务操作实训

表 2-43　东海增值税专用发票

付款条件：2/10；1/20；n/30

2806143140

此联不作报销、扣税凭证使用

No 22000007

开票日期：2022 年 6 月 19 日

购买方	名　　　称：万盛贸易有限责任公司 纳税人识别号：280602002235891 地　址、电　话：东海市延安街 108 号 0316—3106980 开户行及账号：工行东海分行 180100110022001019	密码区	（略）

货物或应税劳务、服务名称	规格型号	单位	数量	单价	金额	税率	税额
*通用设备*甲产品		件	800	800.00	640 000.00	13%	83 200.00

价税合计（大写）	⊗柒拾贰万叁仟贰佰圆整	（小写）¥723 200.00

销售方	名　　　称：黄河有限责任公司 纳税人识别号：280602002234678 地　址、电　话：东海市解放街 208 号 0316—3133666 开户行及账号：工行东海紫荆分理处 180100112200100888	备注	（黄河有限责任公司 280602002234678 发票专用章）

收款人：　　　　复核：　　　　开票人：许月宏　　　　销售方：（章）

第一联：记账联　销售方记账凭证

提示：开出增值税专用发票，即实现销售

销售货物开出增值税专用发票，即实现销售，纳税人应及时进行销售业务的账务处理。

【业务 17】6 月 23 日，向东海泰山有限责任公司销售货物，办妥托运手续，运费由本公司负担，并办妥货款托收手续。原始凭证如表 2-44—表 2-48 所示。

表 2-44　转账支票存根

中国工商银行　　（东）
转账支票存根
　XII　00105465

科　　目　_____
对方科目　_____
出票日期　2022 年 6 月 23 日

收款人：东海货运有限责任公司
金　　额：1 526.00
用　　途：运费
备　　注：

单位主管　　　　　　　会计
复　　核　　　　　　　记账

表 2-45　东海增值税专用发票

发票联

2806143140　　　　　　　　　　　　　　　　　　　　　　　No 28000756

开票日期：2022 年 6 月 23 日

购买方	名　　称：黄河有限责任公司 纳税人识别号：280602002234678 地　址、电　话：东海市解放街 208 号 0316—3133666 开户行及账号：工行东海紫荆分理处 180100112200100888	密码区	（略）

货物或应税劳务、服务名称	规格型号	单位	数量	单价	金　额	税率	税额
*运输费用*运费					1 400.00	9％	126.00

价税合计（大写）	⊗壹仟伍佰贰拾陆圆整	（小写）¥1 526.00

销售方	名　　称：东海货运有限责任公司 纳税人识别号：280602002272864 地　址、电　话：东海市大桥路 67 号 0316—3263765 开户行及账号：工行东海分行　180100112200265432	备注	本地运输，甲产品 1 500 件，乙产品 1 000 件。

收款人：　　　　　复核：　　　　　开票人：李三敏　　　　　销售方：（章）

税总函〔2022〕××号 ××××公司　第三联：发票联　购买方记账凭证

表 2-46　东海增值税专用发票

抵扣联

2806143140　　　　　　　　　　　　　　　　　　　　　　　No 28000756

开票日期：2022 年 6 月 23 日

购买方	名　　称：黄河有限责任公司 纳税人识别号：280602002234678 地　址、电　话：东海市解放街 208 号 0316—3133666 开户行及账号：工行东海紫荆分理处 180100112200100888	密码区	（略）

货物或应税劳务、服务名称	规格型号	单位	数量	单价	金　额	税率	税额
*运输费用*运费					1 400.00	9％	126.00

价税合计（大写）	⊗壹仟伍佰贰拾陆圆整	（小写）¥1 526.00

销售方	名　　称：东海货运有限责任公司 纳税人识别号：280602002272864 地　址、电　话：东海市大桥路 67 号 0316—3263765 开户行及账号：工行东海分行　180100112200265432	备注	本地运输，甲产品 1 500 件，乙产品 1 000 件。

收款人：　　　　　复核：　　　　　开票人：李三敏　　　　　销售方：（章）

税总函〔2022〕××号 ××××公司　第二联：抵扣联　购买方扣税凭证

表 2-47 东海增值税专用发票

2806143140　　此联不作报销、扣税凭证使用　　№22000009

开票日期：2022 年 6 月 23 日

购买方	名　　　称：东海泰山有限责任公司 纳税人识别号：280601001112248 地　址、电　话：东海市人民路 17 号 0316—27708086 开户行及账号：工行东海分行 152006833220066888	密码区	（略）

货物或应税劳务、服务名称	规格型号	单位	数量	单价	金额	税率	税额
*通用设备*甲产品		件	1 500	800.00	1 200 000.00	13%	156 000.00
*通用设备*乙产品		件	1 000	500.00	500 000.00	13%	65 000.00

价税合计（大写）	⊗壹佰玖拾贰万壹仟圆整	（小写）¥1 921 000.00

销售方	名　　　称：黄河有限责任公司 纳税人识别号：280602002234678 地　址、电　话：东海市解放街 208 号 0316—3133666 开户行及账号：工行东海紫荆分理处 180100112200100888	备注	（黄河有限责任公司 发票专用章）

收款人：　　　复核：　　　开票人：许月宏　　　销售方：（章）

表 2-48 托收承付凭证（回单） 1　　托收号码：No:2387567

委托日期　2022 年 6 月 23 日

电

付款人	全　称	东海泰山有限责任公司	收款人	全　称	黄河有限责任公司	
	账号或地址	152006833220066888		账　号	180100112200100888	
	开户银行	工行东海分行		开户银行	工行东海分行	行号 25123

托收金额	人民币（大写）	壹佰玖拾贰万壹仟圆整	千百十万千百十元角分 ¥ 1 9 2 1 0 0 0 0 0

附　　件	商品发运情况	合同名称号码
附寄单证张数或册数 2 张	于 2022 年 6 月 23 日发出	工商银行 东海分行 0459 2022.06.23

备注 电划	款项收妥日期 年 月 日	收款人开户银行盖章 结算 月 日

单位主管　　　会计　　　复核　　　记账

【业务 18】6 月 28 日，收到本月 19 日销售东海万盛贸易有限公司销货款。原始凭证如表 2-49 所示。

表 2-49　中国工商银行进账单(收账通知)　3

2022 年 6 月 28 日　　　　　　　　　　　第　号

付款人	全　称	东海万盛贸易有限公司	收款人	全　称	黄河有限责任公司	此联是持票人开户银行	交给持票人的收账通知
	账　号	280602002235891		账　号	180100112200100888		
	开户银行	工行东海分行		开户银行	工行东海分行紫金分理处		

人民币(大写)	柒拾万捌仟柒佰叁拾陆元整	千	百	十	万	千	百	十	元	角	分
				¥	7	0	8	7	3	6	0	0

票据种类	转账支票
票据张数	1 张
	本月 19 日甲产品销售款项 723 200 元,扣除现金折扣 14 464 元后收回。
单位主管　　会计　　复核　　记账	

（收款人开户行盖章：工商银行东海分行 2022.06.28 转讫）

【业务 19】6 月 30 日,仓库送来材料盘点报告单。原始凭证如表 2-50、表 2-51 所示。

表 2-50　材料盘点溢(缺)报告单

库号:2　　　　　　　　2022 年 6 月 30 日

名　称	规格型号	单位	单价	账面数	实有数	盘盈数		盘亏数		盈亏原因
						数量	金额	数量	金额	
A 材料		千克	50.20					20	1 004.00	合理损耗
审批意见	列管理费用　　李林									

部门主管　　　　　保管员 李大海　　　　复查人 赵安康

表 2-51　材料盘点损失报告单

库号:1　　　　　　　　2022 年 6 月 30 日

名　称	规格型号	单位	单价	账面数	实有数	损失数		损失原因
						数量	金额	
B 材料		千克				100	3 050.00	管理不当意外损失
进项税额		元					396.50	
合计							3 446.50	
审批意见	报废部分,仓库保管员赔偿 40%,其余作企业损失处理　　李林								

部门主管　　　　　保管员 王　明　　　　复查人 赵安康

表 2-52 "应交税费——应交增值税(销项税额)"明细账

年	月	日	记账凭证号数	摘要	入账发票份数 专用发票	入账发票份数 普通发票	借方	贷方 应税行为 13%	贷方 应税行为 10%	贷方 应税行为 9%	贷方 应税行为 6%	贷方 应税行为 5%	贷方 应税行为 3%	贷方 视同销售 13%	贷方 视同销售 10%	贷方 视同销售 9%	贷方 视同销售 6%	贷方 视同销售 5%	贷方 视同销售 3%	借或贷	余额

表 2-53 "应交税费——应交增值税(进项税额)"明细账

年	月	日	记账凭证号数	摘要	入账发票份数		借方						贷方	借或贷	余额
					专用发票	普通发票	13%	10%	9%	农产品9%	6%	5%	3%			

表 2-54 "应交税费——应交增值税(进项税额转出)"明细账

年 月 日	记账凭证号数	摘要	借方	贷方 13%	贷方 10%	贷方 9%	贷方 9% 农产品	贷方 9%	贷方 6%	贷方 5%	贷方 3%	借或贷	余额

表 2-55 "应交税费——应交增值税"明细账

年		记账凭证号数	摘要	页数	借方				贷方			借或贷	余额
月	日				进项税额	已交税额	减免税额	出口抵免税额	销项税额	出口退税	进项税额转出		

提示：进项税额抵扣原则
(1) 对进项税应抵扣原则：如果外购货物最终不能形成销项税额，其进项税额不得抵扣。
(2) 凭票抵扣进项税原则：外购货物必须取得合法的增值税专用发票或合法的农产品收购凭证、运输费发票、进口海关增值税缴纳凭证，否则不得抵扣进项税额。
(3) 限额抵扣进项税原则：当期可抵扣进项税额的最大金额不得超过当期的销项税额，超过部分留抵到下期抵扣。
(4) 认证抵扣进项税原则：纳税人外购货物取得专用发票抵扣联需经税务机关认证通过后才能计算抵扣进项税额。

3. 实训操作专用账表："应交税费——应交增值税"销项税额、进项税额、进项税额转出三级明细账（表2-52—表2-54），二级明细账（表2-55）；增值税应纳税额汇总计算表（表2-56）；增值税及附加税费申报表相关附列资料（表2-57—表2-58）、增值税及附加税费申报表主表（表2-59）、税款缴款书（表2-60、表2-61）。

提示：税率应用规律
(1) 价外费用收入适用税率与对应货物服务的适用税率相同。
(2) 应税包装物押金收入适用税率与所包装货物适用的税率相同。
(3) 加工费收入适用税率，一般纳税人13%，小规模纳税人3%。
(4) 混合核算，征税率就高不就低，退税率就低不就高。

表 2-56 增值税应纳税额汇总计算表

年　月　日

项 目			计税销售额	销项税额	记账凭证	发票类型
销项税额	应税行为	货物、服务名称	适用税率				
	简易办法计税应纳税额					

续 表

项目		适用税率	计税销售额	销项税额	记账凭证	发票类型
进项税额	货物名称					
	本期进项税发生额					
	小　计					
	进项税额转出	扣除率	计税金额	进项税转出	记账凭证	用途
	小　计					
按适用税率计算应纳增值税税额						
实际应纳增值税税额						

会计主管： 　　　　　　　　　　　　　　　填表人：

表 2-57 增值税及附加税费申报表附列资料（表一）
（本期销售情况明细）

税款所属时间：　年　月　日至　年　月　日

纳税人名称：（公章）

金额单位：元（列至角分）

项目及栏次		开具税控增值税专用发票		开具其他发票		未开具发票		纳税检查调整		合　计			应税服务扣除项目本期实际扣除金额	扣除后	
		销售额	销项（应纳）税额	销售额	销项（应纳）税额	销售额	销项（应纳）税额	销售额	销项（应纳）税额	销售额	销项（应纳）税额	价税合计		含税（免税）销售额	销项（应纳）税额
		1	2	3	4	5	6	7	8	9=1+3+5+7	10=2+4+6+8	11=9+10	12	13=11-12	14=13÷(100%+税率或征收率)×税率或征收率
一、一般计税方法计税	全部征税项目	13%税率的货物及加工修理修配劳务　1													
		13%税率的服务、不动产和无形资产　2													
		9%税率的货物及加工修理修配劳务　3													
		9%税率的服务、不动产和无形资产　4													
		6%税率　5													
	其中：即征即退项目	即征即退货物及加工修理修配劳务　6	—	—									—		—
		即征即退服务、不动产和无形资产　7	—	—									—		—

续 表

项目及栏次			开具增值税专用发票 销售额	开具增值税专用发票 销项(应纳)税额	开具其他发票 销售额	开具其他发票 销项(应纳)税额	未开具发票 销售额	未开具发票 销项(应纳)税额	纳税检查调整 销售额	纳税检查调整 销项(应纳)税额	合计 销售额	合计 销项(应纳)税额	价税合计	应税服务项目本期实际扣除金额	扣除后 含税(免税)销售额	扣除后 销项(应纳)税额
			1	2	3	4	5	6	7	8	9=1+3+5+7	10=2+4+6+8	11=9+10	12	13=11−12	14=13÷(100%+税率或征收率)×税率或征收率
二、简易计税方法计税	全部征税项目	6%征收率	8													
		5%征收率的货物及加工修理修配劳务	9a													
		5%征收率的服务、不动产和无形资产	9b													
		4%征收率	10													
		3%征收率的货物及加工修理修配劳务	11													
		3%征收率的服务、不动产和无形资产	12													
		预征率 %	13a	—	—	—	—	—	—						
		预征率 %	13b	—	—	—	—	—	—						
		预征率 %	13c	—	—	—	—	—	—						
	其中:即征即退项目	即征即退货物及加工修理修配劳务	14	—	—	—	—	—	—	—	—	—	—	—	—
		即征即退服务、不动产和无形资产	15	—	—	—	—	—	—	—	—	—	—	—	—
三、免抵退税		货物及加工修理修配劳务	16							—	—	—	—	—	—
		服务、不动产和无形资产	17							—	—	—	—	—	—
四、免税		货物及加工修理修配劳务	18							—	—	—	—	—	—
		服务、不动产和无形资产	19							—	—	—	—	—	—

表 2-58 增值税及附加税费申报表附列资料(二)
（本期进项税额明细）

税款所属时间：　　年　月　日至　　年　月　日

纳税人名称：(公章)　　　　　　　　　　　　　　金额单位：元(列至角分)

一、申报抵扣的进项税额					
项　目	栏　次	份数	金额	税额	
(一)认证相符的增值税专用发票	1＝2＋3				
其中：本期认证相符且本期申报抵扣	2				
前期认证相符且本期申报抵扣	3				
(二)其他扣税凭证	4＝5＋6＋7＋8a＋8b				
其中：海关进口增值税专用缴款书	5				
农产品收购发票或者销售发票	6				
代扣代缴税收缴款凭证	7		—		
加计扣除农产品进项税额	8a		—	—	
其他	8b				
(三)本期用于购建不动产的扣税凭证	9				
(四)本期用于抵扣的旅客运输服务扣税凭证	10				
(五)外贸企业进项税额抵扣证明	11		—	—	
当期申报抵扣进项税额合计	12＝1＋4＋11				
二、进项税额转出额					
项　目	栏　次	税额			
本期进项税转出额	13＝14至23之和				
其中：免税项目用	14				
集体福利、个人消费	15				
非正常损失	16				

续表

项　目	栏次	份数	金额	税额
简易计税方法征税项目用	17			
免抵退税办法不得抵扣的进项税额	18			
纳税检查调减进项税额	19			
红字专用发票通知单注明的进项税额	20			
上期留抵税额抵减欠税	21			
上期留抵税额退税	22			
异常凭证转出进项税额	23a			
其他应作进项税额转出的情形	23b			
三、待抵扣进项税额					
(一)认证相符的增值税专用发票	24	—	—	—
期初已认证相符但未申报抵扣	25			
本期认证相符且本期未申报抵扣	26			
期末已认证相符但未申报抵扣	27			
其中:按照税法规定不允许抵扣	28			
(二)其他扣税凭证	29＝30至33之和			
其中:海关进口增值税专用缴款书	30			
农产品收购发票或者销售发票	31			
代扣代缴税收缴款凭证	32		—	
其他	33			
	34			
四、其　他					

项　目	栏次	份数	金额	税额
本期认证相符的税控增值税专用发票	35			
代扣代缴税额	36	—		

表 2-59 增值税及附加税费申报表

（一般纳税人适用）

根据国家税收法律法规及增值税相关规定制定本表。纳税人不论有无销售额，均应按税务机关核定的纳税期限填写本表，并向当地税务机关申报。

税款所属时间：自 年 月 日至 年 月 日 填表日期：年 月 日 单位：元(列至角分)

纳税人识别号			所属行业：制造业	
纳税人名称	（公章）	法定代表人姓名	注册地址	营业地址
开户银行及账号		企业登记注册类型		电话号码

项目	项目	栏次	一般项目		即征即退项目	
			本月数	本年累计	本月数	本年累计
销售额	（一）按适用税率计税销售额	1				
	其中：应税货物销售额	2				
	应税劳务销售额	3				
	纳税检查调整的销售额	4				
	（二）按简易办法计税销售额	5				
	其中：纳税检查调整的销售额	6				
	（三）免、抵、退办法出口销售额	7			—	—
	（四）免税销售额	8				
	其中：免税货物销售额	9				
	免税劳务销售额	10				
税款计算	销项税额	11				
	进项税额	12				
	上期留抵税额	13			—	—
	进项税额转出	14				
	免、抵、退应退税额	15			—	—
	按适用税率计算的纳税检查应补缴税额	16			—	—
	应抵扣税额合计	17＝12＋13－14－15＋16			—	—
	实际抵扣税额	18(如 17＜11，则为17，否则为11)				

续 表

项 目		栏 次	一般货物、劳务和应税服务		即征即退货物、劳务和应税服务	
			本月数	本年累计	本月数	本年累计
税款计算	应纳税额	19＝11－18				
	期末留抵税额	20＝17－18			—	—
	简易计税办法计算的应纳税额	21				
	按简易计税办法计算的纳税检查应补缴税额	22			—	—
	应纳税额减征额	23				
	应纳税额合计	24＝19＋21－23				
税款缴纳	期初未缴税额(多缴为负数)	25				
	实收出口开具专用缴款书退税额	26			—	—
	本期已缴税额	27＝28＋29＋30＋31				
	① 分次预缴税额	28			—	—
	② 出口开具专用缴款书预缴税额	29			—	—
	③ 本期缴纳上期应纳税额	30				
	④ 本期缴纳欠缴税额	31				
	期末未缴税额(多缴为负数)	32＝24＋25＋26－27				
	其中:欠缴税额(≥0)	33＝25＋26－27			—	—
	本期应补(退)税额	34＝24－28－29				
	即征即退实际退税额	35	—	—		
	期初未缴查补税额	36				
	本期入库查补税额	37				
	期末未缴查补税额	38＝16＋22＋36－37				
附加税费	城市维护建设税本期应补(退)税额	39				
	教育费附加本期应补(退)费额	40				
	地方教育附加本期应补(退)费额	41			—	—
声明:此表是根据国家税收法律法规及相关规定填写的,本人(单位)对填报内容(及附带资料)的真实性、可靠性、完整性负责。 纳税人(签章):　年 月 日						
经办人: 经办人身份证号: 代理机构签章: 代理机构统一社会信用代码:			受理人: 受理税务机关(章): 受理日期:　年 月 日			

表2-60 中华人民共和国税收通用缴款书　　　　(032)海　No1055806

隶属关系：　　　　　　　　　　　　　　　　缴电
注册类型：　　　　填发日期：　年　月　日　　征收机关：

缴款单位（人）	代　码		预算科目	编码	
	全　称			名称	
	开户银行			级次	
	账　号			收款国库	

税款所属时期				税款限缴日期		
品目名称	课税数量	计税金额或销售收入	税率或单位税额	已缴或扣除额	实缴金额	
金额合计						

| 缴款单位（人）（盖章） | 上列款项已收妥并划转收款单位账户 |
| 经办人(盖章) | 国库（银行）盖章　　年　月　日 |

逾期不缴按税法规定加收滞纳金

表2-61 中华人民共和国税收通用缴款书　　　　(032)海　No1055680

隶属关系：　　　　　　　　　　　　　　　　缴电
注册类型：　　　　填发日期：　年　月　日　　征收机关：

缴款单位（人）	代　码		预算科目	编码	
	全　称			名称	
	开户银行			级次	
	账　号			收款国库	

税款所属时期				税款限缴日期		
品目名称	课税数量	计税金额或销售收入	税率或单位税额	已缴或扣除额	实缴金额	
金额合计						

| 缴款单位（人）（盖章） | 上列款项已收妥并划转收款单位账户 |
| 经办人(盖章) | 国库（银行）盖章　　年　月　日 |

逾期不缴按税法规定加收滞纳金

项目三　消费税会计业务操作实训

一、实训要求

1. 根据经济业务涉税原始凭证进行账务处理，编制会计分录，登记"应交税费——应交消费税"明细账。
2. 编制消费税应纳税额汇总计算表，计算 2022 年 6 月份应纳消费税税额。
3. 填制《消费税及附加税费申报表》，填开消费税税收缴款书。

二、实训准备

1. 《中华人民共和国消费税暂行条例》《中华人民共和国消费税暂行条例实施细则》和消费税其他相关法规。
2. 税务实训室，企业基本情况，经济业务的原始凭证。
3. 消费税及附加税费申报表、通用税收缴款书。

三、实训材料

1. 企业基本情况如下：

黄河宏大集团股份有限公司，为增值税一般纳税人，按月缴纳增值税和消费税，执行《企业会计准则》，存货按实际成本计价核算。该公司的基本资料如下：

开户银行：中国工商银行东海市支行紫荆分理处
账　　号：180112200100666
纳税人识别号：280602002212345
主管税务机关：国家税务总局东海市税务局直属分局
经营地址：东海市和平街 458 号
电　　话：0316—3166333
注册资本：5 000 万元人民币
法定代表人：张晓阳

财务主管：李森林
会　　计：赵红星
助理会计：张晓庆
出纳员：陈丽洁
职工人数：280 人

2.2022 年 6 月涉税相关资料如下：

【业务1】6 月 2 日，向本市春林百货公司销售成套高档化妆品，货款已收。原始凭证如表 3-1、表 3-2 所示。

表 3-1　东海增值税专用发票

此联不作报销、扣税凭证使用

2806143140　　　　　　　　　　　　　　　　　　　　　　　　　No 22000001

开票日期：2022 年 6 月 2 日

购买方	名　　称：东海市春林百货公司 纳税人识别号：280601001112248 地　址、电　话：东海市中山路 17 号 0316—37708086 开户行及账号：工行东海分行 150200683322006688	密码区	（略）

货物或应税劳务、服务名称	规格型号	单位	数量	单价	金额	税率	税额
*美容护肤品*高档化妆品		盒	1 000	200.00	200 000.00	13%	26 000.00

价税合计（大写）　⊗ 贰拾贰万陆仟圆整　　（小写）¥ 226 000.00

销售方	名　　称：黄河宏大集团股份有限公司 纳税人识别号：280602002212345 地　址、电　话：东海市和平街 458 号 0316—3166333 开户行及账号：工行东海紫荆分理处 180112200100666	备注	黄河宏大集团股份有限公司 280602002212345 发票专用章

收款人：　　　　　复核：　　　　开票人：张红洁　　　　销售方：（章）

第一联：记账联　销售方记账凭证

税总函〔2022〕××号 ××××公司

表 3-2　中国工商银行进账单（收账通知）

2022 年 6 月 2 日　　　　　第　　号

付款人	全称	东海市春林百货公司	收款人	全称	黄河宏大集团股份有限公司
	账号	150200683322006688		账号	180112200100666
	开户银行	工行中山分行		开户银行	工行东海紫荆分理处

人民币（大写）	贰拾贰万陆仟元整	千百十万千百十元角分 ¥ 2 2 6 0 0 0 0 0

票据种类	银行汇票
票据张数	1 张

工商银行 东海分行 2022.06.02 转讫

收款人开户行盖章

单位主管　会计　复核　记账

此联是持票人的开户银行交给持票人的收账通知

【业务2】6月4日,厂部决定给全厂的女同志每人发放一套高档化妆品。原始凭证如表3-3、表3-4所示。

提示:视同销售应税货物的计价办法
视同销售应税货物应以同类产品对外加权平均售价为计税价格,没有同类产品对外售价的,应以组成计税价格计税。
组成计税价格=成本×(1+成本利润率)÷(1-消费税税率)。其中,成本利润率由国家统一规定。

表3-3　化妆品领用登记表

部　门	数　量	领用人	备　注
办公室	1	王　颖	以部门为单位领取,凡本公司在职女工每人一盒
人力资源部	2	李　英	
财务部	2	张明瑜	
综合部	3	李　娜	
一车间	14	王小陆	
二车间	15	廖思奇	
销售部	3	蔡依安	
合　计	40		

批准:张晓阳　　　　　　　　　　　　　　　　　　　制单:张晓庆

表3-4　发货单　　　　　　　　　　　字第　3701　号

领料部门:工会　　　　用途:女职工福利　　　　　　2022年6月4日

品　名	单　位	数　量		对外销售		生产成本	
^	^	请领	实领	单位价格	金额	单位成本	金额
A型高档化妆品	盒	40	40	200.00	8 000.00	120.00	4 800.00
备　注							

负责人　　　　　　　　领料人:张东林　　　　　　　　发料人:叶志明

【业务3】6月4日,将外购的甲型香料运往东海市利智日用化工厂委托加工香水精。原始凭证如表3-5所示。

表3-5　领料单

仓库:3号　　　　　　2022年6月4日　　　　　　字第　70　号

品　名	规格型号	单　位	数　量		单　价	金　额
^	^	^	请领	实领	^	^
香　料	甲型	千克	1 500	1 500	50	75 000.00

用　途	委托加工香水精	领料部门		发料部门	
^	^	负责人	领料人	核准人	发料人
^	^	王红达	张明发	郑长富	李达明

【业务4】 6月12日，收回委托加工的香水精，支付加工费和代垫辅料。原始凭证如表 3-6—表 3-8 所示。

表 3-6 东海增值税专用发票

2806143140　　　　　　　　　　　　　　　　　　　　　　　　No 28004861

发票联　　　　　　　　　　　　　　　　开票日期：2022 年 6 月 12 日

购买方	名　　称：黄河宏大集团股份有限公司 纳税人识别号：280602002212345 地　址、电　话：东海市和平街458号 0316—3166333 开户行及账号：工行东海紫荆分理处 180112200100666	密码区	（略）

货物或应税劳务、服务名称	规格型号	单位	数量	单价	金额	税率	税额
*劳务*加工费		瓶	20	500.00	10 000.00	13%	1 300.00
*美容护肤品*代垫辅料费					2 000.00	13%	260.00

价税合计（大写）	⊗壹万叁仟伍佰陆拾圆整	（小写）¥ 13 560.00

销售方	名　　称：东海市利智日用化工厂 纳税人识别号：280602002297140 地　址、电　话：东海市曙光路53号 0316—3133428 开户行及账号：工行东海分行 180100112200100667	备注	（章）

收款人：　　　　　复核：　　　　　开票人：杨晓琴　　　　　销售方：（章）

表 3-7 东海增值税专用发票

2806143140　　　　　　　　　　　　　　　　　　　　　　　　No 28004861

抵扣联　　　　　　　　　　　　　　　　开票日期：2022 年 6 月 12 日

购买方	名　　称：黄河宏大集团股份有限公司 纳税人识别号：280602002212345 地　址、电　话：东海市和平街458号 0316—3166333 开户行及账号：工行东海紫荆分理处 180112200100666	密码区	（略）

货物或应税劳务、服务名称	规格型号	单位	数量	单价	金额	税率	税额
*劳务*加工费		瓶	20	500.00	10 000.00	13%	1 300.00
*美容护肤品*代垫辅料费					2 000.00	13%	260.00

价税合计（大写）	⊗壹万叁仟伍佰陆拾圆整	（小写）¥ 13 560.00

销售方	名　　称：东海市利智日用化工厂 纳税人识别号：280602002297140 地　址、电　话：东海市曙光路53号 0316—3133428 开户行及账号：工行东海分行 180100112200100667	备注	（章）

收款人：　　　　　复核：　　　　　开票人：杨晓琴　　　　　销售方：（章）

表 3-8　转账支票存根

```
中国工商银行           （东）
转账支票存根
              Ⅻ  00105456
┌─────────────────────────┐
│ 科　目                  │
├─────────────────────────┤
│ 对方科目                │
├─────────────────────────┤
│ 出票日期  2022 年 6 月 12 日 │
├─────────────────────────┤
│ 收款人：利智日用化工厂  │
├─────────────────────────┤
│ 金　额：13 560.00       │
├─────────────────────────┤
│ 用　途：加工费及辅料费  │
├─────────────────────────┤
│ 备　注：                │
└─────────────────────────┘
  单位主管        会  计
  复  核          记  账
```

【**业务 5**】6 月 12 日，受托方无同类香水精对外销售业务，计算受托方代垫的消费税税额，并填制转账支票（对方收据略）。收回的香水精作为原料继续加工。原始凭证如表 3-9、表 3-10 所示。

> **提示：委托加工环节消费税的计税依据**
> 委托加工环节的消费税以受托方同类产品对外加权平均售价为计税依据，受托方没有同类产品对外销售的，应按组成计税价格计税：
> 　　　　　组成计税价格＝（材料成本＋加工费）÷（1－消费税比例税率）
> 属于复合计税的：
> 　　　　　组成计税价格＝（材料成本＋加工费＋委托加工数量×定额税率）÷（1－消费税比例税率）

表 3-9　委托加工代垫消费税计算单

材料科目：原材料　　　　　　　　　　　　　　　　编号：001
材料类别：原料及主要材料　　　　　　　　　　　　收料仓库：1 号仓库
加工单位：东海市利智日用化工厂　　2022 年 6 月 12 日　　发票号码：004861

材料编号	材料名称	规格	计量单位	数量	计算过程			
					材料成本	加工费	计税金额	税率	税额
001	香水精		瓶	20				15%	
备注									

审核：　　　　　　　　　　　　　　　　　　　　　　　　制单：杨晓琴

表 3-10 转账支票存根

```
中国工商银行        (东)
转账支票存根
         XII  00105456
科    目：
对方科目：
出票日期  2022 年 6 月 12 日
收款人：东海市利智日用化工厂
金    额：
用    途：支付代垫消费税
备    注：

单位主管        会计
复    核        记账
```

【业务 6】 6 月 12 日，收回委托加工的香水精验收入库。原始凭证如表 3-11 所示。

表 3-11 委托加工收料单

材料科目：原材料　　　　　　　　　　　　　　　　编号：001
材料类别：原料及主要材料　　　　　　　　　　　　收料仓库：1 号仓库
供应单位：东海市利智日用化工厂　2022 年 6 月 12 日　发票号码：004861

材料编号	材料名称	规格	计量单位	数量应收	数量实收	实际成本材料成本	实际成本加工费	实际成本运费	实际成本合计
001	香水精		瓶	20	20	75 000.00	12 000.00		87 000.00
备注									

采购员 张一凡　　　检验员 赵安康　　　记账员　　　保管员 王　明

【业务 7】 6 月 15 日，缴纳 5 月份消费税、增值税，取得以下完税凭证。原始凭证如表 3-12、表 3-13 所示。

> **提示：税收通用缴款书的填写**
> (1)《税收通用缴款书》实行一税一票制，不得一份税收通用缴款书上填写若干税种。
> (2)《税收通用缴款书》的填写全部联次内容要一致，字迹要清晰，不得涂改、擦刮和挖补。
> (3) 要按规定的格式和口径规范填写，所有栏目不得空缺不填。其中"隶属关系"、"注册类型"、"预算科目"、"收缴国库"和"品目名称"按照税务机关规定的口径填写，其他栏目按照实际情况填写。

表 3-12

中华人民共和国税收通用缴款书

(032)海　　No 1055806　　缴电

隶属关系：其他企业
注册类型：股份有限公司　填发日期：2022年6月15日　征收机关：国家税务总局东海市税务局直属分局

缴款单位（人）	代　码	280602002212345	预算科目	编码	101010103
	全　称	黄河宏大集团股份有限公司		名称	股份制企业消费税
	开户银行	工行东海紫荆分理处		级次	中央
	账　号	180112200100666		收款国库	东海市中心支库

税款所属时期　2022年5月1日至5月31日　　税款限缴日期　2022年6月15日

品目名称	课税数量	计税金额或销售收入	税率或单位税额	已缴或扣除额	实缴金额
高档化妆品		100 000.00	15%		15 000.00
啤酒	200		250		50 000.00
白酒	8 000	19 200	20%；1元/千克		11 840.00

金额合计　⊗柒万陆仟捌佰肆拾元整　　（小写）¥ 76 840.00

缴款单位（人）（盖章）：赵红星
经办人（盖章）：赵红星
上列款项已收妥并划转收款单位账户
国库（银行）盖章　年　月　日

工商银行东海分行 2022.06.15 转讫

逾期不缴按税法规定加收滞纳金

表 3-13

中华人民共和国税收通用缴款书

(032)海　　No 1055806　　缴电

隶属关系：其他企业
注册类型：股份有限公司　填发日期：2022年6月15日　征收机关：国家税务总局东海市税务局直属分局

缴款单位（人）	代　码	280602002212345	预算科目	编码	101010103
	全　称	黄河宏大集团股份有限公司		名称	股份制企业增值税
	开户银行	工行东海紫荆分理处		级次	中央50%，省市50%
	账　号	180112200100666		收款国库	东海市中心支库

税款所属时期　2022年5月1日至5月31日　　税款限缴日期　2022年6月15日

品目名称	课税数量	计税金额或销售收入	税率或单位税额	已缴或扣除额	实缴金额
酒		919 200	13%		119 496.00
高档化妆品		100 000	13%		13 000.00

金额合计　⊗壹拾叁万贰仟肆佰玖拾陆圆整　　（小写）¥ 132 496.00

缴款单位（人）（盖章）
经办人（盖章）：赵红星
上列款项已收妥并划转收款单位账户
国库（银行）盖章　年　月　日

工商银行东海分行 2022.06.15 转讫

逾期不缴按税法规定加收滞纳金

【业务8】 6月18日,将自产啤酒20吨销售给本市万家乐超市;另外将10吨让顾客免费品尝。原始凭证如表3-14—表3-16所示。

表3-14 东海增值税专用发票

此联不作报销、扣税凭证使用

2806143140　　　　　　　　　　　　　　　　　　　　　No22000009

开票日期:2022年6月18日

购买方	名　称	东海市万家乐超市	密码区	（略）
	纳税人识别号	280601004811122		
	地址、电话	东海市宇雷路17号 0316—37080867		
	开户行及账号	工行东海分行 150200683382002668		

货物或应税劳务、服务名称	规格型号	单位	数量	单价	金额	税率	税额
*酒*啤酒		吨	20	2 800.00	56 000.00	13%	7 280.00

价税合计（大写）	⊗陆万叁仟贰佰捌拾圆整	（小写）¥63 280.00

销售方	名　称	黄河宏大集团股份有限公司	备注	（黄河宏大集团股份有限公司 280602002212345 发票专用章）
	纳税人识别号	280602002212345		
	地址、电话	东海市和平街458号 0316—3166333		
	开户行及账号	工行东海紫荆分理处 180112200100666		

收款人:　　　　　　复核:　　　　　开票人:许丽宏　　　　销售方:(章)

表3-15 中国工商银行进账单(收账通知)

2022年6月18日　　　　　　　　　　　　　　　　第　　号

付款人	全称	东海市万家乐超市	收款人	全称	黄河宏大集团股份有限公司
	账号	1502006833820026680		账号	180112200100666
	开户银行	工行东海分行		开户银行	工行东海紫荆分理处

人民币（大写）	陆万叁仟贰佰捌拾圆整	千百十万千百十元角分 ¥6 3 2 8 0 0 0

票据种类	银行汇票
票据张数	1张

单位主管　　会计　　复核　　记账

（工商银行东海分行 2022.06.18 转）

收款人开户行盖章

表 3-16　商品出库单　　　　　　　　　字第　273　号

2022 年 6 月 18 日

品　名	计量单位	数　量	单位成本	金　额	用　途
啤酒	吨	20	2 000	40 000.00	销售
啤酒	吨	10	2 000	20 000.00	免费品尝
合　计				60 000.00	

部门负责人　　　领料人 李爱国　　　会计　　　发货人 王明

【业务9】6月28日，销售自产散装粮食白酒20吨，单位售价每吨2 400元，生产成本每吨1 600元。随同白酒出售单独计价包装桶400只，每只售价20元，成本价12元。货款已通过银行转账收讫。原始凭证如表3-17—表3-19所示。

提示：包装物的征税规定
(1) 应税包装物单独计价出售或收取押金收入适用税率与所包装货物适用的税率相同。
(2) 一般货物包装物押金，单独核算、押期1年以内、且未过期的，不计征增值税、消费税；不符合上述三个条件的应计征增值税，属于包装应税消费品的，还应征收消费税。
(3) 除啤酒、黄酒以外的其他酒类产品的包装物押金，不论如何核算，是否过期，都应于收取押金时计征增值税、消费税。

表 3-17　东海增值税专用发票

2806143140　　　此联不作报销、扣税凭证使用　　　No 22000015

开票日期：2022 年 6 月 28 日

购买方	名　称：东海市东华百货商场 纳税人识别号：280601004811122 地　址、电　话：东海市寿尔福路17号 0316—37086708 开户行及账号：工行东海分行 1502006200266883 38	密码区	（略）

货物或应税劳务、服务名称	规格型号	单位	数量	单价	金额	税率	税额
*酒*粮食白酒		吨	20	2 400.00	48 000.00	13%	6 240.00
*木制品*包装桶		只	400	20.00	8 000.00	13%	1 040.00

价税合计（大写）　⊗陆万叁仟贰佰捌拾圆整　　（小写）¥63 280.00

销售方	名　称：黄河宏大集团股份有限公司 纳税人识别号：280602002212345 地　址、电　话：东海市和平街458号 0316—3166333 开户行及账号：工行东海紫荆分理处 1801122 00100666	备注	黄河宏大集团股份有限公司 280602002212345 发票专用章

收款人：　　　复核：　　　开票人：许丽宏　　　销售方：（章）

表3-18　商品出库单

2022年6月28日　　　　　　　　　字第　372　号

品　名	计量单位	数　量	单位成本	金　额	用　途
白酒	吨	20	1 600	32 000.00	销售
包装桶	只	400	12	4 800.00	销售
合　计				36 800.00	

部门负责人　　　　领料人 李爱国　　　　会计　　　　发货人 王　明

表3-19　中国工商银行进账单(收账通知)

2022年6月28日　　　　　　　　　第　　号

付款人	全　称	东海市东华百货商场	收款人	全　称	黄河宏大集团股份有限公司	交给持票人的收账通知此联是持票人开户银行
	账　号	1502006200266 88338		账　号	180112200100666	
	开户银行	工行东海分行		开户银行	工行东海紫荆分理处	

人民币(大写)	陆万叁仟贰佰捌拾元整	千百十万千百十元角分
		￥6 3 2 8 0 0 0

票据种类	转账支票
票据张数	1张

工商银行
东海分行
2022.06.28
转讫

收款人开户行盖章

单位主管　　会计　　复核　　记账

【业务10】 6月28日,由于业务需要,加工收回的香水精20%用于对外销售,货款已通过银行收讫;80%用于生产香水和高档化妆品,已领用并投入生产。原始凭证如表3-20、表3-21所示。

提示:委托加工应税消费品收回后的应税处理
　(1)委托加工收回的应税消费品以不高于受托方的计税价格出售的,为直接出售,不再缴纳消费税;委托方以高于受托方的计税价格出售的,不属于直接出售,需按照规定申报缴纳消费税,在计税时准予扣除受托方已代收代缴的消费税。
　(2)委托加工收回的应税消费品用于连续生产应税消费品的,其加工环节的已纳消费税税额可以从应纳税额的总额中扣除。
　(3)下列情况下不得扣除已纳消费税税额:酒及酒精、小汽车、高档手表、游艇;用购入或委托加工收回的应税消费品连续生产非应税消费品;工业企业从商贸企业购入已税消费品;用已税消费品生产不同税目的应税消费品。

表 3-20　东海增值税专用发票

2806143140　　　　　此联不作报销、扣税凭证使用　　　　　No 22000016

开票日期：2022 年 6 月 28 日

购买方	名　　　称：东海市天媛保健用品公司 纳税人识别号：280601002248111 地　址、电　话：东海市丽阳路 17 号　0316—37086708 开户行及账号：工行东海分行　150200683326688200	密码区	（略）

货物或应税劳务、服务名称	规格型号	单位	数量	单价	金额	税率	税额
*美容护肤品*香水精		瓶	4	8 000.00	32 000.00	13%	4 160.00

价税合计（大写）	⊗叁万陆仟壹佰陆拾圆整	（小写）¥ 36 160.00

销售方	名　　　称：黄河宏大集团股份有限公司 纳税人识别号：280602002212345 地　址、电　话：东海市和平街 458 号　0316—3166333 开户行及账号：工行东海紫荆分理处　180112200100666	备注	黄河宏大集团股份有限公司 280602002212345 发票专用章

收款人：　　　　　复核：　　　　　开票人：许丽宏　　　　　销售方：（章）

表 3-21　中国工商银行进账单（收账通知）

2022 年 6 月 28 日　　　　　第　　号

付款人	全　称	东海市天媛保健用品公司	收款人	全　称	黄河宏大集团股份有限公司
	账　号	150200683326688200		账　号	180112200100666
	开户银行	工行东海分行		开户银行	工行东海紫荆分理处

人民币（大写）	叁万陆仟壹佰陆拾元整	千	百	十	万	千	百	十	元	角	分
				3	6	1	6	0	0		

票据种类	银行汇票
票据张数	1 张

收款人开户行盖章：工商银行东海分行　2022.06.28　转讫

单位主管　　会计　　复核　　记账

【业务 11】 6 月 31 日，根据【业务 1】至【业务 10】登记"应交税费——应交消费税"明细账，编制消费税应纳税额汇总计算表（表 3-22、表 3-23）。

表 3-22 "应交税费——应交消费税"明细账

总第　　页
分第　　页

年		记账凭证号	摘要	页数	借方	√	贷方	借或贷	余额
月	日								

提示：消费税应纳税额汇总计算技巧

（1）销售业务的应纳消费税税额与自产自用、对外投资等视同销售的应纳消费税税额应分别计算，可扣除的已纳消费税税额只能从销售业务的应纳消费税税额中扣除。

（2）经过已纳消费税税额扣除后销售业务的应纳消费税税额加上视同销售的应纳消费税税额即为本期应纳消费税税额。

表 3-23 消费税应纳税额汇总计算表

单位：元

<table>
<tr><td rowspan="7">本期消费税计算</td><td>应税消费品名称</td><td>应税销售额/应税数量</td><td>适用税率/单位税额</td><td>本期消费税税额</td></tr>
<tr><td></td><td></td><td></td><td></td></tr>
<tr><td></td><td></td><td></td><td></td></tr>
<tr><td></td><td></td><td></td><td></td></tr>
<tr><td></td><td></td><td></td><td></td></tr>
<tr><td></td><td></td><td></td><td></td></tr>
<tr><td colspan="3">小计</td><td></td></tr>
<tr><td rowspan="7">可扣除税额</td><td>已税消费品名称</td><td>生产领用金额/代扣代缴计税价</td><td>适用税率/单位税额</td><td>本期扣除税额</td></tr>
<tr><td></td><td></td><td></td><td></td></tr>
<tr><td></td><td></td><td></td><td></td></tr>
<tr><td></td><td></td><td></td><td></td></tr>
<tr><td></td><td></td><td></td><td></td></tr>
<tr><td></td><td></td><td></td><td></td></tr>
<tr><td colspan="3">小计</td><td></td></tr>
<tr><td rowspan="5">本期应纳税额</td><td>税额</td><td></td><td>本月数</td><td>本年累计数</td></tr>
<tr><td>应纳税额</td><td></td><td></td><td></td></tr>
<tr><td>可扣除税额</td><td></td><td></td><td></td></tr>
<tr><td>应纳消费税税额</td><td></td><td></td><td></td></tr>
<tr><td></td><td></td><td></td><td></td></tr>
</table>

【业务 12】编制消费税及附加税费申报表（表 3-24），填开税收通用缴款书（表 3-25）。

表 3-24 消费税及附加税费申报表

税款所属期： 年 月 日 至 年 月 日

纳税人识别号：

纳税人名称： 金额单位：元（列至角分）

项目 应税消费品名称	适用税率 定额税率	适用税率 比例税率	计量单位	本期销售数量	本期销售额	本期应纳税额
	1	2	3	4	5	6＝1×4＋2×5
合计	—	—		—	—	

	栏次	本期税费额
本期减（免）额	7	
期初留抵税额	8	
本期准予扣除税额	9	
本期应扣除税额	10＝8＋9	
本期实际扣除税额	11［10＜（6－7），则为10，否则为6－7］	
期末留抵税额	12＝10－11	
本期预缴税额	13	
本期应补（退）税额	14＝6－7－11－13	
城市维护建设税本期应补（退）税额	15	
教育费附加本期应补（退）费额	16	
地方教育附加本期应补（退）费额	17	

声明：此表是根据国家税收法律法规及相关规定填写的，本人（单位）对填报内容（及附带资料）的真实性、可靠性、完整性负责。

纳税人（签章）： 年 月 日

经办人：	受理人：
经办人身份证号：	受理税务机关（章）：
代理机构签章：	
代理机构统一社会信用代码：	受理日期： 年 月 日

表 3-25　　　　　中华人民共和国税收通用缴款书　　　（032）海　　№1055807

隶属关系：　　　　　　　　　　　　　　　　　　　　　　　缴电
注册类型：　　　　　填发日期：　年　月　日　　　　　征收机关：

缴款单位（人）	代 码		预算科目	编码	
	全 称			名称	
	开户银行			级次	
	账 号			收款国库	

税款所属时期				税款限缴日期		
品 目 名 称	课税数量	计税金额或销售收入	税率或单位税额	已缴或扣除额	实缴金额

金额合计	

缴款单位（人）　（盖章）　　　　　　　上列款项已收妥并划转收款单位账户
经办人（盖章）　　　　　　　　　　　国库（银行）盖章　　年　月　日

逾期不缴按税法规定加收滞纳金

第一联（人）作完税凭证，（收据）国库（银行）收款盖章后退缴款

项目四　关税会计业务操作实训

一、实训要求

1. 根据滨海市东风进出口公司进口资料,确定进口货物的完税价格,计算进口货物应缴纳的关税和进口环节的增值税,并编制会计分录。

2. 根据滨海市东风进出口公司的出口资料,确定出口货物的完税价格,计算出口货物应缴纳的关税,并编制会计分录。

3. 根据进口资料,填写滨海市东风进出口公司进口货物报关单、进口货物关税专用缴款书、进口货物增值税专用缴款书,并编制会计分录。

4. 根据出口资料,填写滨海市东风进出口公司出口货物报关单、出口货物关税专用缴款书,并编制会计分录。

二、实训准备

1.《中华人民共和国海关法》《中华人民共和国进出口关税条例》和关税其他相关法规。

2. 税务实训室,企业基本情况,经济业务的原始凭证、进出口业务相关票证。

3. 进、出口货物报关单,进、出口关税专用缴款书,进口货物增值税专用缴款书。

三、实训材料

1. 企业基本情况如下:

企业名称:滨海市东风进出口公司
企业注册号:3104007016547
企业组织机构代码:785209447
企业税务登记证号:310345786309765
进出口货物许可证号:3321588457
企业地址:滨海市滨河路456号
法人代表:李大忠

注册资本:3 000万元
经营范围:产品进口、产品出口
企业开户银行及账号:工商银行滨海市滨河支行　8522342260890859864
财务负责人:郑一春
报关员:吕伟霞

滨海市东风进出口公司为增值税一般纳税人,2022年5月15日从香港进口一批录像机,批准文号090032487,进口关税税率为5%,当日的外汇牌价为USD1=RMB6.58;2022年5月25日出口鳗鱼苗,批准文号090082654,出口关税税率为10%,当日的外汇牌价为USD1=RMB6.60。

2. 相关票证资料如表4-1—表4-6所示,进口货物报关单(表4-7)、海关进口关税专用缴款书(表4-8)、海关进口增值税专用缴款书(表4-9)、出口货物报关单(表4-10)、海关出口关税专用缴款书(表4-11)。

表4-1　报价单

好易发有限公司
香港湾仔希望路18号希望广场123室

报　价　单

致:滨海市东风进出口公司　　本公司档号:09675432876　　日期:2022.5.15

货品说明:录像机	来源地:中国香港
数量:50台	包装:
单价:USD8100	总金额:USD405000
检验人:	付运费:USD3050
付款方式:信用证结算	有效期:

备注:

好易发有限公司代表

授权签名

表 4-2　商业发票

好易发有限公司
香港湾仔希望路 18 号希望广场 123 室

商 业 发 票

订货单编号:09763456134	本公司档号:09675432876
发票日期:2022 年 5 月 15 日	发票编号:095432981
付款条件:FOB 价结算	计价货币:USD
买方:中国·滨海市东风进出口公司	付运费:USD3050

货品说明	数量	单价	金额
录像机	50 台	USD8100	USD405000
		总计	USD408050

备注:

好易发有限公司代表

授权签名

表 4-3　装箱单

好易发有限公司
香港湾仔希望路 18 号希望广场 123 室

装 箱 单

订货单编号:09763456134	本公司档号:09675432876
发票日期:2022 年 5 月 15 日	发票编号:095432981
买方:中国·滨海市东风进出口公司	运往:中国·宁波口岸
标志及货件编号:	

货品说明	净重	毛重	尺寸
录像机	200 千克	280 千克	5.69 m×2.13 m×2.18 m

总计件数:1 件

备注:

好易发有限公司代表

授权签名

表 4-4　海运货物保险单

通财保险有限公司

海运货物保险单

订货单编号:09763456134	运输工具及名称:海运
投保人:中国·滨海市东风进出口公司	赔偿支付人:通财保险有限公司
保险金额:USD405000	保险费率:3‰
发货港:中国香港	所经港口/目的港:中国·宁波

承保内容:

条件:

根据1982年1月1日修订的协会货物条款(A)

根据1982年1月1日修订的协会货物条款(B)

根据1982年1月1日修订的协会货物条款(C)

根据1982年1月1日修订的协会货物条款(战争险)

根据1982年1月1日修订的协会货物条款(罢工险)

(一般条件和条款)

保险单签署地点日期:

投保地点:

备注:

通财保险有限公司代表

授权签名

表 4-5　出口货物销售发票

浙江省出口货物销售统一发票
ZHEJIANG EXPORT SALES UNIFORM INVOICE

发票代码 133100070580
发票号码 00054895
合同号码
Contract No.09234008645

记　账　联
COUNTERFOIL

日期
Date：2022.5.25

装船口岸 From	宁波	目的地 To	美国
信用证号数 Letter of Credit No.	0934587645123456	开户银行 Issued by	工行滨海分行

唛号 Marks & Nos	货名数量 Quantities and Descriptions	单价 Unit Price	总值 Amount
鳗鱼苗	110 000 条	USD1	USD110000

开票单位(盖章)：滨海市东风进出口公司　　　开票人：吕伟霞

310345786309765
发票专用章

表 4-6　应交关税税额汇总计算表
　　　年　月　日至　　年　月　日　　　　　　单位:元(列至角分)

	商品名称	关税完税价格	适用税率	应交关税税额
进口业务				
	合　计			
出口业务				
	合　计			

财务主管：　　　　　　　　　　　　　　制表人：

表 4-7　中华人民共和国海关进口货物报关单

预录入编号：　　　　　　　　海关编号：

收发货人		进口口岸		进口日期		申报日期	
消费使用单位		运输方式		运输工具名称		提运单号	
申报单位		监管方式		征免性质		备案号	
贸易国（地区）		启运国（地区）		装货港		境内目的地	
许可证号		成交方式		运费	保费		杂费	
合同协议号		件数		包装种类	毛重（千克）		净重（千克）	
集装箱号		随附单证						
标记唛码及备注								

项号　商品编号　商品名称、规格型号　数量及单位　原产国（地区）　单价　总价　币制　征免

特殊关系确认：　　　价格影响确认：　　　支付特许权使用费确认：

录入员　　　录入单位	兹申明对以上内容承担如实申报、依法纳税之法律责任	海关批注及签章
报关人员	申报单位（签章）	

表 4-8　海关进口关税专用缴款书（收据联）

收入系统：　　　　　填发日期：　　年　　月　　日　　　　No.

收款单位	收入机关		缴款单位（人）	名　　称	
	科　目	预算级次		科　　目	
	收缴国库			开户银行	

税号	货物名称	数量	单位	完税价格（¥）	税率（％）	税款金额（¥）

金额人民币（大写）　　　　　　　　　　　　　　　合计（¥）

申请单位编号		报关单编号		填制单位	收缴国库（银行）	
合同（批文）号		运输工具号				
缴款日期　年　月　日		提/装货单号				
备注	一般征税： 国际代码：			制单人： 复核人：		

第一联：（收据）国库收款签章后交缴款单位或缴款人

从填发缴款书之日起限 15 日内缴纳(期末遇法定节假日顺延),逾期按日征收税款总额万分之五的滞纳金。

表 4-9　海关进口增值税专用缴款书(收据联)

| 收入系统: | | 填发日期: | 年　月　日 | No. |

收款单位	收入机关		缴款单位(人)	名　称		第一联:(收据)国库收款签章后交缴款单位或缴款人
	科　目	预算级次		账　号		
	收缴国库			开户银行		

税号	货物名称	数量	单位	计税价格(¥)	税率(%)	税款金额(¥)	

金额人民币(大写)		合计(¥)	
申请单位编号		报关单编号		填制单位	收缴国库(银行)	
合同(批文)号		运输工具号				
缴款日期		提/装货单号				
备注	一般征税			制单人:		
	国际代码:			复核人:		

表 4-10　中华人民共和国海关出口货物报关单

预录入编号:　　　　　　　　海关编号:

收发货人	出口口岸	出口日期	申报日期
生产销售单位	运输方式	运输工具名称	提运单号
申报单位	监管方式	征免性质	备案号
贸易国(地区)	运抵国(地区)	指运港	境内货源地
许可证号	成交方式	运费	保费	杂费
合同协议号	件数	包装种类	毛重(千克)	净重(千克)
集装箱号	随附单证		
标记唛码及备注			

项号	商品编号	商品名称、规格型号	数量及单位	原产国(地区)	单价	总价	币制	征免

特殊关系确认:　　　价格影响确认:　　　支付特许权使用费确认:

录入员	录入单位	兹申明对以上内容承担如实申报、依法纳税之法律责任	海关批注及签章
报关人员		申报单位(签章)	

表 4-11 海关出口关税专用缴款书(收据联)

收入系统：		填发日期：		年 月 日		No.	
收款单位	收入机关			缴款单位(人)	名 称		第一联：(收据)国库收款签章后交缴款单位或缴款人
	科 目		预算级次		科 目		
	收缴国库				开户银行		
税号	货物名称	数量	单位	完税价格(¥)	税率(%)	税款金额(¥)	
金额人民币(大写)					合计(¥)		
申请单位编号		报关单编号		填制单位		收缴国库(银行)	
合同(批文)号		运输工具号					
缴款日期	年 月 日	提/装货单号					
备注	一般征税：			制单人：			
	国际代码：			复核人：			

从填发缴款书之日起限 15 日内缴纳(期末遇法定节假日顺延),逾期按日征收税款总额万分之五的滞纳金。

项目五　企业所得税会计业务操作实训

一、实训要求

1. 根据东海电器制造有限公司提供的第四季度收支资料,计算该企业第四季度应预缴的企业所得税税额,并编制会计分录。
2. 根据会计师事务所的审计意见,进行纳税调整,计算东海电器制造有限公司 2022 年应补缴的企业所得税税额,并编制会计分录。
3. 根据第四季度收支资料,按照分季据实预缴的办法填写第四季度企业所得税预缴纳税申报表。
4. 根据会计师事务所的审计情况,填写企业所得税纳税申报表的相关附表和企业所得税年度纳税申报表。

二、实训准备

1.《中华人民共和国企业所得税法》《中华人民共和国企业所得税法实施条例》和企业所得税其他相关法规。
2. 税务实训室,企业基本情况,各类收支业务等资料。
3. 企业所得税月(季)度预缴纳税申报表(A 类)、企业所得税年度纳税申报表及相关附表。

三、实训材料

1. 企业基本情况如下:
企业名称:东海电器制造有限公司
统一社会信用代码:33060678630944787C
企业地址:东海市滨河路 234 号
法人代表:陈洪富
注册资本:5 000 万元

企业类型:有限责任公司

经营范围:电器制造、销售

企业开户银行及账号:工商银行东海市滨河支行　8522671260890859431

财务负责人:刘春

办税员:郑日照

东海电器制造有限公司为增值税一般纳税人,2022年度有员工480人,月工资薪金为2 500元,企业所得税实行按年度计算,分季据实预缴办法。

2. 2022年度企业经营资料如下:

(1) 企业收入汇总表如表5-1所示。

表 5-1　2022 年收入汇总表　　　　　　　　　　　　　　　　　单位:万元

项　　目	第一季度	第二季度	第三季度	第四季度	总　　计
1. 主营业务收入小计	**1 925**	**1 700**	**2 000**	**2 100**	**7 725**
（1）销售货物收入	1 925	1 700	2 000	2 100	7 725
2. 其他业务收入小计	**20**	**40**	**40**	**60**	**160**
（1）材料销售收入	20	30	20	30	100
（2）提供运输服务收入		10	20	30	60
3. 投资收益小计	**15**	**15**	**20**	**15**	**65**
4. 营业外收入小计			**10**	**40**	**50**
（1）处置固定资产净收益				20	20
（2）出售无形资产收益			10	20	30
总　　计	1 960	1 755	2 070	2 215	8 000

(2) 企业成本费用汇总表如表5-2所示。

表 5-2　2022 年成本费用汇总表　　　　　　　　　　　　　　　单位:万元

项　　目	第一季度	第二季度	第三季度	第四季度	总　　计
1. 主营业务成本小计	**1 225**	**1 030**	**1 330**	**1 365**	**4 950**
（1）销售货物成本	1 225	1 030	1 330	1 365	4 950
2. 其他业务成本小计	**15**	**20**	**20**	**35**	**90**
（1）材料销售成本	15	15	10	20	60
（2）提供运输服务成本		5	10	15	30
3. 营业外支出小计			**20**	**50**	**70**
（1）固定资产盘亏				11	11

续　表

项　目	第一季度	第二季度	第三季度	第四季度	总　计
（2）罚款支出			20	19	39
（3）捐赠支出				20	20
4. 期间费用小计	700	690	690	740	2 820
（1）销售费用	300	290	290	320	1 200
（2）管理费用	395	395	395	415	1 600
（3）财务费用	5	5	5	5	20
总　计	1 940	1 740	2 060	2 190	7 930

（3）企业流转税费汇总表（不考虑财政性规费）如表5-3所示。

表5-3　2022年流转税费汇总表　　　　　　　　　　单位：万元

项　目	第一季度	第二季度	第三季度	第四季度	总　计
1. 增值税	75	60.5	64	73.22	272.72
2. 城市维护建设税	5.25	4.24	4.48	5.13	19.10
3. 教育费附加	2.25	1.81	1.92	2.20	8.18
总　计	82.5	66.55	70.40	80.55	300

（4）企业1—3季度会计利润及已经预缴的企业所得如表5-4所示。

表5-4　2022年1—3季度企业会计利润及已经预缴的所得税汇总表　　单位：万元

项　目	第一季度	第二季度	第三季度	第四季度	合　计
1. 会计利润额	12.5	8.95	3.60		
2. 企业所得税	3.125	2.237 5	0.90		

3. 2023年3月份，经聘请的会计师事务所审计，发现有关税收问题如下：

（1）扣除的成本费用中包括全年的工资费用，职工福利费206万元、职工工会经费28万元和职工教育费36万元，该企业已成立工会组织，拨缴工会经费有上缴的专用收据。

（2）企业全年提取无形资产减值准备金1.38万元。

（3）收入总额8 000万元中含国债利息收入7万元，金融债券利息收入20万元，从被投资的未上市的国有公司分回的税后股息38万元（被投资企业的企业所得税税率15%）。

（4）当年1月向其他企业借款200万元，借款期限1年，年利率为8%，同期银行贷款利率为6%。企业所支付的借款利息费用共计16万元，全部计入了财务费用。

（5）企业全年发生的业务招待费45万元，广告费和业务宣传费1 190万元，已全部从应纳税所得额中扣除。

(6) 12月份,通过当地政府机关向贫困山区捐赠家电产品一批,成本价20万元,市场销售价格23万元,企业核算时按成本价值直接冲减了库存商品,按市场销售价格计算的增值税销项税额2.99万元与成本价合计22.99万元记入"营业外支出"账户。

(7) "营业外支出"账户中还列支缴纳的税款滞纳金3万元,银行借款超期罚息6万元,给购货方的回扣12万元,意外事故净损失8万元,非广告性赞助10万元,全都如实在税前扣除。

(8) "管理费用"账户中含有新技术的研究费用30万元。

4. 企业所得税纳税调整工作底稿(表5-5)、应纳税所得额计算表(表5-6)、企业所得税应纳税额计算表(表5-7),企业所得税月(季)度预缴纳税申报表(表5-8)、企业所得税年度纳税申报表及封面(表5-9、表5-10)、企业所得税年度纳税申报表相关附表(表5-11—表5-21)、税收缴款书(表5-22)。

表5-5 企业所得税纳税调整工作底稿

序号	项目	计算过程	纳税调整增加额	纳税调整减少额

表 5-6 应纳税所得额计算表

单位:元(列至角分)

行次	项目	金额
1	纳税调整前所得	
2	加:纳税调整增加额	
3	其中:	
4		
5		
6		
7		
8		
9		
10		
11		
12		
13		
14	减:纳税调整减少额	
15	其中:	
16		
17		
18		
19		
20	纳税调整后所得	
21	减:弥补以前年度亏损	
22	减:免税所得	
23	其中:	
24		
25		
26	应纳税所得额	

表 5-7 企业所得税应纳税额计算表

单位:元(列至角分)

行次	项目	金额
1	应纳税所得额	
2	适用税率	
3	应交所得税税额	
4	减:预缴所得税税额	
5		
6		
7	应补(退)的所得税税额	

表5-8 中华人民共和国企业所得税月(季)度预缴纳税申报表(A类)

税款所属期间： 年 月 日至 年 月 日

纳税人识别号(统一社会信用代码)：□□□□□□□□□□□□□□□□□□

纳税人名称： 金额单位：人民币元(列至角分)

优惠及附报事项有关信息										
项 目	一季度		二季度		三季度		四季度		季度平均值	
	季初	季末	季初	季末	季初	季末	季初	季末		
从业人数											
资产总额/万元											
国家限制或禁止行业	□是 □否				小型微利企业					□是 □否	
附 报 事 项 名 称										金额或选项	
事项1	(填写特定事项名称)										
事项2	(填写特定事项名称)										

行次	预 缴 税 款 计 算	本年累计
1	营业收入	
2	营业成本	
3	利润总额	
4	加:特定业务计算的应纳税所得额	
5	减:不征税收入	
6	减:资产加速折旧、摊销(扣除)调减额(填写 A201020)	
7	减:免税、减计收入及加计扣除(7.1+7.2+…)	
7.1	(填写优惠事项名称)	
7.2	(填写优惠事项名称)	
8	减:所得减免(8.1+8.2+…)	
8.1	(填写优惠事项名称)	
8.2	(填写优惠事项名称)	
9	减:弥补以前年度亏损	
10	实际利润额(3+4−5−6−7−8−9)/按照上一纳税年度应纳税所得额平均额确定的应纳税所得额	
11	税率(25%)	
12	应纳所得税额(10×11)	
13	减:减免所得税额(13.1+13.2+…)	
13.1	(填写优惠事项名称)	
13.2	(填写优惠事项名称)	
14	减:本年实际已缴纳所得税额	
15	减:特定业务预缴(征)所得税额	
16	本期应补(退)所得税额(12−13−14−L15)/税务机关确定的本期应纳所得税额	

续 表

汇总纳税企业总分机构税款计算			
17	总机构填报	总机构本期分摊应补(退)所得税额(18+19+20)	
18	^	其中:总机构分摊应补(退)所得税额(16×总机构分摊比例____%)	
19	^	财政集中分配应补(退)所得税额(16×财政集中分配比例____%)	
20	^	总机构具有主体生产经营职能的部门分摊所得税额(16×全部分支机构分摊比例____%×总机构具有主体生产经营职能部门分摊比例____%)	
21	分支机构填报	分支机构本期分摊比例	
22	^	分支机构本期分摊应补(退)所得税额	
实际缴纳企业所得税计算			
23	减:民族自治地区企业所得税地方分享部分: □ 免征 □ 减征:减征幅度____%		本年累计应减免金额[(12-13-15)×40%×减征幅度]
24	实际应补(退)所得税额		

谨声明:本纳税申报表是根据国家税收法律法规及相关规定填报的,是真实的、可靠的、完整的。

纳税人(签章): 年 月 日

经办人: 经办人身份证号: 代理机构签章: 代理机构统一社会信用代码:	受理人: 受理税务机关(章): 受理日期: 年 月 日

国家税务总局监制

表 5-9　企业所得税年度纳税申报表封面

中华人民共和国企业所得税年度纳税申报表
(A类,2021年版)

税款所属期间: 　年　月　日至　年　月　日

纳税人识别号:□□□□□□□□□□□□□□□□□□□□

纳税人名称:

金额单位:人民币元(列至角分)

谨声明:此纳税申报表是根据《中华人民共和国企业所得税法》《中华人民共和国企业所得税法实施条例》、有关税收政策以及国家统一会计制度的规定填报的,是真实的、可靠的、完整的。

续表

法定代表人(签章):		年 月 日
纳税人公章:	代理申报中介机构公章:	主管税务机关受理专用章:
会计主管:	经办人:	受理人:
	经办人执业证件号码:	
填表日期: 年 月 日	代理申报日期: 年 月 日	受理日期: 年 月 日

国家税务总局监制

表 5-10 中华人民共和国企业所得税年度纳税申报表(A类)

A100000

类别	行次	项目	金额
利润总额计算	1	一、营业收入(填写 A101010\101020\103000)	
	2	减:营业成本(填写 A102010\102020\103000)	
	3	税金及附加	
	4	销售费用(填写 A104000)	
	5	管理费用(填写 A104000)	
	6	财务费用(填写 A104000)	
	7	资产减值损失	
	8	加:公允价值变动收益	
	9	投资收益	
	10	二、营业利润(1-2-3-4-5-6-7+8+9)	
	11	加:营业外收入(填写 A101010\101020\103000)	
	12	减:营业外支出(填写 A102010\102020\103000)	
	13	三、利润总额(10+11-12)	
应纳税所得额计算	14	减:境外所得(填写 A108010)	
	15	加:纳税调整增加额(填写 A105000)	
	16	减:纳税调整减少额(填写 A105000)	
	17	减:免税、减计收入及加计扣除(填写 A107010)	
	18	加:境外应税所得抵减境内亏损(填写 A108000)	
	19	四、纳税调整后所得(13-14+15-16-17+18)	
	20	减:所得减免(填写 A107020)	
	21	减:抵扣应纳税所得额(填写 A107030)	
	22	减:弥补以前年度亏损(填写 A106000)	
	23	五、应纳税所得额(19-20-21-22)	

续表

类别	行次	项　　目	金　额
应纳税额计算	24	税率(25%)	
	25	六、应纳所得税额(23×24)	
	26	减：减免所得税额(填写A107040)	
	27	减：抵免所得税额(填写A107050)	
	28	七、应纳税额(25－26－27)	
	29	加：境外所得应纳所得税额(填写A108000)	
	30	减：境外所得抵免所得税额(填写A108000)	
	31	八、实际应纳所得税额(28+29－30)	
	32	减：本年累计实际已预缴的所得税额	
	33	九、本年应补(退)所得税额(31－32)	
	34	其中：总机构分摊本年应补(退)所得税额(填写A109000)	
	35	财政集中分配本年应补(退)所得税额(填写A109000)	
	36	总机构主体生产经营部门分摊本年应补(退)所得税额(填写A109000)	
实际应纳税额计算	37	减：民族自治地区企业所得税地方分享部分：(免征减征；减征幅度____%)	
	38	十、本年实际应补(退)所得税额(33－37)	

表5-11　一般企业收入明细表

A101010

行次	项　　目	金　额
1	一、营业收入(2+9)	
2	(一)主营业务收入(3+5+6+7+8)	
3	1.销售商品收入	
4	其中：非货币性资产交换收入	
5	2.提供劳务收入	
6	3.建造合同收入	
7	4.让渡资产使用权收入	
8	5.其他	
9	(二)其他业务收入(10+12+13+14+15)	
10	1.销售材料收入	
11	其中：非货币性资产交换收入	

续　表

行次	项　目	金　额
12	2.出租固定资产收入	
13	3.出租无形资产收入	
14	4.出租包装物和商品收入	
15	5.其他	
16	二、营业外收入(17＋18＋19＋20＋21＋22＋23＋24＋25＋26)	
17	(一)非流动资产处置利得	
18	(二)非货币性资产交换利得	
19	(三)债务重组利得	
20	(四)政府补助利得	
21	(五)盘盈利得	
22	(六)捐赠利得	
23	(七)罚没利得	
24	(八)确实无法偿付的应付款项	
25	(九)汇兑收益	
26	(十)其他	

表5-12　一般企业成本支出明细表

A102010

行次	项　目	金　额
1	一、营业成本(2＋9)	
2	(一)主营业务成本(3＋5＋6＋7＋8)	
3	1.销售商品成本	
4	其中:非货币性资产交换成本	
5	2.提供劳务成本	
6	3.建造合同成本	
7	4.让渡资产使用权成本	
8	5.其他	
9	(二)其他业务成本(10＋12＋13＋14＋15)	
10	1.材料销售成本	
11	其中:非货币性资产交换成本	
12	2.出租固定资产成本	
13	3.出租无形资产成本	
14	4.包装物出租成本	
15	5.其他	

续 表

行次	项目	金额
16	二、营业外支出(17＋18＋19＋20＋21＋22＋23＋24＋25＋26)	
17	（一）非流动资产处置损失	
18	（二）非货币性资产交换损失	
19	（三）债务重组损失	
20	（四）非常损失	
21	（五）捐赠支出	
22	（六）赞助支出	
23	（七）罚没支出	
24	（八）坏账损失	
25	（九）无法收回的债券股权投资损失	
26	（十）其他	

表 5-13 期间费用明细表

A104000

行次	项目	销售费用	其中：境外支付	管理费用	其中：境外支付	财务费用	其中：境外支付
		1	2	3	4	5	6
1	一、职工薪酬		*		*	*	*
2	二、劳务费					*	*
3	三、咨询顾问费					*	*
4	四、业务招待费		*		*	*	*
5	五、广告费和业务宣传费		*		*	*	*
6	六、佣金和手续费						
7	七、资产折旧摊销费		*		*	*	*
8	八、财产损耗、盘亏及毁损损失		*		*	*	*
9	九、办公费		*		*	*	*
10	十、董事会费		*		*	*	*
11	十一、租赁费					*	*
12	十二、诉讼费		*		*	*	*
13	十三、差旅费		*		*	*	*
14	十四、保险费		*		*	*	*
15	十五、运输、仓储费					*	*
16	十六、修理费					*	*

续 表

行次	项　目	销售费用	其中：境外支付	管理费用	其中：境外支付	财务费用	其中：境外支付
		1	2	3	4	5	6
17	十七、包装费		*		*	*	*
18	十八、技术转让费					*	*
19	十九、研究费用					*	*
20	二十、各项税费		*		*	*	*
21	二十一、利息收支	*	*	*	*		
22	二十二、汇兑差额	*	*	*	*		
23	二十三、现金折扣	*	*	*	*		*
24	二十四、党组织工作经费						
25	二十五、其他						
26	合计(1+2+3+…+25)						

表 5-14　纳税调整项目明细表

A105000

行次	项　目	账载金额	税收金额	调增金额	调减金额
		1	2	3	4
1	一、收入类调整项目(2+3+4+5+6+7+8+10+11)	*	*		
2	（一）视同销售收入(填写 A105010)	*			*
3	（二）未按权责发生制原则确认的收入(填写 A105020)				
4	（三）投资收益(填写 A105030)				
5	（四）按权益法核算长期股权投资对初始投资成本调整确认收益	*	*	*	
6	（五）交易性金融资产初始投资调整		*	*	*
7	（六）公允价值变动净损益		*		
8	（七）不征税收入	*	*		
9	其中：专项用途财政性资金(填写 A105040)	*	*		
10	（八）销售折扣、折让和退回				
11	（九）其他				
12	二、扣除类调整项目(13+14+15+16+17+18+19+20+21+22+23+24+26+27+28+29+30)	*	*		
13	（一）视同销售成本(填写 A105010)	*		*	
14	（二）职工薪酬(填写 A105050)				
15	（三）业务招待费支出				*

续 表

行次	项 目	账载金额	税收金额	调增金额	调减金额
		1	2	3	4
16	（四）广告费和业务宣传费支出(填写 A105060)	*	*		
17	（五）捐赠支出(填写 A105070)				*
18	（六）利息支出				
19	（七）罚金、罚款和被没收财物的损失		*		*
20	（八）税收滞纳金、加收利息		*		*
21	（九）赞助支出		*		*
22	（十）与未实现融资收益相关在当期确认的财务费用				
23	（十一）佣金和手续费支出(保险企业填写 A105060)				*
24	（十二）不征税收入用于支出所形成的费用	*	*		*
25	其中:专项用途财政性资金用于支出所形成的费用(填写 A105040)	*	*		*
26	（十三）跨期扣除项目				
27	（十四）与取得收入无关的支出		*		*
28	（十五）境外所得分摊的共同支出	*	*		*
29	（十六）党组织工作经费				
30	（十七）其他				
31	三、资产类调整项目(32+33+34+35)	*	*		
32	（一）资产折旧、摊销(填写 A105080)				
33	（二）资产减值准备金			*	
34	（三）资产损失(填写 A105090)				
35	（四）其他				
36	四、特殊事项调整项目(37+38+…+42)	*	*		
37	（一）企业重组及递延纳税事项(填写 A105100)				
38	（二）政策性搬迁(填写 A105110)	*	*		
39	（三）特殊行业准备金(39.1+39.2+39.4+39.5+39.6+39.7)	*	*		
39.1	1. 保险公司保险保障基金				
39.2	2. 保险公司准备金				
39.3	其中:已发生未报案未决赔款准备金				
39.4	3. 证券行业准备金				
39.5	4. 期货行业准备金				
39.6	5. 中小企业融资(信用)担保机构准备金				
39.7	6. 金融企业、小额贷款公司准备金(填写 A105120)	*	*		

续 表

行次	项 目	账载金额 1	税收金额 2	调增金额 3	调减金额 4
40	（四）房地产开发企业特定业务计算的纳税调整额（填写A105010）	*			
41	（五）有限合伙企业法人合伙方应分得的应纳税所得额				
42	（六）发行永续绩利息支出				
43	（七）其他	*	*		
44	五、特别纳税调整应税所得	*	*		
45	六、其他	*	*		
46	合计（1+12+31+36+43+44+45）	*	*		

表5-15 视同销售和房地产开发企业特定业务纳税调整明细表

A105010

行次	项 目	税收金额 1	纳税调整金额 2
1	一、视同销售（营业）收入（2+3+4+5+6+7+8+9+10）		
2	（一）非货币性资产交换视同销售收入		
3	（二）用于市场推广或销售视同销售收入		
4	（三）用于交际应酬视同销售收入		
5	（四）用于职工奖励或福利视同销售收入		
6	（五）用于股息分配视同销售收入		
7	（六）用于对外捐赠视同销售收入		
8	（七）用于对外投资项目视同销售收入		
9	（八）提供劳务视同销售收入		
10	（九）其他		
11	二、视同销售（营业）成本（12+13+14+15+16+17+18+19+20）		
12	（一）非货币性资产交换视同销售成本		
13	（二）用于市场推广或销售视同销售成本		
14	（三）用于交际应酬视同销售成本		
15	（四）用于职工奖励或福利视同销售成本		
16	（五）用于股息分配视同销售成本		
17	（六）用于对外捐赠视同销售成本		
18	（七）用于对外投资项目视同销售成本		
19	（八）提供劳务视同销售成本		
20	（九）其他		

续 表

行次	项 目	税收金额	纳税调整金额
		1	2
21	三、房地产开发企业特定业务计算的纳税调整额(22—26)		
22	(一)房地产企业销售未完工开发产品特定业务计算的纳税调整额(24—25)		
23	1.销售未完工产品的收入		*
24	2.销售未完工产品预计毛利额		
25	3.实际发生的营业税金及附加、土地增值税		
26	(二)房地产企业销售的未完工产品转完工产品特定业务计算的纳税调整额(28—29)		
27	1.销售未完工产品转完工产品确认的销售收入		*
28	2.转回的销售未完工产品预计毛利额		
29	3.转回实际发生的营业税金及附加、土地增值税		

表 5-16 职工薪酬支出及纳税调整明细表

A105050

行次	项 目	账载金额	实际发生额	税收规定扣除率	以前年度累计结转扣除额	税收金额	纳税调整金额	累计结转以后年度扣除额
		1	2	3	4	5	6(1-5)	7(1+4-5)
1	一、工资薪金支出			*	*			*
2	其中:股权激励			*	*			*
3	二、职工福利费支出				*			*
4	三、职工教育经费支出			*				
5	其中:按税收规定比例扣除的职工教育经费							
6	按税收规定全额扣除的职工培训费用				*			*
7	四、工会经费支出			2%	*			*
8	五、各类基本社会保障性缴款			*	*			*
9	六、住房公积金			*	*			*
10	七、补充养老保险				*			*
11	八、补充医疗保险				*			*
12	九、其他			*				
13	合计(1+3+4+7+8+9+10+11+12)			*				

表 5-17 广告费和业务宣传费等跨年度纳税调整明细表

A105060

行次	项　　目	广告费和业务宣传费	保险企业手续费及佣金支出
		1	2
1	一、本年支出		
2	减:不允许扣除的支出		
3	二、本年符合条件的支出(1－2)		
4	三、本年计算扣除限额的基数		
5	乘:税收规定扣除率		
6	四、本企业计算的扣除限额(4×5)		
7	五、本年结转以后年度扣除额(3>6,本行=3－6;3≤6,本行=0)		
8	加:以前年度累计结转扣除额		
9	减:本年扣除的以前年度结转额[3>6,本行=0;3≤6,本行=8 或(6－3)孰小值]		
10	六、按照分摊协议归集至其他关联方的金额(10≤3 或 6 孰小值)		
11	按照分摊协议从其他关联方归集至本企业的金额		
12	七、本年支出纳税调整金额(3>6,本行=2+3－6+10－11;3≤6,本行=2+10－11－9)		
13	八、累计结转以后年度扣除额(7+8－9)		

表 5-18 捐赠支出及纳税调整明细表

A105070

行次	项　　目	账载金额	以前年度结转可扣除的捐赠额	按税收规定计算的扣除限额	税收金额	纳税调增金额	纳税调减金额	可结转以后年度扣除的捐赠额
		1	2	3	4	5	6	7
1	一、非公益性捐赠		*	*	*		*	*
2	二、限额扣除的公益性捐赠(3+4+5+6)							
3	前三年度(　　年)	*		*	*	*		
4	前二年度(　　年)	*		*	*	*		
5	前一年度(　　年)	*		*	*	*		
6	本年(2021 年)					*		
7	三、全额扣除的公益性捐赠		*	*	*	*		*
8	1.		*	*	*	*		*
9	2.		*	*	*	*		*
10	3.		*	*	*	*		*
11	合计(1+2+7)							
附列资料	2016 年度至本年发生的公益性扶贫捐赠合计金额		*	*		*	*	*

表 5-19 免税、减计收入及加计扣除优惠明细表

A107010

行次	项 目	金额
1	一、免税收入(2+3+6+7+…+16)	
2	(一)国债利息收入免征企业所得税	
3	(二)符合条件的居民企业之间的股息、红利等权益性投资收益免征企业所得税(4+5+6+7+8)	
4	1.一般股息红利等权益性投资收益免征企业所得税(填写 A107011)	
5	2.内地居民企业通过沪港通投资且连续持有 H 股满 12 个月取得的股息红利所得免征企业所得税(填写 A107011)	
6	3.内地居民企业通过深港通投资且连续持有 H 股满 12 个月取得的股息红利所得免征企业所得税(填写 A107011)	
7	4.居民企业持有创新企业 CDR 取得的股息红利所得免征企业所得税(填写 A107011)	
8	5.符合条件的永续债利息收入免征企业所得税(填写 A107011)	
9	(三)符合条件的非营利组织的收入免征企业所得税	
10	(四)中国清洁发展机制基金取得的收入免征企业所得税	
11	(五)投资者从证券投资基金分配中取得的收入免征企业所得税	
12	(六)取得的地方政府债券利息收入免征企业所得税	
13	(七)中国保险保障基金有限责任公司取得的保险保障基金等收入免征企业所得税	
14	(八)中国奥委会取得北京冬奥组委支付的收入免征企业所得税	
15	(九)中国残奥委会取得北京冬奥组委分期支付的收入免征企业所得税	
16	(十)其他	
17	二、减计收入(18+19+23+24)	
18	(一)综合利用资源生产产品取得的收入在计算应纳税所得额时减计收入	
19	(二)金融、保险等机构取得的涉农利息、保费减计收入(20+21+22)	
20	1.金融机构取得的涉农贷款利息收入在计算应纳税所得额时减计收入	
21	2.保险机构取得的涉农保费收入在计算应纳税所得额时减计收入	
22	3.小额贷款公司取得的农户小额贷款利息收入在计算应纳税所得额时减计收入	
23	(三)取得铁路债券利息收入减半征收企业所得税	
24	(四)其他	
24.1	1.取得的社区家庭服务收入在计算应纳税所得额时减计收入	
24.2	2.其他	
25	三、加计扣除(26+27+28+29+30)	
26	(一)开发新技术、新产品、新工艺发生的研究开发费用加计扣除(填写 A107012)	
27	(二)科技型中小企业开发新技术、新产品、新工艺发生的研究开发费用加计扣除(填写 A107012)	
28	(三)企业为获得创新性、创意性、突破性的产品进行创意设计活动而发生的相关费用加计扣除(加计扣除比例____%)	
29	(四)安置残疾人员所支付的工资加计扣除	
30	(五)其他	
31	合计(1+17+25)	

表 5-20 符合条件的居民企业之间的股息、红利等权益性投资收益优惠明细表

A107011

行次	被投资企业	被投资企业统一社会信用代码(纳税人识别号)	投资性质	投资成本	投资比例	被投资企业利润分配确认金额			被投资企业清算确认金额			撤回或减少投资确认金额					合计
						被投资企业做出利润分配或转股决定时间	依决定归属于本公司的股息、红利等权益性投资收益金额		分得的被投资企业清算剩余资产	被清算企业累计未分配利润和累计盈余公积应享有部分	应确认的股息所得	从被投资企业撤回或减少投资取得的资产	减少投资比例	收回初始投资成本	取得资产中超过收回初始投资成本部分	撤回或减少享有被投资企业累计未分配利润和累计盈余公积	应确认的股息所得	
	1	2	3	4	5	6	7		8	9	10(8与9孰小)	11	12	13(4×12)	14(11-13)	15	16(14与15孰小)	17(7+10+16)
1																		
2																		
3																		
4																		
5																		
6																		
7																		
8	合计																	
9	其中:直接投资或非H股票投资																	
10	股票投资——沪港通H股																	
11	股票投资——深港通H股																	
12	创新企业CDR																	
13	永续债																	

表 5-21 研发费用加计扣除优惠明细表

A107012

	基本信息		
1	□一般企业　□科技型中小企业	科技型中小企业登记编号	
2	本年可享受研发费用加计扣除项目数量		
	研发活动费用明细		
3	一、自主研发、合作研发、集中研发(4+8+17+20+24+35)		
4	（一）人员人工费用(5+6+7)		
5	1. 直接从事研发活动人员工资薪金		
6	2. 直接从事研发活动人员五险一金		
7	3. 外聘研发人员的劳务费用		
8	（二）直接投入费用(9+10+…+16)		
9	1. 研发活动直接消耗材料		
10	2. 研发活动直接消耗燃料		
11	3. 研发活动直接消耗动力费用		
12	4. 用于中间试验和产品试制的模具、工艺装备开发及制造费		
13	5. 用于不构成固定资产的样品、样机及一般测试手段购置费		
14	6. 用于试制产品的检验费		
15	7. 用于研发活动的仪器、设备的运行维护、调整、检验、维修等费用		
16	8. 通过经营租赁方式租入的用于研发活动的仪器、设备租赁费		
17	（三）折旧费用(18+19)		
18	1. 用于研发活动的仪器的折旧费		
19	2. 用于研发活动的设备的折旧费		
20	（四）无形资产摊销(21+22+23)		
21	1. 用于研发活动的软件的摊销费用		
22	2. 用于研发活动的专利权的摊销费用		
23	3. 用于研发活动的非专利技术（包括许可证、专有技术、设计和计算方法等）的摊销费用		
24	（五）新产品设计费等(25+26+27+28)		
25	1. 新产品设计费		
26	2. 新工艺规程制定费		
27	3. 新药研制的临床试验费		
28	4. 勘探开发技术的现场试验费		
29	（六）其他相关费用(30+31+32+33+34)		
30	1. 技术图书资料费、资料翻译费、专家咨询费、高新科技研发保险费		
31	2. 研发成果的检索、分析、评议、论证、鉴定、评审、评估、验收费用		
32	3. 知识产权的申请费、注册费、代理费		
33	4. 职工福利费、补充养老保险费、补充医疗保险费		
34	5. 差旅费、会议费		

续 表

35	（七）经限额调整后的其他相关费用	
36	二、委托研发[(37－38)×80％]	
37	委托外部机构或个人进行研发活动所发生的费用	
38	其中：委托境外进行研发活动所发生的费用	
39	三、年度研发费用小计(3＋36)	
40	（一）本年费用化金额	
41	（二）本年资本化金额	
42	四、本年形成无形资产摊销额	
43	五、以前年度形成无形资产本年摊销额	
44	六、允许扣除的研发费用合计(40＋42＋43)	
45	减：特殊收入部分	
46	七、允许扣除的研发费用抵减特殊收入后的金额(44－45)	
47	减：当年销售研发活动直接形成产品（包括组成部分）对应的材料部分	
48	减：以前年度销售研发活动直接形成产品（包括组成部分）对应材料部分结转金额	
49	八、加计扣除比例	
50	九、本年研发费用加计扣除总额(46－47－48)×49	
51	十、销售研发活动直接形成产品（包括组成部分）对应材料部分结转以后年度扣减金额（当46－47－48≥0，本行＝0；当46－47－48＜0，本行＝46－47－48的绝对值）	

表5-22　中华人民共和国税收（企业所得税）缴款书　缴电　（032）海　№1055683

隶属关系：
注册类型：　　　　　填发日期：　年　月　日　　征收机关：

缴款单位（人）	代　码			预算科目	编码	
	全　称				名称	
	开户银行				级次	
	账　号				收款国库	

税款所属时期				税款限缴日期		
品目名称	课税数量	计税金额或销售收入	税率或单位税额	已缴或扣除额	实缴金额	

金额合计	
缴款单位（人）（盖章）	上列款项已收妥并划转收款单位账户
经办人(盖章)	国库（银行）盖章　　年　月　日

逾期不缴按税法规定加收滞纳金

第一联（收据）国库（银行）收款盖章后退缴款单位（人）作完税凭证

项目六　个人所得税会计业务操作实训

一、实训要求

1. 逐项计算李泉之应交的个人所得税税额,汇总计算李泉之 2023 年度应缴纳的个人所得税税额。

2. 根据李泉之 2023 年的工资薪金所得,填写李泉之的个人所得税专项附加扣除信息表和泰华网络有限公司 12 月份个人所得税扣缴申报表,并编制会计分录。

3. 根据李泉之 2023 年全部的收入,办理汇算清缴工作。

二、实训准备

1.《中华人民共和国个人所得税法》《中华人民共和国个人所得税实施条例》和个人所得税其他相关法规。

2. 税务实训室,个人收入情况,各类收入凭证、计算表格等资料。

3. 扣缴个人所得税月份报告表、支付个人收入明细表、个人所得税纳税申报表。

三、实训材料

1. 李泉之个人的基本情况如下：

纳税人姓名：李泉之

国籍：中国

身份证号码：33012319650606××××

经常居住地：浙江杭州大山路 96 号

邮政编码：310001

联系电话：1370571××××

受雇企业：泰华网络有限公司

2. 李泉之 2023 年 1—12 月收入情况如下：

(1) 每月取得工资和年终奖及扣缴的"三险一金"情况如表 6-1 所示,另外,李泉之有一小孩在读大学,由李泉之一方享受子女教育专项附加扣除,泰华网络公司每月按规定预扣预缴了个人所得税。

表6-1 李泉之工资、薪金所得情况表　　　　　　　　单位:元

月份	基本及岗位工资①	伙食补助②	月奖③	住房补贴④	季度奖⑤	应发工资⑥	住房公积金⑦	基本养老保险费⑧	基本医疗保险费⑨	失业保险费⑩	三险一金合计
1月	6 000	1 000	1 200	2 000		10 200	1 000	960	240	100	2 300
2月	6 000	1 000	1 200	2 000		10 200	1 000	960	240	100	2 300
3月	6 000	1 000	1 200	2 000	3 000	13 200	1 000	960	240	100	2 300
4月	6 000	1 000	1 200	2 000		10 200	1 000	960	240	100	2 300
5月	6 000	1 000	1 200	2 000		10 200	1 000	960	240	100	2 300
6月	6 000	1 000	1 200	2 000	3 000	13 200	1 000	960	240	100	2 300
7月	6 000	1 000	1 200	2 000		10 200	1 000	960	240	100	2 300
8月	6 000	1 000	1 200	2 000		10 200	1 000	960	240	100	2 300
9月	6 000	1 000	1 200	2 000	3 000	13 200	1 000	960	240	100	2 300
10月	6 000	1 000	1 200	2 000		10 200	1 000	960	240	100	2 300
11月	6 000	1 000	1 200	2 000		10 200	1 000	960	240	100	2 300
12月	6 000	1 000	1 200	2 000	3 000	13 200	1 000	960	240	100	2 300
年终奖金	—	—	—	—	—	24 000	—	—	—	—	—
合计						158 400					27 600

(2) 7月份把一项专利转让给甲公司,取得收入14 500元,甲公司按规定预扣个人所得税。

(3) 8月份为东海外贸公司翻译资料,取得收入20 000元,先后从中拿出6 000元、5 000元,通过农村义务教育基金会和国家机关分别捐给了农村义务教育和贫困地区。东海外贸公司在支付时未预扣个人所得税。

(4) 小说在报刊上连载50次后出版,10月份分别取得报社支付的稿酬50 000元、出版社支付的稿酬80 000元,报社和出版社均按规定预扣了个人所得税。

(5) 11月份购买体育彩票获奖25 000元,按规定缴纳了个人所得税。

(6) 9月份在A、B两国讲学分别取得收入18 000元和35 000元,已分别按收入来源国税法缴纳了个人所得税2 000元和6 000元。

3. 相关表单:平时代(预)扣代(预)缴个人所得税应纳税额汇总计算表(表6-2)、个人所得税专项附加扣除信息表(表6-3)、个人所得税扣缴申报表(表6-4)、个人所得税

年度自行纳税申报表（表6-5）。

> **提示：公益性捐赠的扣除规定**
> 个人将其所得通过中国境内的社会团体、国家机关向教育和其他社会公益事业以及遭受严重自然灾害地区、贫困地区的公益、救济性捐赠，捐赠额未超过纳税义务人申报的应纳税所得额30%的部分，准予从其应纳税所得额中扣除。个人通过非营利性的社会团体和国家机关，向红十字事业、农村义务教育以及公益性青少年活动场所的捐赠，可以全额在税前扣除。

表6-2 平时代（预）扣代（预）缴个人所得税应纳税额汇总计算表

序号	所得项目	收入额	扣除额	应纳税所得额	税率	速算扣除数	应纳税额	已缴(扣)税金	应补(退)税额
1									
2									
3									
4									
5									
6									
7									
8									
9									
10									
11									
12									
13									
14									
15									
16									
17									
18									
19									
20									
21									
合计									

表 6-3 个人所得税专项附加扣除信息表

填报日期： 年 月 日

纳税人姓名：□□□□□□□□□□□□

扣除年度：□□□□

纳税人识别号：□□□□□□□□□□□□□□□□□□□□

纳税人信息	手机号码	□□□□□□□□□□□	电子邮箱	□□□□□□□□□□□□□□□□□□□
	联系地址	□□□□□□□□□□□□□□□□□□□□□□□□□□□□□□		
纳税人配偶信息	姓　名	□□□□□□□□□	配偶情况	□有配偶　□无配偶
	身份证件类型	□□□□□□	身份证件号码	□□□□□□□□□□□□□□□□□□

较上次报送信息是否发生变化：□首次报送（请填写全部信息）　□无变化（不需重新填写）　□有变化（请填写发生变化项目的信息）

一、子女教育

	姓　名	□□□□□□□□□	身份证件类型	□□□□□□□□□
	出生日期	□□□□□□	身份证件号码	□□□□□□□□□□□□□□□□□□
子女一	当前受教育阶段起始时间	年　　月	当前受教育阶段	□学前教育　□义务教育　□高中阶段教育　□高等教育
	就读国家（或地区）	□□□□□□□□□	当前受教育阶段终止时间 *不再受教育时填写	年　　月
	就读学校	□□□□□□□□□□□□□□□	本人扣除比例	□100%（全额扣除）　□50%（平均扣除）
	姓　名	□□□□□□□□□	身份证件类型	□□□□□□□□□
	出生日期	□□□□□□	身份证件号码	□□□□□□□□□□□□□□□□□□
子女二	当前受教育阶段起始时间	年　　月	当前受教育阶段	□学前教育　□义务教育　□高中阶段教育　□高等教育
	就读国家（或地区）	□□□□□□□□□	当前受教育阶段终止时间 *不再受教育时填写	年　　月
	就读学校	□□□□□□□□□□□□□□□	本人扣除比例	□100%（全额扣除）　□50%（平均扣除）
	姓　名	□□□□□□□□□	身份证件类型	□□□□□□□□□
	出生日期	□□□□□□	身份证件号码	□□□□□□□□□□□□□□□□□□
子女三	当前受教育阶段起始时间	年　　月	当前受教育阶段	□学前教育　□义务教育　□高中阶段教育　□高等教育
	就读国家（或地区）	□□□□□□□□□	当前受教育阶段终止时间 *不再受教育时填写	年　　月
	就读学校	□□□□□□□□□□□□□□□	本人扣除比例	□100%（全额扣除）　□50%（平均扣除）

续 表

		二、继续教育		
学历(学位)继续教育	较上次报送信息是否发生变化：□首次报送(请填写全部信息) □无变化(不需重新填写) □有变化(请填写发生变化项目的信息)			
	当前继续教育起始时间	年 月	当前继续教育结束时间	年 月
	继续教育阶段	□专科 □本科 □硕士研究生 □博士研究生 □其他		
职业资格继续教育	职业资格继续教育类型	□技能人员 □专业技术人员	学历(学位)继续教育阶段	
	证书编号		证书名称	
			发证机关	发证(批准)日期

		三、住房贷款利息		
房屋信息	较上次报送信息是否发生变化：□首次报送(请填写全部信息) □无变化(不需重新填写) □有变化(请填写发生变化项目的信息)			
	住房坐落地址	省(区,市)	市	县(区) 街道(乡,镇)
	产权证号/不动产登记号/商品房买卖合同号/预售合同号			
	本人是否借款人	□是 □否	是否婚前各自首套贷款，且婚后分别抵扣除50%	□是 □否
房贷信息	公积金贷款|贷款合同编号		首次还款日期	
	贷款期限(月)		贷款银行	
	商业贷款|贷款合同编号		首次还款日期	
	贷款期限(月)			

		四、住房租金		
房屋信息	较上次报送信息是否发生变化：□首次报送(请填写全部信息) □无变化(不需重新填写) □有变化(请填写发生变化项目的信息)			
	住房坐落地址	省(区,市)	市	县(区) 街道(乡,镇)
	出租方(个人)姓名		身份证件类型	身份证件号码
	出租方(单位)名称		纳税人识别号(统一社会信用代码)	□□□□□□□□□□□□□□□□□□
租赁情况	主要工作城市(*填写市一级)		住房租赁合同编号(非必填)	
	租赁期起		租赁期止	

续 表

五、赡养老人

较上次报送信息是否发生变化： □ 首次报送（请填写全部信息） □ 无变化（不需重新填写） □ 有变化（请填写发生变化项目的信息）

纳税人身份		□ 独生子女 □ 非独生子女	
被赡养人一	姓　名	身份证件类型	□□□□□□□□
	出生日期	身份证件号码	□□□□□□□□□□□□□□□□□□ □ 父亲 □ 母亲 □ 其他
被赡养人二	姓　名	身份证件类型	□□□□□□□□
	出生日期	身份证件号码	□□□□□□□□□□□□□□□□□□ □ 父亲 □ 母亲 □ 其他
共同赡养人信息	姓　名	身份证件类型	□□□□□□□□
		与纳税人关系	
	姓　名	身份证件类型	□□□□□□□□
		与纳税人关系	
	姓　名	身份证件类型	□□□□□□□□
		与纳税人关系	
分摊方式	□ 平均分摊 □ 赡养人约定分摊 □ 被赡养人指定分摊	本年度月扣除金额	

*独生子女不需填写

六、大病医疗（仅限综合所得年度汇算清缴申报时填写）

较上次报送信息是否发生变化： □ 首次报送（请填写全部信息） □ 无变化（不需重新填写） □ 有变化（请填写发生变化项目的信息）

患者一	姓　名	身份证件类型	□□□□□□□□
	医药费用总金额	与纳税人关系	□ 本人 □ 配偶 □ 未成年子女
患者二	姓　名	身份证件类型	□□□□□□□□
	医药费用总金额	与纳税人关系	□ 本人 □ 配偶 □ 未成年子女
患者三	姓　名	身份证件类型	□□□□□□□□
	医药费用总金额	与纳税人关系	□ 本人 □ 配偶 □ 未成年子女

续 表

七、3岁以下婴幼儿照护

较上次报送信息是否发生变化：□ 首次报送（请填写全部信息） □ 无变化（不需重新填写） □ 有变化（请填写发生变化项目的信息）

子女一	姓 名		身份证件类型		身份证件号码	
	出生日期				本人扣除比例	□ 100%（全额扣除） □ 50%（平均扣除）
子女二	姓 名		身份证件类型		身份证件号码	
	出生日期				本人扣除比例	□ 100%（全额扣除） □ 50%（平均扣除）
子女三	姓 名		身份证件类型		身份证件号码	
	出生日期				本人扣除比例	□ 100%（全额扣除） □ 50%（平均扣除）

需要在任职受雇单位预扣预缴工资、薪金所得个人所得税时享受专项附加扣除的，填写本栏

扣缴义务人名称		扣缴义务人纳税人识别号 （统一社会信用代码）	

重要提示：当您填写本栏，表示您已同意该任职受雇单位使用本表信息为您办理专项附加扣除。

本人承诺：我已仔细阅读填表说明，并根据《中华人民共和国个人所得税法》及其实施条例《个人所得税专项附加扣除暂行办法》《个人所得税专项附加扣除操作办法（试行）》等相关法律法规规定填写本表。本人已就所填扣除信息的真实性、准确性、完整性负责。

扣缴义务人签章：	代理机构签章：	纳税人：
经办人签字：	代理机构统一社会信用代码：	受理税务机关（章）：
接收日期：　年　月　日	经办人签字：	受理人：
	经办人身份证件号码：	受理日期：　年　月　日

国家税务总局监制

表 6-4 个人所得税扣缴申报表

税款所属期： 年 月 日 至 年 月 日　　　扣缴义务人纳税人识别号（统一社会信用代码）：□□□□□□□□□□□□□□□□□□
扣缴义务人名称：　　　　　　　　　　　　　　　　　　　　　　　　　金额单位：人民币元（列至角分）

序号	姓名	身份证件类型	身份证件号码	纳税人识别号	是否为非居民个人	所得项目	收入额计算				本月（次）情况										累计情况（工资、薪金）										税款计算						备注
							收入	免税收入	减除费用		专项扣除				其他扣除					累计收入额	累计减除费用	累计专项扣除	累计专项附加扣除						累计其他扣除	减按计税比例	准予扣除的捐赠额	应纳税所得额	税率/预扣率	速算扣除数	应纳税额	减免税额	已扣缴税额	应补(退)税额	
											基本养老保险费	基本医疗保险费	失业保险费	住房公积金	年金	商业健康保险	税延养老保险	财产原值	允许扣除的税费	其他				子女教育	继续教育	住房贷款利息	住房租金	赡养老人	3岁以下婴幼儿照护										
							8	9	10		11	12	13	14	15	16	17	18	19	20	21	22	23	24	25	26	27	28	29	30	31	32	33	34	35	36	37	38	39	40	41
1	2	3	4	5	6	7																																			
合计																																									

谨声明：本扣缴申报表是根据国家税收法律法规及相关规定填报的，是真实的、可靠的、完整的。

代理机构签章：　　　　　　　　　　　　　　　　　　　　　　　　　　　　扣缴义务人（签章）：
代理机构统一社会信用代码：
经办人签字：
经办人身份证件号码：

受理人：
受理税务机关（签章）：
受理日期：　年　月　日

年　月　日

国家税务总局监制

表6-5　个人所得税年度自行纳税申报表(A表)

（仅取得境内综合所得年度汇算适用）

税款所属期：　　年　　月　　日至　　年　　月　　日

纳税人姓名：

纳税人识别号：□□□□□□□□□□□□□□□□□□-□□　　金额单位：人民币元(列至角分)

基本情况				
手机号码		电子邮箱	邮政编码	□□□□□□
联系地址	＿＿省(区、市)＿＿市＿＿区(县)＿＿街道(乡、镇)＿＿＿＿＿			
纳税地点(单选)				
1.有任职受雇单位的,需选本项并填写"任职受雇单位信息"：			□任职受雇单位所在地	
任职受雇单位信息	名称			
	纳税人识别号	□□□□□□□□□□□□□□□□□□		
2.没有任职受雇单位的,可以从本栏次选择一地：			□户籍所在地　□经常居住地	
户籍所在地/经常居住地	＿＿省(区、市)＿＿市＿＿区(县)＿＿街道(乡、镇)＿＿＿			
申报类型(单选)				
□首次申报			□更正申报	

综合所得个人所得税计算

项　目	行次	金额
一、收入合计(第1行＝第2行＋第3行＋第4行＋第5行)	1	
（一）工资、薪金	2	
（二）劳务报酬	3	
（三）稿酬	4	
（四）特许权使用费	5	
二、费用合计[第6行＝(第3行＋第4行＋第5行)×20%]	6	
三、免税收入合计(第7行＝第8行＋第9行)	7	
（一）稿酬所得免税部分[第8行＝第4行×(1-20%)×30%]	8	
（二）其他免税收入(附报《个人所得税减免税事项报告表》)	9	
四、减除费用	10	
五、专项扣除合计(第11行＝第12行＋第13行＋第14行＋第15行)	11	
（一）基本养老保险费	12	
（二）基本医疗保险费	13	
（三）失业保险费	14	
（四）住房公积金	15	
六、专项附加扣除合计(附报《个人所得税专项附加扣除信息表》)(第16行＝第17行＋第18行＋第19行＋第20行＋第21行＋第22行＋第23行)	16	
（一）子女教育	17	
（二）继续教育	18	
（三）大病医疗	19	
（四）住房贷款利息	20	
（五）住房租金	21	
（六）赡养老人	22	
（七）3岁以下婴幼儿照护	23	
七、其他扣除合计(第24行＝第25行＋第26行＋第27行＋第28行＋第29行)	24	
（一）年金	25	
（二）商业健康保险(附报《商业健康保险税前扣除情况明细表》)	26	
（三）税延养老保险(附报《个人税收递延型商业养老保险税前扣除情况明细表》)	27	
（四）允许扣除的税费	28	
（五）其他	29	

续 表

综合所得个人所得税计算		
项　目	行次	金额
八、准予扣除的捐赠额（附报《个人所得税公益慈善事业捐赠扣除明细表》）	30	
九、应纳税所得额（第31行＝第1行－第6行－第7行－第10行－第11行－第16行－第24行－第30行）	31	
十、税率（％）	32	
十一、速算扣除数	33	
十二、应纳税额（第34行＝第31行×第32行－第33行）	34	
全年一次性奖金个人所得税计算		
（无住所居民个人预判为非居民个人取得的数月奖金，选择按全年一次性奖金计税的填写本部分）		
一、全年一次性奖金收入	35	
二、准予扣除的捐赠额（附报《个人所得税公益慈善事业捐赠扣除明细表》）	36	
三、税率（％）	37	
四、速算扣除数	38	
五、应纳税额［第39行＝（第35行－第36行）×第37行－第38行］	39	
税额调整		
一、综合所得收入调整额（需在"备注"栏说明调整具体原因、计算方式等）	40	
二、应纳税额调整额	41	
应补/退个人所得税计算		
一、应纳税额合计（第42行＝第34行＋第39行＋第41行）	42	
二、减免税额（附报《个人所得税减免税事项报告表》）	43	
三、已缴税额	44	
四、应补/退税额（第45行＝第42行－第43行－第44行）	45	
无住所个人附报信息		
纳税年度内在中国境内居住天数　　　　已在中国境内居住年数		
退税申请		
（应补/退税额小于0的填写本部分）		
□ 申请退税（需填写"开户银行名称""开户银行省份""银行账号"）　　□ 放弃退税		
开户银行名称　　　　　　　　开户银行省份		
银行账号		
备　　注		
谨声明：本表是根据国家税收法律法规及相关规定填报的，本人对填报内容（附带资料）的真实性、可靠性、完整性负责。		
纳税人签字：　　　　年　月　日		
经办人签字：　　　　　　　　　　　　受理人：		
经办人身份证件类型：		
经办人身份证件号码：　　　　　　　　受理税务机关（章）		
代理机构签章：		
代理机构统一社会信用代码：　　　　　受理日期：　　　　年　月　日		

国家税务总局监制

项目七　其他税种会计业务操作实训

实训 7.1　城市维护建设税会计业务操作实训

一、实训要求

根据项目二黄河有限责任公司2022年6月缴纳增值税额资料,计算该企业6月份应缴纳的城市维护建设税税额及教育费附加,并编制会计分录。

二、实训准备

1.《中华人民共和国城市维护建设税法》和城市维护建设税、教育费附加的相关法规。
2.税务实训室,企业基本情况,企业流转税缴纳情况,各类税收计算表等资料。

三、实训材料

1. 2022年6月项目二相关资料。
2. 城市维护建设税及教育费附加计算单(表7-1)。

表 7-1　城市维护建设税及教育费附加计算单

　　年　　月　　　　　　　　　　　金额单位:元(列至角分)

税费名称	计税依据		税率(征收率)	应交税(费)金额
	实际缴纳增值税税额	合计		
城市维护建设税				
教育费附加				
地方教育附加				
合　　计				

实训 7.2　房产税会计业务操作实训

一、实训要求

1. 根据东海集团有限公司提供的 2022 年资料,计算该企业 2022 年应缴纳的房产税税额,并编制会计分录。

2. 填写东海集团有限公司房产税的财产和行为税纳税申报表。

二、实训准备

1.《中华人民共和国房产税暂行条例》和房产税的相关法规。

2. 税务实训室,企业与房产税的相关材料,税收计算、纳税申报表等。

三、实训材料

1. 企业基本情况如下:

企业名称:东海集团有限公司

企业性质:国有企业

法定代表:潘刚

财务负责人:陈杰

办税人:王珍

财会人员共 4 人

营业地址:东海市酒仙桥 238 号

开户银行:工商银行酒仙桥分理处

账　　号:955001236415171245

税务登记号:280632873744378

2. 2022 年涉及房产税的相关资料如下,房屋登记卡如表 7-2—表 7-7 所示,该地区扣除率一律为 30%。

表 7-2　房屋登记卡(正面)

房屋编号:1 号楼　　　　　　　　　　　　　　　　　　　　　　　单位:万元

财产	统一分类	房屋及建筑物	设卡日期:2008 年 6 月 1 日			
	编号	01				
建筑物标示	基地坐落	东海市酒仙桥 238 号	使用单位		用　途	
	楼号或门牌	1 号楼	集团公司		行政办公用房	
	保存登记					
	来源	自建	屋顶	屋架	墙面	地面
	建筑日期	2006 年 12 月 5 日	水泥顶、琉璃瓦	框架结构	混砖	大理石
	使用年限	20 年				

续 表

建筑物标示	原始总值	2 000	水泥顶、琉璃瓦	框架结构	混砖	大理石
	式样					
建筑面积	层次	面积(平方米)	户型	备 注		
	合计	5 000				
	其中:					

表7-3 房屋登记卡(正面)

房屋编号:2号楼　　　　　　　　　　　　　　　　　　　　　　　　　单位:万元

财产	统一分类	房屋及建筑物	设卡日期:2008年6月1日			
	编号	02				
建筑物标示	基地坐落	东海市酒仙桥238号	使用单位		用 途	
	楼号或门牌	2号楼	集团公司		生产用房	
	保存登记					
	来源	自建	屋顶	屋架	墙面	地面
	建筑日期	2006年6月5日	水泥顶	框架结构	混砖	水泥
	使用年限	20年				
	原始总值	2 200				
	式样					
建筑面积	层次	面积(平方米)	户型	备 注		
	合计	12 000				
	其中:					

表7-4 房屋登记卡(正面)

房屋编号:3号楼　　　　　　　　　　　　　　　　　　　　　　　　　单位:万元

财产	统一分类	房屋及建筑物	设卡日期:2008年6月1日	
	编号	03		
建筑物标示	基地坐落	东海市酒仙桥238号	使用单位	用 途
	楼号或门牌	3号楼		空闲
	保存登记			

续　表

<table>
<tr><td rowspan="6">建筑物标示</td><td>来源</td><td colspan="2">自建</td><td>屋顶</td><td>屋架</td><td>墙面</td><td>地面</td></tr>
<tr><td>建筑日期</td><td colspan="2">2007年6月5日</td><td rowspan="5">水泥顶</td><td rowspan="5">框架结构</td><td rowspan="5">混砖</td><td rowspan="5">水泥</td></tr>
<tr><td>使用年限</td><td colspan="2">20年</td></tr>
<tr><td>原始总值</td><td colspan="2">100</td></tr>
<tr><td>式样</td><td colspan="2"></td></tr>
<tr><td></td><td colspan="2"></td></tr>
<tr><td rowspan="5">建筑面积</td><td>层次</td><td>面积（平方米）</td><td>户型</td><td colspan="4">备　注</td></tr>
<tr><td>合计</td><td>500</td><td></td><td colspan="4" rowspan="4">2022年6月30日，投资给杭州佳艺广告公司使用，协议规定，每月向杭州佳艺广告公司收取固定收入3万元，期限3年。</td></tr>
<tr><td rowspan="3">其中：</td><td></td><td></td></tr>
<tr><td></td><td></td></tr>
<tr><td></td><td></td></tr>
</table>

表7-5　房屋登记卡（正面）

房屋编号：4号楼　　　　　　　　　　　　　　　　　　　　　　　　　　　　单位：万元

<table>
<tr><td rowspan="3">财产</td><td>统一</td><td></td><td rowspan="3">设卡日期：
2008年6月1日</td></tr>
<tr><td>分类</td><td>房屋及建筑物</td></tr>
<tr><td>编号</td><td>04</td></tr>
</table>

<table>
<tr><td rowspan="9">建筑物标示</td><td>基地坐落</td><td colspan="2">东海市酒仙桥238号</td><td>使用单位</td><td colspan="3">用　途</td></tr>
<tr><td>楼号或门牌</td><td colspan="2">4号楼</td><td></td><td colspan="3" rowspan="2">空闲</td></tr>
<tr><td>保存登记</td><td colspan="2"></td><td></td></tr>
<tr><td>来源</td><td colspan="2">自建</td><td>屋顶</td><td>屋架</td><td>墙面</td><td>地面</td></tr>
<tr><td>建筑日期</td><td colspan="2">2007年12月5日</td><td rowspan="5">水泥顶</td><td rowspan="5">框架结构</td><td rowspan="5">混砖</td><td rowspan="5">水泥</td></tr>
<tr><td>使用年限</td><td colspan="2">20年</td></tr>
<tr><td>原始总值</td><td colspan="2">150</td></tr>
<tr><td>式样</td><td colspan="2"></td></tr>
<tr><td></td><td colspan="2"></td></tr>
<tr><td rowspan="5">建筑面积</td><td>层次</td><td>面积（平方米）</td><td>户型</td><td colspan="4">备　注</td></tr>
<tr><td>合计</td><td>700</td><td></td><td colspan="4" rowspan="4">2022年8月31日，转让给杭州好利来宾馆，收到转让款120万元，支付转让过程中发生的税金及费用10万元，账面显示该房产已提折旧85万元。</td></tr>
<tr><td rowspan="3">其中：</td><td></td><td></td></tr>
<tr><td></td><td></td></tr>
<tr><td></td><td></td></tr>
</table>

表 7-6　房屋登记卡(正面)

房屋编号:5 号楼　　　　　　　　　　　　　　　　　　　　　　　　　　　单位:万元

财产	统一分类	房屋及建筑物	设卡日期:2008 年 6 月 1 日			
	编号	05				
建筑物标示	基地坐落	东海市酒仙桥 238 号	使用单位		用　途	
	楼号或门牌	5 号楼			空闲	
	保存登记					
	来源	自建	屋顶	屋架	墙面	地面
	建筑日期	2007 年 12 月 5 日	水泥顶	框架结构	混砖	水泥
	使用年限	20 年				
	原始总值	150				
	式样					
建筑面积	层次	面积(平方米)	户型	备　注		
	合计	700		2022 年 1 月 1 日出租给杭州龙发批发商场,协议规定,每月收取房租 24 000 元,期限 5 年。		
	其中:					

表 7-7　房屋登记卡(正面)

房屋编号:6 号楼　　　　　　　　　　　　　　　　　　　　　　　　　　　单位:万元

财产	统一分类	房屋及建筑物	设卡日期:2015 年 3 月 14 日			
	编号	06				
建筑物标示	基地坐落	东海市酒仙桥 238 号	使用单位		用　途	
	楼号或门牌	6 号楼	集团公司		生产用房	
	保存登记					
	来源	自建	屋顶	屋架	墙面	地面
	建筑日期	2015 年 3 月 14 日	水泥顶	框架结构	混砖	水泥
	使用年限	20 年				
	原始总值	1 200				
	式样					
建筑面积	层次	面积(平方米)	户型	备　注		
	合计	8 000				
	其中:					

3. 房产税应纳税额计算表(表7-8)、财产和行为税纳税申报表(表7-9)。

表7-8 2022年度房产税应纳税额计算表

单位:元(列至角分)

楼号	房产原值	按房产余值计征房产税				按租金收入计征房产税			全年应纳税额
		扣除率	房产余值	适用税率	应纳税额	租金收入	适用税率	应纳税额	
合计									

表7-9 财产和行为税纳税申报表

纳税人识别号(统一社会信用代码):
纳税人名称:

金额单位:人民币元(列至角分)

序号	税种	税目	税款所属期起	税款所属期止	计税依据	税率	应纳税额	减免税额	已缴税额	应补(退)税额
1										
2										
3										
4										
5										
6										
7										
8										
9										
10										
11										
12 合计	—	—	—	—		—				

声明:此表是根据国家税收法律法规及相关规定填写的,本人(单位)对填报内容(及附带资料)的真实性、可靠性、完整性负责。

纳税人:
年 月 日

经办人:
经办人身份证号:
代理机构签章:
代理机构统一社会信用代码:

受理人:
受理税务机关(章):
受理日期: 年 月 日

本表一式两份,一份纳税人留存,一份税务机关留存。

实训 7.3 印花税会计业务操作实训

一、实训要求

1. 根据东海科技有限公司提供的 2022 年资料，计算该企业 2022 年应缴纳的印花税税额。
2. 填写东海科技有限公司印花税的财产和行为税纳税申报表。

二、实训准备

1.《中华人民共和国印花税法》和印花税的相关法规。
2. 税务实训室，企业与印花税相关的材料，税收计算、纳税申报表等。

三、实训材料

1. 企业基本情况如下：
企业名称：东海科技有限公司
企业性质：有限责任公司
法定代表：张东立
财务负责人：王立新
办税人：李高业
财会人员共 3 人
营业地址：东海市百城汇路 321 号
开户银行：工商银行黄龙分理处
账　　号：955001367415151278

2. 2022 年涉及印花税的相关资料如下：
(1) 东海科技有限公司于 2022 年 7 月在百城汇路开业，到东海市工商行政管理局办理企业法人营业执照正副本各一件，如图 7-1、图 7-2 所示。
(2) 2022 年 8 月 5 日，因从东海市自然资源局受让新城区 08 号商业用地，办理土地使用证一件，如图 7-3 所示。
(3) 企业 7 月开业时，注册资金 2 000 万元，实收资本 1 800 万元，建账时共设 3 个营业账簿、1 个资金账簿。3 个营业账簿均各设 1 个副本。
(4) 正式签订购销合同 20 份，共载金额 500 万元。由于销货方违约，其中 1 份金额 10 万元的购货合同没有按期履行。
(5) 向银行借款，签订借款合同 3 份，借款金额共计 150 万元，利率 8%。
(6) 开发一项国家重点项目，获得银行无息贷款 50 万元，并签订无息贷款合同。
(7) 与某公司签订一份专有技术使用权转让合同，金额 40 万元。
(8) 2022 年年底，假定公司资金账簿中实收资本 2 000 万元，资本公积 300 万元。

3. 印花税应纳税额计算表（表 7-10）、财产和行为税纳税申报表（表 7-11）。

项目七　其他税种会计业务操作实训

营 业 执 照

统一社会信用代码 91280632ARE74DFL78

名　　　称	东海科技有限公司
类　　　型	有限责任公司
住　　　所	东海市百城汇路 321 号
法 定 代 表 人	张东立
注 册 资 本	贰仟万元人民币
成 立 日 期	2022 年 07 月 26 日
营 业 期 限	2022 年 07 月 26 日至长期
经 营 范 围	各类酒及相关制品

（依法需经批准的项目，经相关部门批准后方可开展经营活动）

登记机关
2022 年 07 月 26 日

图 7-1　企业法人营业执照（正本）

营 业 执 照
（副　本）

统一社会信用代码 91280632ARE74DFL78

名　　　称	东海科技有限公司
类　　　型	有限责任公司
住　　　所	东海市百城汇路 321 号
法 定 代 表 人	张东立
注 册 资 本	贰仟万元人民币
成 立 日 期	2022 年 07 月 26 日
营 业 期 限	2022 年 07 月 26 日至长期
经 营 范 围	各类酒及相关制品

登记机关
2022 年 07 月 26 日

图 7-2　企业法人营业执照（副本）

东 （2022） 东海市 不动产权第 001682345 号

根据《中华人民共和国物权法》等法律法规，为保护不动产权利人合法权益，对不动产权利人申请登记的本证所列不动产权利，经审查核实，准予登记，颁发此证。

登记机构（章）

2022 年 8 月 5 日

东海市自然资源管理局（05）不动产登记专用章

中华人民共和国自然资源部监制

编号：NO D33004985621

权利人	东海科技有限公司
共有情况	
坐　落	东海市百城汇路 321 号
不动产单元号	331100001063GB01271F00037
权利类型	出让
用途	商服用地
面积	60 000 平方米
使用期限	2072 年 08 月 04 日

图 7-3　国有土地使用证

表 7-10　2022 年度印花税应纳税额计算表

单位：元(列至角分)

序号	应税凭证名称	件数	计税金额	适用税率	应纳税额	备注
1	一、合同					
2						
3						
4						
5						
6						
7	小　计					
8	二、产权转移书据					
9						
10						
11						
12						
13						
14	小　计					
15	三、营业账簿					
16						
17						
18						
19						
20						
21						
22						
23						
24						
25						
26						
27	小　计					
28	总　计					

表 7-11 财产和行为税纳税申报表

纳税人识别号（统一社会信用代码）：

纳税人名称：

金额单位：人民币元（列至角分）

序号	税种	税目	税款所属期起	税款所属期止	计税依据	税率	应纳税额	减免税额	已缴税额	应补（退）税额
1										
2										
3										
4										
5										
6										
7										
8										
9										
10										
11										
12	合计	—	—	—	—	—				

声明：此表是根据国家税收法律法规及相关规定填写的，本人（单位）对填报内容（及附带资料）的真实性、可靠性、完整性负责。

纳税人：　　　　年　月　日

经办人：
经办人身份证号：
代理机构签章：
代理机构统一社会信用代码：

受理人：
受理税务机关（章）：
受理日期：　　年　月　日

本表一式两份，一份纳税人留存，一份税务机关留存。

实训 7.4　车船税会计业务操作实训

一、实训要求

1. 根据东风鹏景集团有限公司提供的 2022 年资料，计算该企业 2022 年应缴纳的车船税税额，并编制会计分录。
2. 填写东风鹏景集团有限公司车船税的财产和行为税纳税申报表。

二、实训准备

1.《中华人民共和国车船税法》和车船税的相关法规。
2. 税务实训室，企业与车船税相关的材料，税收计算、纳税申报表等。

三、实训材料

1. 企业基本情况如下：

企业名称：东风鹏景集团有限公司
企业性质：国有企业
法定代表：潘小春
财务负责人：罗小闫
办税人：罗小闫
营业地址：浙江省杭州工业园区工业大道 238 号
开户银行：工商银行杭州工业园区分理处
账　　号：955661365845451370
税务登记号：024106741843690

2. 东风鹏景集团 2022 年有关资料，如表 7-12—表 7-16 所示。

表 7-12　固定资产登记卡(正面)

总账科目：固定资产　　　　本卡编号：101
明细科目：车辆　　　　　　财产编号：车辆 001　　　设卡日期：2015 年 5 月 15 日

中文名称	帕萨特领驭		设定日期	
整备质量	1.522 吨		抵押行库	
规格型号	1.8 升 自动尊杰型		解除日期	
车牌号码	浙 A×××××	抵押权设定、解除及保险记录	投保日期	
购置日期	2015.5.15		承保公司	
购置金额	215 000		保单号码	
载客人数	4 人		险别	
使用年限	10 年		费率	
用　　途	领导用车		保险费	
备注	2012 年起浙江省乘用车车船税年税额规定如下：排气量 1.0(含)升以下的 180 元；1.0 升以上至 1.6(含)升的 300 元；1.6 升以上至 2.0(含)升的 360 元；2.0 升以上至 2.5 升(含)的 660 元；2.5 升以上至 3.0 升(含)的 1 500 元；3.0 升以上至 4.0 升(含)的 3 000 元；4.0 升以上的 4 500 元。				

表 7-13　固定资产登记卡(正面)

总账科目:固定资产　　　　本卡编号:102
明细科目:车辆　　　　　　 财产编号:车辆 002　　　　设卡日期:2015 年 6 月 15 日

中文名称	金杯面包车	抵押权设定、解除及保险记录	设定日期				
整备质量	2.6 吨		抵押行库				
规格型号	2.4 升 商务旗舰型		解除日期				
车牌号码	浙 A×××××		投保日期				
购置日期	2015.6.15		承保公司				
购置金额	185 000		保单号码				
载客人数	14 人		险别				
使用年限	10 年		费率				
用　　途	公务用车		保险费				

备注:2012 年起浙江省商用车车船税年税额规定如下:核定载客人数 20(含)人以上的大型客车年税额为 540 元,核定载客人数 9 人以上 20 人以下的小型客车年税额为 480 元。

表 7-14　固定资产登记卡(正面)

总账科目:固定资产　　　　本卡编号:103
明细科目:车辆　　　　　　 财产编号:车辆 003　　　　设卡日期:2020 年 7 月 10 日

中文名称	东风货车	抵押权设定、解除及保险记录	设定日期				
整备质量	4.325 吨		抵押行库				
规格型号	EQ1080TJ12D5		解除日期				
车牌号码	浙 A×××××		投保日期				
购置日期	2020.7.10		承保公司				
购置金额	60 000		保单号码				
载客人数			险别				
使用年限	10 年		费率				
用　　途	货运用车		保险费				

备注:2012 年起浙江省商用车车船税年税额规定如下:货车按整备质量每吨年税额为 60 元,挂车按货车税额的 50% 计算。

表 7-15　固定资产登记卡(正面)

总账科目:固定资产　　　　本卡编号:104
明细科目:车辆　　　　　　　财产编号:车辆004　　　　　　设卡日期:2020 年 9 月 12 日

中文名称	全挂车	抵押权设定、解除及保险记录	设定日期	
整备质量	4 吨		抵押行库	
规格型号	×××××		解除日期	
车牌号码	浙A×××××		投保日期	
购置日期	2020.9.12		承保公司	
购置金额	30 000		保单号码	
载客人数			险别	
使用年限	10 年		费率	
用　途	货运用车		保险费	
备注	2012 年起浙江省商用车车船税年税额规定如下:货车按整备质量每吨年税额为 60 元,挂车按货车税额的 50%计算。			

表 7-16　固定资产登记卡(正面)

总账科目:固定资产　　　　本卡编号:105
明细科目:车辆　　　　　　　财产编号:车辆005　　　　　　设卡日期:2015 年 10 月 11 日

中文名称	叉车	抵押权设定、解除及保险记录	设定日期	
整备质量	3 吨		抵押行库	
规格型号	×××××		解除日期	
车牌号码	浙A×××××		投保日期	
购置日期	2015.10.11		承保公司	
购置金额	50 000		保单号码	
载客人数			险别	
使用年限	10 年		费率	
用　途	货物装卸		保险费	
备注	2012 年起浙江省商用车车船税年税额规定如下:货车按整备质量每吨年税额为 60 元,挂车按货车税额的 50%计算。			

3. 车船税应纳税额计算表(表 7-17)、财产和行为税纳税申报表(表 7-18)。

表 7-17　2022 年度车船税应纳税额计算表

单位:元(列至角分)

序号	车辆编号	车船类别	计税标准	数量	单位税额	全年应纳税额	备注
			合　计				

表 7-18 财产和行为税纳税申报表

纳税人识别号（统一社会信用代码）：
纳税人名称：

金额单位：人民币元（列至角分）

序号	税种	税目	税款所属期起	税款所属期止	计税依据	税率	应纳税额	减免税额	已缴税额	应补（退）税额
1										
2										
3										
4										
5										
6										
7										
8										
9										
10										
11										
12	合　计	—	—	—	—	—				

声明：此表是根据国家税收法律法规及相关规定填写的，本人（单位）对填报内容（及附带资料）的真实性、可靠性、完整性负责。

纳税人：　　　　年　月　日

经办人：
经办人身份证号：
代理机构签章：
代理机构统一社会信用代码：

受理人：
受理税务机关（章）：
受理日期：　　　年　月　日

本表一式两份，一份纳税人留存，一份税务机关留存。

实训 7.5　契税会计业务操作实训

一、实训要求

1. 根据东海新城房地产开发集团公司提供的 2022 年 2 月资料，计算该企业 2022 年 2 月应缴纳的契税税额，并编制会计分录。

2. 填写东海新城房地产开发集团公司契税的财产和行为税纳税申报表。

二、实训准备

1.《中华人民共和国契税法》和契税的相关法规。

2. 税务实训室，企业与契税的相关资料，税收计算表单，纳税申报表等。

三、实训材料

1. 企业基本情况如下：

企业名称：东海新城房地产开发集团公司

企业性质：股份有限企业

经营范围：房地产开发、物业管理、房地产租赁等业务

法定代表：王则业

财务负责人：陈直娇

办税人：张业东

财会人员共 4 人

营业地址：东海市牛膏街 340 号

开户银行：工商银行黄龙分理处

账　　号：9550013674654387 65

税务登记号：280632565437865

2. 2022 年 2 月份涉及契税的相关资料如下：

2022 年 2 月 18 日，经东海市人民政府批准，取得了开发区 08 号商业用地，并与东海市自然资源局签订了东海市开发区 08 号土地受让合同，计划开发商品住宅，土地面积 35 000 平方米，每平方米出让价格 3 000 元，2 月 21 日通过银行转账付清了土地价款，2 月 27 日支付了土地登记费，当地政府核定的契税税率为 4%。相关原始凭证如表 7-19—表 7-22 所示。

表 7-19　转账支票存根

中国工商银行　　（东）
转账支票存根
　　　　XII　00206455

科　　目	
对方科目	
出票日期	2022 年 2 月 21 日
收款人：东海市自然资源局	
金　　额：105 000 000.00	
用　　途：付土地出让金	
备　　注：	

单位主管　　　　会计
复　　核　　　　记账

表 7-20　东海市国有土地使用权出让金专用票据

收据联

NO：20215678

开票日期：2022 年 2 月 21 日

缴纳单位（人）	东海新城房地产开发集团公司											
缴纳内容	出让　东海市开发区 08 号商业地块											
缴纳金额	币种单位	十亿	千	百	十	万	千	百	十	元	角	分	汇率
	小写　元											
	人民币	¥	1	0	5	0	0	0	0	0	0	0	
	大写　元											
	人民币	⊗壹亿零伍佰万元整											

收款单位（章）　　　　　　　　　　　　　　　　　　经手人：李一红

表 7-21　转账支票存根

中国工商银行　　（东）
转账支票存根
　　　　XII　00206459

科　　目	
对方科目	
出票日期	2022 年 2 月 27 日
收款人：东海市自然资源局	
金　　额：38 000.00	
用　　途：付土地登记费	
备　　注：	

单位主管　　　　会计
复　　核　　　　记账

表 7-22　东海市政府非税收入统一票据

收 据 联　　　　　　　　　　　　　　NO:0020137654

开票日期:2022 年 2 月 21 日　　　　　　收款单位名称:东海市自然资源局
缴 纳 人:东海新城房地产开发集团公司　　收款单位编码:××××××××

项目编码	项目名称	单位	数量	收标准	金额
015	土地登记费	宗	1	38 000.00	38 000.00

人民币(大写)叁万捌仟元整　　　　　　　　　　　(小写)¥38 000.00

制单:刘小红　　　　　　　　　　　　　　　　　　收款单位(章)

提示:契税的会计处理

(1)取得土地使用权所支付的费用(包括地价款和土地登记费)和契税,一般企业计入"无形资产";房地产开发企业计入"开发成本"。

(2)承受房屋权属所缴纳的契税,都应计入固定资产价值。

---

3. 契税应纳税额计算表(表 7-23)、财产和行为税纳税申报表(表 7-24)。

表 7-23　契税应纳税额计算表

项　　目	计税依据	适用税率	应纳税额	备注
一、受让土地使用权				
二、受让房屋所有权				
合　　计				

表7-24 财产和行为税纳税申报表

纳税人识别号（统一社会信用代码）：
纳税人名称：

金额单位：人民币元（列至角分）

序号	税种	税目	税款所属期起	税款所属期止	计税依据	税率	应纳税额	减免税额	已缴税额	应补（退）税额
1										
2										
3										
4										
5										
6										
7										
8										
9										
10										
11										
12										
合计			—	—	—	—				

声明：此表是根据国家税收法律法规及相关规定填写的，本人（单位）对填报内容（及附带资料）的真实性、可靠性、完整性负责。

纳税人：　　　　年　月　日

经办人：
经办人身份证号：
代理机构签章：
代理机构统一社会信用代码：

受理人：
受理税务机关（章）：
受理日期：　　年　月　日

本表一式两份，一份纳税人留存，一份税务机关留存。

实训 7.6　土地增值税会计业务操作实训

一、实训要求

1. 根据东海新城房地产开发集团公司提供的资料，计算该企业蓝天花苑项目应缴纳的土地增值税税额，并编制会计分录。

2. 填写东海新城房地产开发集团公司土地增值税的财产和行为税纳税申报表。

二、实训准备

1.《中华人民共和国土地增值税暂行条例》和土地增值税的相关法规。

2. 税务实训室，企业与土地增值税的相关资料，税收计算表单，纳税申报表等。

三、实训材料

1. 企业基本情况如下：

企业名称：东海新城房地产开发集团公司

企业性质：股份有限企业

经营范围：房地产开发、物业管理、房地产租赁等业务

法定代表：王则业

财务负责人：陈直娇

办税人：张业东

财会人员共 4 人

营业地址：东海市牛膏街 340 号

开户银行：工商银行黄龙分理处

账　　号：955001367465438765

税务登记号：280632565437865

2. 2021 年、2022 年涉及土地增值税的相关资料如下：

(1) 2021 年 2 月 18 日，经东海市人民政府批准，取得了开发区 08 号商业用地，开发蓝天花苑商品住宅，土地面积 35 000 平方米，每平方米出让价格 3 000 元，2 月 21 日通过银行转账付清了土地价款 10 500 万元，2 月 27 日支付了土地登记费 3.8 万元，当地政府核定的契税税率为 4%，并缴纳了契税。原始凭证见实训 7.5 的相关表格。

(2) 2021 年 3 月 5 日，按照市政府相关文件要求，支付市政公共基础设施配套费、代绿化工程款、审图费等费用和支付地质、勘察等费用。相关原始凭证如表 7-25—表 7-28 所示。

表 7-25　东海市政府非税收入统一票据

收据联

NO:0020218743

开票日期:2021 年 3 月 5 日　　　　　　　　收款单位名称:东海市城市建设局
缴　纳　人:东海新城房地产开发集团公司　　收款单位编码:××××××××

项目编码	项目名称	单位	数量	收标准	金额
019	公共基础设施配套费	平方米	50 000	75.00/m²	3 750 000.00
020	代绿化工程款	平方米	15 000	300.00/m²	4 500 000.00
021	审图费	平方米	50 000	0.75/m²	37 500.00
人民币(大写)⊗捌佰贰拾捌万柒仟伍佰元整				(小写)¥8 287 500.00	

第二联:交款方记账凭证

制单:刘一红　　　　　　　　　　　　　　　收款单位(章)

表 7-26　转账支票存根

中国工商银行　　　（东）
转账支票存根
　　Ⅻ　00206461

科　目：
对方科目：
出票日期　2021 年 3 月 5 日

收款人:东海市城市建设局

金　额:8 287 500.00

用　途:付公共基础设施费、代绿化工程款、审图费等

备　注:

单位主管　　　　会计
复　核　　　　　记账

表 7-27　东海市政府非税收入统一票据

收据联

NO:0020216523

开票日期:2021 年 3 月 5 日　　　　　　　　收款单位名称:东海市城市规划局
缴　纳　人:东海新城房地产开发集团公司　　收款单位编码:××××××××

项目编码	项目名称	单位	数量	收标准	金额
056	水文地质勘察费	平方米	25 000	5.00/m²	125 000.00
057	规划设计费	平方米	50 000	1.50/m²	75 000.00
人民币(大写)⊗贰拾万元整				(小写)¥200 000.00	

第二联:交款方记账凭证

制单:刘一红　　　　　　　　　　　　　　　收款单位(章)

表 7-28　转账支票存根

中国工商银行　（东）
转账支票存根
XII　00206461

科　目　_____
对方科目　_____
出票日期　2021 年 3 月 5 日

收款人：	东海市城市规划局
金　额：	200 000.00
用　途：	付水文地质勘察、规划设计费等
备　注：	

单位主管　　　会计
复　核　　　　记账

(3) 向东海新城建设工程有限公司支付工程款，相关原始凭证如表 7-29、表 7-30 所示。

表 7-29　建筑业统一发票（自开）

发票联

开票日期：2021 年 12 月 20 日

发票代码：008765043211
发票号码：00564321

机打代码	008765043211	税控码	（略）	
机打号码	00564321			
机器号码	43764321-12			
付款方名称	东海新城房地产开发集团公司	身份证号/组织机构代码证号/纳税人识别码	330632565437865	是否为总承包人
收款方名称	东海新城建设工程有限公司	身份证号/组织机构代码证号/纳税人识别码	330632565437654	是否为总承包人
工程项目名称	工程项目编号	结算项目	金额（元）	完税凭证编号代扣代缴税款
蓝天花苑	006	住宅工程款等	65 000 000.00	
合计金额（大写）陆仟伍佰万元整			（小写）¥65 000 000.00	
备注		主管税务机关及代码	东海市地方税务局直属分局 1234500	

第三联：发票联　付款方记账凭证

开票人：×××　　　　　　　　　　　　　　开票单位盖章：

表7-30 转账支票存根

中国工商银行　　　（东）
转账支票存根
　　Ⅻ　00506765

科　　目	
对方科目	
出票日期　2021年12月20日	
收款人：东海新城建设工程有限公司	
金　　额：65 000 000.00	
用　　途：付工程款等	
备　　注：	

单位主管　　　会计
复　　核　　　记账

（4）2022年6月份蓝天花苑商品住宅统一销售给东海市电信股份有限公司，原始凭证如表7-31、表7-32所示。

表7-31　东海增值税专用发票

2806143140　　　此联不作报销、扣税凭证使用　　　No 22004501

开票日期：2022年6月20日

购买方	名　　称：东海市电信股份有限公司 纳税人识别号：280632565654325 地址、电话：东海市人民路129号　0316-27708765 开户行及账号：工行中山分行 1502006833220004433	密码区	（略）

货物或应税劳务、服务名称	规格型号	单位	数量	单价	金额	税率	税额
蓝天花苑		平方米	50 000	6 500.00	325 000 000.00	9%	29 250 000.00

价税合计（大写）　⊗叁亿伍仟肆佰贰拾伍万圆整　　　（小写）¥354 250 000.00

销售方	名　　称：东海新城房地产开发集团公司 纳税人识别号：280632565437865 地址、电话：东海市牛膏街340号　0316-3133888 开户行及账号：工行黄龙分理处 955001367465438765	备注	蓝天花苑地址：东海市开发区8号

收款人：　　　复核：　　　开票人：许三宏　　　销售方：（章）

表 7-32　中国工商银行进账单（收账通知）

2022 年 6 月 20 日　　　　第　　号

付款人	全称	东海市电信股份有限公司	收款人	全称	东海新城房地产开发集团公司
	账号	1502200683322004433		账号	955001367465438765
	开户银行	工行中山分行		开户银行	工商银行黄龙分理处

人民币（大写）：叁亿伍仟肆佰贰拾伍万元整

金额：3 5 4 2 5 0 0 0 0 0（亿千百十万千百十元角分）

票据种类：银行汇票

票据张数：1 张

单位主管　会计　复核　记账

（加盖"工商银行黄龙分理处 2022.06.20 转"印章）

收款人开户行盖章

此联是持票人开户银行交给持票人的收账通知

（5）2021 年 12 月份，根据市政府的相关文件，蓝天花苑项目，上缴城建局质量监督费 28 万元，上缴城管局垃圾处置费 3 万元，上缴市人防办人防建设费 76 万元（原始凭证略）。

（6）根据公司成本费用明细账记录，蓝天花苑住宅项目开发间接费用如表 7-33 所示。

表 7-33　蓝天花苑住宅项目开发间接费用

2022 年 5 月 25 日

序号	费用项目	会计科目	金额/元	备注
1	工资薪金	开发间接费用	300 000.00	
2	职工福利费	开发间接费用	42 000.00	
3	折旧费	开发间接费用	50 000.00	
4	修理费	开发间接费用	30 000.00	
5	办公费	开发间接费用	100 000.00	
6	水电费	开发间接费用	200 000.00	
7	劳动保护费	开发间接费用	30 000.00	
8	周转房摊销费	开发间接费用	350 000.00	
9				
10				
	合计		1 102 000.00	

会计：×××　　　　复核：×××　　　　制表：×××

提示：房地产开发费用的扣除办法
（1）纳税人能够按房地产项目计算分摊利息支出，并能提供金融机构的贷款证明的，其允许扣除的房地产开发费用为：利息＋（取得土地使用权所支付的费用＋房地产开发成本）×5%以内。
（2）纳税人不能够按房地产项目计算分摊利息支出或不能提供金融机构的贷款证明的，其允许扣除的房地产开发费用为：（取得土地使用权所支付的费用＋房地产开发成本）×10%以内。

（7）本企业不能单独提供银行贷款利息资料。该地区人民政府规定房地产开发费用的计算扣除比例为 10%。

（8）2022 年 7 月份缴纳了蓝天花苑住宅项目销售的增值税 1 625 万元，城市维护建设税 113.75 万元，教育费附加（含地方教育附加）81.25 万元，印花税 9.75 万元（原始凭证略）。

提示：与转让房地产有关税金的扣除办法

（1）可以扣除的与房地产转让有关的税金包括在转让房地产时缴纳的城市维护建设税、印花税、教育费附加等，在计算土地增值税时，可以列入房地产转让费中进行扣除。

（2）"营改增"后，扣除项目涉及的增值税进项税额，允许在销项税额中计算抵扣的，不计入扣除项目，不允许在销项税额中计算抵扣的，可以计入扣除项目。

3. 土地增值税应纳税额计算表（表 7-34）、财产和行为税纳税申报表（表 7-35）。

表 7-34　土地增值税应纳税额计算表

序号	项　目	金额/元	备　注
1	一、转让房地产收入总额		
2	1. 货币收入		
3	2. 实物收入		
4	3. 其他收入		
5	二、扣除项目金额合计		
6	1. 取得土地使用权所支付的金额		
7	地价款或土地出让金		
8	土地交易费用		
9			
10	2. 房地产开发成本		
11	土地征用及拆迁补偿费		
12	前期工程费		
13	建设安装工程费		
14	基础设施费		
15	公共配套设施费		
16	开发间接费用		
17			
18	3. 房地产开发费用		
19	管理费用		
20	销售费用		
21	财务费用		
22			
23	4. 转让房地产税金		
24	城市建设维护税		
25	教育费附加		
26			
27			
28	5. 其他扣除项目		
29			
30	三、土地增值额		
31	四、土地增值率		
32	五、适用税率		
33	六、速算扣除率		
34	七、应交土地增值税税额		

表 7-35　财产和行为税纳税申报表

纳税人识别号（统一社会信用代码）：
纳税人名称：

金额单位：人民币元（列至角分）

序号	税种	税目	税款所属期起	税款所属期止	计税依据	税率	应纳税额	减免税额	已缴税额	应补（退）税额
1										
2										
3										
4										
5										
6										
7										
8										
9										
10										
11										
12	合　计	—	—	—	—	—				

声明：此表是根据国家税收法律法规及相关规定填写的，本人（单位）对填报内容（及附带资料）的真实性、可靠性、完整性负责。

纳税人：　　　　　年　月　日

经办人：
经办人身份证号：
代理机构签章：
代理机构统一社会信用代码：

受理人：
受理税务机关（章）：
受理日期：　　年　月　日

本表一式两份，一份纳税人留存，一份税务机关留存。

实训 7.7　城镇土地使用税会计业务操作实训

一、实训要求

1. 根据东海电器有限公司提供的 2022 年资料，计算该企业 2022 年应缴纳的城镇土地使用税税额，并编制会计分录。
2. 填写东海电器有限公司城镇土地使用税的财产和行为税纳税申报表。

二、实训准备

1.《中华人民共和国城镇土地使用税暂行条例》和城镇土地使用税的相关法规。
2. 税务实训室，企业与城镇土地使用税的相关资料，税收计算表单，纳税申报表等。

三、实训材料

1. 企业基本情况如下：

企业名称：东海电器有限公司　　企业性质：国有企业　　营业地址：东海市牛膏街328号
法定代表：俞东业　　财务负责人：陈冬衣　　办税人：张业南　　财会人员共 4 人
开户银行：工商银行黄龙分理处　　账号：955001367415171279　　税务登记号：280632584744358

2. 2022 年涉及城镇土地使用税的相关资料如下：

（1）政府部门核发的土地使用证书（简称 1 号地，图 7-4）。

（2）2022 年 3 月 30 日，东海电器有限公司将一块 2 000 平方米的土地对外出租给另一个企业生产经营使用。

（3）2022 年 4 月 30 日，将一块 900 平方米的土地无偿借给某国家机关作公务使用。

（4）与某外商投资企业共同拥有一块面积为 3 000 平方米的土地（简称 2 号地），其中东海电器有限公司实际使用 2 000 平方米，其余归外商投资企业使用。

（5）2022 年 5 月 16 日，新征用厂区附近的两块土地共计 2 500 平方米，其中一块征用的是耕地（简称 3 号地），面积为 1 000 平方米；另一块征用的是非耕地（简称 4 号地），面积为 1 500 平方米。

（6）该地区土地等级为Ⅰ级，每平方米土地年税额为 5 元。

3. 城镇土地使用税应纳税额计算表（表 7-36）、财产和行为税纳税申报表（表 7-37）。

> **提示：城镇土地使用税纳税义务发生时间**
> （1）纳税人购置新建商品房，自房屋交付使用之次月起纳税。
> （2）纳税人购置存量房，自办理房屋权属转移、变更登记手续，房地产权属登记机关签发房屋权属证书之次月起纳税。
> （3）纳税人出租、出借房产，自交付出租、出借房产之次月起纳税。
> （4）以出让或转让方式有偿取得土地使用权的，应由受让方从合同约定交付土地时间的次月起纳税；合同未约定交付时间的，由受让方从合同签订的次月起纳税。
> （5）纳税人新征用的耕地，自批准征用之日起满 1 年时开始纳税。
> （6）纳税人新征用的非耕地，自批准征用次月起纳税。

国有土地使用证

东海　国有（2007）第 1182345 号

土地使用权人	东海电器有限公司			
坐　　落	东海市牛膏街 328 号			
地　　号	150128743	图　号		
地类（用途）	商服用地	取得价格		
使用权类型	出让	终止日期	2057 年 11 月 14 日	
使用权面积	50 000 m²	其中	独用面积	50 000 m²
			分摊面积	

根据《中华人民共和国宪法》《中华人民共和国土地管理法》和《中华人民共和国城市房地产管理法》等法律法规，为保护土地使用权人的合法权益，对土地使用权人申请登记的本证所列土地权利，经审查核实，准予登记，颁发此证。

东海市人民政府（章）

记　事

其中：
企业内学校和医院占地 1 000 m²；
厂区内公用绿化用地 5 000 m²；
厂区内生活小区的绿化用地 600 m²。

2007 年 11 月 15 日

NO:0026703745

图 7-4　国有土地使用证

表 7-36　2022 年度城镇土地使用税应纳税额计算表

单位:元(列至角分)

地号	本期实际占地面积	法定免税面积	应税面积	土地等级 Ⅰ	Ⅱ	适用税额 Ⅰ	Ⅱ	全年应纳税额	已纳税额	应补（退）税额
合　计										

表7-37 财产和行为税纳税申报表

纳税人识别号（统一社会信用代码）：
纳税人名称：

金额单位：人民币元（列至角分）

序号	税种	税目	税款所属期起	税款所属期止	计税依据	税率	应纳税额	减免税额	已缴税额	应补(退)税额
1										
2										
3										
4										
5										
6										
7										
8										
9										
10										
11										
12	合 计	—	—	—	—	—				

声明：此表是根据国家税收法律法规及相关规定填写的，本人（单位）对填报内容（及附带资料）的真实性、可靠性、完整性负责。

纳税人：   年 月 日

经办人：
经办人身份证号：
代理机构签章：
代理机构统一社会信用代码：

受理人：
受理税务机关（章）：
受理日期：   年 月 日

本表一式两份，一份纳税人留存，一份税务机关留存。

实训 7.8 资源税会计业务操作实训

一、实训要求

1. 根据东海新风盐业有限公司提供的 2022 年 11 月份资料,计算该企业 2022 年 11 月份应缴纳的资源税税额,并编制会计分录。
2. 填写东海新风盐业有限公司资源税的财产和行为税纳税申报表。

二、实训准备

1.《中华人民共和国资源税法》和资源税的相关法规。
2. 税务实训室,与资源税相关的资料,税收计算表单,纳税申报表等。

三、实训材料

1. 企业基本情况如下:

企业名称:东海新风盐业有限公司
企业性质:有限责任公司
法定代表:蔡东风
财务负责人:王青
办税人:廖一东
财会人员共 4 人
营业地址:东海市惠风路 328 号
开户银行:工商银行惠风分理处
账　　号:955001367467543254
税务登记号:280632509876545

2. 2022 年涉及资源税的相关资料如下:

东海新风盐业有限公司 11 月份生产液体钾盐 1 000 吨,其中对外销售 500 吨,每吨售价(不含增值税)200 元;当月生产固体海盐 2 000 吨(本月已全部对外销售),每吨售价(不含增值税)300 元。已知东海地区液体钾盐资源税率为 3.5%,固体海盐资源税率为 3%(原始凭证略)。

3. 资源税应纳税额计算表如表 7-38 所示,财产和行为税纳税申报表如表 7-39 所示。

表 7-38　资源税应纳税额计算表

产品名称	课税单位	课税数量/金额	单位税额/税率	应纳税额
一、应纳税项目				
1.				
2.				
3.				
4.				
5.				
合　　计				
二、减免税项目				
1.				
2.				
3.				
合　　计				
本期应纳税额合计				

表7-39 财产和行为税纳税申报表

纳税人识别号(统一社会信用代码):
纳税人名称:

金额单位:人民币元(列至角分)

序号	税种	税目	税款所属期起	税款所属期止	计税依据	税率	应纳税额	减免税额	已缴税额	应补(退)税额
1										
2										
3										
4										
5										
6										
7										
8										
9										
10										
11										
12	合计	—	—	—	—	—				

声明:此表是根据国家税收法律法规及相关规定填写的,本人(单位)对填报内容(及附带资料)的真实性、可靠性、完整性负责。

纳税人:
年 月 日

经办人:
经办人身份证号:
代理机构签章:
代理机构统一社会信用代码:

受理人:
受理税务机关(章):
受理日期: 年 月 日

本表一式两份,一份纳税人留存,一份税务机关留存。

主要参考文献

1. 梁伟样.税费计算与申报实训[M].4版.北京:高等教育出版社,2022.
2. 梁伟样.税费计算与申报全真实训[M].3版.北京:高等教育出版社,2016.
3. 梁伟样.税法学习指导、习题与项目实训[M].7版.北京:高等教育出版社,2022.
4. 梁伟样.企业纳税全真实训[M].3版.北京:清华大学出版社,2017.
5. 梁伟样.税务会计实训[M].2版.北京:科学出版社,2017.

郑重声明

高等教育出版社依法对本书享有专有出版权。任何未经许可的复制、销售行为均违反《中华人民共和国著作权法》，其行为人将承担相应的民事责任和行政责任；构成犯罪的，将被依法追究刑事责任。为了维护市场秩序，保护读者的合法权益，避免读者误用盗版书造成不良后果，我社将配合行政执法部门和司法机关对违法犯罪的单位和个人进行严厉打击。社会各界人士如发现上述侵权行为，希望及时举报，我社将奖励举报有功人员。

反盗版举报电话　（010）58581999　58582371
反盗版举报邮箱　dd@hep.com.cn
通信地址　北京市西城区德外大街4号　高等教育出版社知识产权与法律事务部
邮政编码　100120

教学资源服务指南

仅限教师索取

感谢您使用本书。为方便教学，我社为教师提供资源下载、样书申请等服务，如贵校已选用本书，您只要关注微信公众号"高职财经教学研究"，或加入下列教师交流QQ群即可免费获得相关服务。

"高职财经教学研究"公众号

资源下载：点击"**教学服务**"—"**资源下载**"，或直接在浏览器中输入网址（http://101.35.126.6/），注册登录后可搜索相应的资源并下载。（建议用电脑浏览器操作）
样书申请：点击"**教学服务**"—"**样书申请**"，填写相关信息即可申请样书。
试卷下载：点击"**教学服务**"—"**试卷下载**"，填写相关信息即可下载试卷。
样章下载：点击"**教材样章**"，即可下载在供教材的前言、目录和样章。
师资培训：点击"**师资培训**"，获取最新会议信息、直播回放和往期师资培训视频。

联系方式

会计QQ3群：473802328　　　会计QQ2群：370279388　　　会计QQ1群：554729666

（以上3个会计QQ群，加入任何一个即可获取教学服务，请勿重复加入）

联系电话：（021）56961310　　电子邮箱：3076198581@qq.com

在线试题库及组卷系统

我们研发有10余门课程试题库："基础会计""财务会计""成本计算与管理""财务管理""管理会计""税务会计""税法""审计基础与实务"等，平均每个题库近3000题，知识点全覆盖，题型丰富，可自动组卷与批改。如贵校选用了高教社沪版相关课程教材，我们可免费提供给教师每个题库生成的各6套试卷及答案（Word格式难中易三档，索取方式见上述"试卷下载"），教师也可与我们联系咨询更多试题库详情。